개 정 판

붓다의 가르침과 팔정도

ॐ सत्यमेव जयते ॐ

譯著者· 退玄 全在星

철학박사. 서울대학교를 졸업했고,
한국대학생불교연합회 13년차 회장을 역임했다.
동국대학교 인도철학과 석·박사과정을 수료했고,
독일 본대학에서 인도학 및 티베트학을 연구했으며,
독일 본대학과 쾰른 동아시아 박물관 강사,
동국대 강사, 중앙승가대학 교수,
경전연구소 상임연구원,
한국불교대학(스리랑카 빠알리불교대학 분교)교수,
충남대 강사, 가산불교문화원 객원교수를 역임했고,
현재 한국빠알리성전협회 회장을 역임하고 있다.
저서에는 ‹거지성자›(선재, 안그라픽스), ‹빠알리어사전›
‹티베트어사전› ‹범어문법학› ‹초기불교의 연기사상›
‹천수다라니와 붓다의 가르침›이 있고,
역주서로는 ‹붓다의 가르침과 팔정도›
‹금강경-번개처럼 자르는 지혜의 완성›
‹쌍윳따니까야 전서› ‹오늘 부처님께 묻는다면›
‹맛지마니까야› ‹명상수행의 바다›
‹디가니까야 전서› ‹신들과 인간의 스승›
‹앙굿따라니까야 전서› ‹생활 속의 명상수행›
‹법구경-담마파다› ‹숫타니파타› ‹우다나-감흥어린 싯구›
‹이띠붓따까-여시어경› ‹예경지송-쿳다까빠타›
‹마하 박가-율장대품› ‹쭐라박가-율장 소품›
‹빅쿠비방가-율장비구계› ‹빅쿠니비방가-율장비구니계›
‹테라가타-장로게› ‹테리가타-장로니게›(이상,
한국빠알리 성전협회)
그리고 역서로 ‹인도사회와 신불교›(일역, 한길사)가 있다.
주요논문으로 ‹初期佛敎의 緣起性 硏究›
‹中論歸敬偈無畏疏硏究›
‹學問梵語의 硏究› ‹梵巴藏音聲論› 등 다수가 있다.

개정판

붓다의 가르침과 팔정도

What the Buddha Taught and Noble Eightfold Path

월폴라 라훌라 원저 / 퇴현 전재성 역저

한국빠알리성전협회
Korea Pali Text Society

붓다의 가르침과 팔정도

What the Buddha Taught and Noble Eightfold Path

발행일 2002년 2월 25일 초 판 일쇄
2009년 9월 25일 개정판 삼쇄
2018년 6월 25일 개정판 사쇄

발행인 도 법
역주자 전재성
편집인 김광하 수지행 최훈동

발행처 한국빠알리성전협회
1999년5월31일(신고번호:제318-1999-000052호)
서울 서대문구 모래내로430 #홍제성원102-102
전화 02-2631-1381, 070-7767-8437
팩스 02-2219-3748
전자우편 kptsoc@kptsoc.org
홈페이지 www.kptsoc.org

Korea Pali Text Society
Moraenaero 430, #102-102 Suhdaemunku
Seoul 03728 Korea
TEL 82-2-2631-1381 FAX 82-2-2219-3748
e-Mail kptsoc@kptsoc.org Home www.kptsoc.org

정가 15,000원
ISBN 89-89966-03-5 03220

발 간 사

여기 현대적인 영감에 가득 찬 불교에 대한 해설서가 있다. 그것은 불교라는 종교에 대하여 가장 잘 수행을 닦고 그 종교가 지향하는 깨달음에 도달한 자들 가운데 한 사람에 의해서 저술된 것이다.

월폴라 라훌라 박사는 스리랑카에서 불교승려의 전통적인 수련과 교육을 받았고 그 나라의 사원의 강원인 삐리베나에서 지도적인 강사로 있었다. 그 나라에서는 불법이 아쇼카왕 이래로 융성하여 오늘날까지 그 생명의 활력을 이어 내려오고 있다. 그래서 그는 고대적인 전통 가운데에서 자랐지만 모든 전통이 의문시되는 오늘날, 세계적인 학문의 정신과 방법을 배우기로 결정했다. 그는 스리랑카의 세일론 대학에서 학사학위를 얻은 후에 스리랑카불교역사라는 제목으로 동대학에서 박사학위를 취득했다. 그 후 캘커타 대학에서 여러 교수들과 만나면서 테베트에서 동아시아에 이르기까지 지배적인 불교 형태인 대승불교와 접하게 되었는데 이때에 그는 전 불교적인 관심을 넓히기 위해 티베트와 중국의 경전을 공부하기로 마음을 먹었다. 그래서 프랑스 소르본느 대학에 와서 대승불교 철학자 아쌍가(無着)를 공부하면서 영광스럽게도 우리와 합류했다.

아쌍가의 주요한 작품의 범어 원문은 상실되었고 오로지 티베트어와 한문에서만 발견된다. 라훌라 박사가 우리와 함께 오렌지색 가사를 입고 서양의 공기를 호흡하며 우리의 오래된 거울 속에서 자신의 종교에 대한 보편적인 사유를 찾아서 우리와 함께 한지 어느덧 8년이 되었다.

이 책은 내게 친절하게도 서구에서 출판하도록 부탁을 한 것이지만, 모두가 읽을 수 있고, 불교의 기본적인 교리를 망라한 것이며 가장 오래된 경전인 빠알리어의 니까야(部集)나 범어의 아가마(阿含)에서 발견되는 경전이 촘촘히 들어박힌 빛나는 불교의 입문서이다. 불교문헌에 관한 한 타의 추종을 불허하는 라훌라 박사는 그 경전들을 항상 거의 배타적으로 인용한다. 그 경전들의 권위는 과거에 다양한 모든 불교학파가 너나할 것없이 인정했던 것이다. 경전을 뛰어넘어 그 정신에 대하여 더 나은 해석을 시도하려는 경향이 있지만 어떠한 해석도 이 경전들에서 벗어난 것은 없었다. 그러나 교리에 대한 해석이 실로 수세기 동안 수많은 나라를 거치며 불교가 전파되면서 변화되었고 법은 한 가지 이상의 양상을 띠게 되었다. 그러나 월폴라 라훌라 박사 — 인간적이고, 합리적이고, 어떤 점에서는 소크라테스적이고, 어떤 점에서는 개신교적이고, 무엇보다도 학문적인 — 가 여기서 보여주는 불교의 진실한 모습은 그가 오로지 그러한 것들을 위해 말하게끔 한 권위있는 경전의 증거들에 의해서 뒷받침되는 것이다.

언제나 빈틈없는 정확성을 가지고 번역된 그의 인용문들과 거기에 첨가된 설명들은 명증적이고 간단하고 직접적이고 모든 현학적인 것에서 벗어났다. 그것들 가운데 어떤 것은 그가 빠알리 문헌에서 다시 발견하길 원했던 대승의 가르침들은 토론의 여지가 있는 것들이 있지만 그러한 원전에 대한 해박한 지식은 대승의 가르침에 새로운 빛을 던지게 하고 있다. 그는 스스로 현대인에게 말했지만 현대의 사유경향이 — 사회주의, 무신론, 실존주의, 정신분석 — 만들어낼 수 있는 여기저기 제안된 비교적인 관점은 피해

나갔다. 이 천재적인 작품 속에 그러한 관점을 피하고 현대를 가치 있게 평가하고 거기에 불교를 적용할 수 있는 가능성을 열어놓은 것은 독자를 위한 것이고 그 본래의 가르침의 풍요를 보존하기 위한 것이다.

1958년
폴 드미에비유
프랑스학술원 회원, 프랑스 대학 교수

머 리 말

전 세계적으로 불교에 대한 관심은 점차 늘어나고 있다. 불교를 알아보려고 수많은 공부모임과 친교모임이 만들어져왔고 불교에 대한 많은 책들이 쏟아져 나왔다. 그러나 유감스럽게도 그들 대부분이 다른 종교에서 차용한 가정들을 잘못 수용하거나 주제를 잘못 파악한 사람, 진정하게 적임자가 아닌 사람들에 의해 쓰여졌다. 최근에 불교에 대한 책을 쓴 비교종교학의 한 교수는 붓다의 헌신적인 시자였던 수행승 아난다가 비구라는 사실도 모르고 그가 재가신도라고 생각하고 있었다. 이러한 책들에 의해서 전파된 불교의 지식은 독자의 상상력 속에나 남게 된다.

나는 이 작은 책에서 무엇보다도 먼저 붓다가 진실로 무엇을 가르쳤는지 알고 싶어 하는, 지성적이고 지적인 독자들에게 그 가르침을 말하고자 노력했다. 그 초보자를 위하여 보편적으로 붓다의 가르침 가운데 가장 오래되고 근본적인 기록으로 받아들여지는 빠알리 삼장에서 발견되는 붓다가 사용한 성실하고 정확한 언어들을 가능한 한 요약해서 직접적으로 간명하게 진술하는 것을 목표로 삼았다. 여기에 언급된 자료들이나 메시지는 직접 원전에서 인용되었다. 단지 몇 군데서만 필자가 후대의 문헌에서 언급한 것들이 포함되어 있다.

나는 또한 이미 붓다가 무엇을 가르쳤는지를 알고 있지만 더욱 공부하려는 독자들을 염두에 두었다. 그래서 나는 모든 중요한 술어를 빠알리어 뿐만 아니라 그 원래의 경전에 관해 언급했고 엄선한 참고문헌을 부가하였다.

나의 작업에서 어려운 점은 한두 가지가 아니다. 그래서 나는 붓다의 설법의 내용과 형식을 조금도 손상됨이 없이 오늘날의 영어권 독자들에게 그가 이해하고 음미할 수 있는 것을 제공할 수 있도록 생소한 것과 대중적인 것 사이에서 중도의 길을 가려고 노력했다. 책을 쓰면서 고대의 경전의 구절, 우리에게 구전을 통해서 전해내려 왔기 때문에 생겨난 붓다의 설법의 부분이었던 동의어들와 어구의 반복이 유유히 내 마음속을 가로질렀다. 그렇게 함으로써 독자들은 스승이 가르친 설법의 형식에 대해 조금이라도 알아차릴 수 있을 것이다. 나는 가능한 원전에 가깝게 접근하려고 시도했다. 번역은 쉽고 읽기에 부담스럽지 않도록 배려했다.

나는 붓다가 가르친 본질적이고 기본적인 것으로 일반적으로 인정되는 모든 것에 관하여 이 책에서 논의하였다. 네가지의 거룩한 진리(四聖諦), 여덟가지의 성스러운 길(八正道), 다섯가지의 존재의 다발(五蘊), 업(業), 윤회, 연기(緣起), 무아(無我)의 교리, 새김의 토대(念處)등이다. 물론 서구의 독자들에게는 생소한 표현들이 있을 것이다. 나는 그렇게 생소한 용어에 맞닥뜨린 사람은 흥미를 갖고 있다면, 먼저 1, 2장을 읽고 훨씬 일반적으로 자명하고 생동감이 넘치는 6, 8, 9장을 읽고 나서 나중에 3, 4, 5, 6을 읽도록 권하고 싶다. 테라바다나 마하야나의 불교가 사유체계 속에서 기본적인 것으로 받아들인 주제들을 취급하지 않고 붓다의 가르침에 관한 책을 쓴다는 것은 불가능할 것이다.

테라바다라는 용어는 — 히나야나(小乘)이라는 용어는 국제적으로 더 이상 쓰이지 않는다 — '상좌부(上座部)'의 불교라고 번역될 수 있고 마하야나는 '큰 수레(大乘)'의 불교라고 번역될 수 있다. 이것이 이 세상에 알려진 불교의 두가지 주요한 형태이다. 근본적인 정통불교로 취급되는 테라바다는 스리랑카, 미얀마, 타일랜드, 캄보디아, 라오스, 동파키스탄의 치타공에 전파되어 있다. 그리고 상대적으로 후대에 성립한 마하야나는 중국, 한국, 일본, 티베트, 몽고 등지에 퍼져있다. 상기의 두 종파는 믿음이나 실천이나 계율에서 어떤 차이들이 발견되지만 여기서 취급하는 붓다의 중요한 가르침에 관해서는 테라바다건 마하야나건 전적으로 일치한다.

끝으로 나는 나를 초대하여 이 책을 쓰도록 고무하고 실질적인 모든 도움을 주고 관심을 기우려주고 여러 가지 제안을 마다하지 않고 원고를 읽어주신 루도위크(E. F. C. Ludowyk) 교수에게 심심한 감사를 표한다. 원고를 교정하고 가치 있는 조언을 마다하지 않은 마리안느 묀(Maianne Möhn) 양에게도 깊은 감사를 드린다. 그리고 친절하게도 서문을 써주신 나의 프랑스에서의 지도교수 뽈 드미에비유(Paul Demiéville) 교수에게도 크게 감사를 드린다.

마니(Mani)에게
진리의 선물이 모든 다른 선물보다 탁월하다.
(Sabbadānaṃ dhammadānaṃ jināti)

1958년 프랑스 파리에서
월폴라 라훌라 합장

역저자 개정판 머리말

월폴라 라훌라 박사의 『붓다의 가르침』은 초기불교의 개론서 가운데 세계적으로 근현대의 저술 가운데 가장 탁월한 평가를 받고 있는 책이다.

필자가 이 책의 천재적인 명료함에 매료되었던 이래 벌써 37년이 흘렀다. 필자는 당시에 영문으로 된 이 짤막한 저술을 번역하였고 한길사에서 『현대사상과 불교』(1981년)라는 단행본에 끼워 실었다. 한글번역만은 잘되었다는 평가를 받았지만 당시에 빠알리어나 불교의 이론에 문외한이었던 필자는 영문번역에도 많은 오류를 범했다는 것을 뒤늦게 알았다. 그 후에 독일 유학을 다녀와서 한길사측이 이 책의 번역만을 분리해서 명상시리즈 1권으로 내겠다고 해서 별생각 없이 수락했는데 한길사에서는 『불타의 가르침』(1993년)이라는 제목으로 단행본으로 출간하였다.

그런데 필자가 빠알리어 사전, 범어문법학을 출간하고 최근에 ≪쌍윳따니까야≫ 전질을 완역한 이후에 시간적으로 여유가 있어 이 불타의 가르침을 빠알리어와 대조하여 번역해 본 결과 적지 않은 오역이 발견되었다. 저자인 월폴라 라훌라 박사는 원주석에서 빠알리어를 밝혀 놓지 않았고 단지 출처만을 밝혀 놓았는데 그것도 상당부문은 우리가 접근할 수 없는 싱할리어 빠알리대장경의 출처를 기록한 것이었기 때문에 빠알리성전협회본의 로마나이즈화한 빠알리대장경 교열본에서 원전을 찾는데 많은 시간을 보냈다.그러나 그 덕분에 이번에 올바른 번역을 하여 세상에 내놓게 되어 적지 않은 오역의 무거운 짊을 벗어버린 것 같아 홀가분하기 짝이 없다. 그리고 주석을 더 상세히 보완하고 부처님 말씀에 대해서는 일일이 주석을 달고 빠알리 원문과 그 출처를 밝혔다. 그러나 대신 자유롭고 날렵한 번역의 유려한 문체는 많이 사라지고 말았다.

한편, 필자는 처음에는 단순히 번역을 월폴라 라훌라 박사의 원전에 맞게 번역만 해서 다시 내기로 마음을 먹었다가 아무리 생각해도 팔정도와 연기에 대한 해설이 너무 빈약한 것 같아 필자의 저술인 초기불교의 연기사상을 참고하여 이 책을 보완하기로 마음먹었다. 그래서 이 책은 원저보다 두 배 정도로 그 분량이 늘어났다. 그러다 보니까 이 책은 월폴라 라훌라 박사와의 공저라고 할 수 있는 것이 되어버렸다. 그러나 월폴라 라훌라 박사는 빠알리성전협회의 고문으로 있다가 1997년에 90세로 열반에 들었다. 이미 돌아가신 분의 허락도 없이 책을 개조한 것처럼 되어 송구스럽기 짝이 없는데 그분과 공저로 한다는 것은 있을 수 없는 일일 것이다. 생각다 못해 김광하 선생과 상의하여 월폴라 라훌라 박사 원저, 필자의 역저로 발간하기로 했다.

그런데 필자가 추가한 부분을 밝혀두려고 해보니 일일이 거론하는 일이 번거롭고 더 어려웠다. 그래서 여기에서 거의 모든 주석을 필자가 다시 달았으며 팔정도가 들어가 있는 「괴로움의 소멸에 이르는 길」의 장은 완전히 새롭게 필자가 저술한 것이며 「연기와 무아」의 장의 앞부분도 필자가 저술한 것이다.

대승과 소승을 망라하여 불교를 이해하려면, 불교의 가르침은 너무나 심오하고 호한하기 때문에 사람들은 그 진수를 알기가 어렵다. 수십 년 간 불교공부를 해도 종잡을 수 없는 방황을 일삼는 사람이나 불교에 새로 입문하고자 하는 사람들에게 이 책은 더없이 훌륭한 책이다.

과거 2005년 개정판은 서림스님의 스터디그룹(2004년)에서 교정한 것을 비롯하여 여러 의견들을 반영한 것이고, 수지행 보살님께서 아름답게 교정·편집하여주신 것이었다. 이번 2018년의 개정판은 2005년 개정판을 수정하면서 '감수(感受)'란 용어를 보다 쉬운 용어이자 필자가 초기경전번역에서 일관되게 번역한 '느낌'으로 바꾸어서 초보자라도 쉽게 읽을 수 있도록 배려했다.

그 동안 필자는 빠알리성전 가운데 경장과 율장의 대부분을 번역했다. 그 동안 이 붓다의 가르침과 팔정도를 사랑하여 주신 많은 독자들에게 감사드린다.

불기 2549(2018)년 한여름
한국빠알리성전협회 창릉천 연구실에서
퇴현 전재성 합장

목 차

발간사 ········ 5

머리말 ········ 8

역저자 개정판 머리말 ········ 11

제1장 붓 다 ········ 19

제2장 불교의 정신 ········ 22

1. 가장 인간다운 붓다 ········ 22
2. 의심을 버리고 바로 보라 ········ 24
3. 관용의 정신 ········ 27
4. 진리는 어떠한 상표도 필요로 하지 않는다. ········ 29
5. 믿음 보다 확신 ········ 30
6. 와서 보라 ········ 34
7. 진리의 수호 ········ 37

제3장 괴로움의 거룩한 진리 ········ 46

1. 불교는 비관주의도 낙관주의도 아니다 ········ 46
2. 현실적이고 객관적인 붓다 ········ 50
3. 마음과 다섯 가지 존재의 다발과 인식의 구조 ········ 53
4. 물질과 의식 ········ 57
5. 괴로움은 있어도 괴로워하는 자는 없다 ········ 62

제4장 괴로움의 발생의 거룩한 진리 ········ 67

1.무엇을 조건으로 괴로움이 생겨나는가? ········ 67
2. 업과 윤회 ········ 69
3. 괴로움의 원인은 괴로움 내부에 있다. ········ 70
4. 자아가 없이 어떻게 윤회하는가? ········ 73

제5장 괴로움의 소멸[涅槃]의 거룩한 진리 ········ 75

1.언어로 표현할 수 없는 진리 ········ 75
2. 열반은 긍정도 부정도 아니다 ········ 79
3. 절대적인 진리란 무엇인가 ········ 83
4. 자아가 없다면 누가 깨닫는가? ········ 86
5. 열반의 초월성 ········ 88

제6장 괴로움의 소멸에 이르는 길의 거룩한 진리 ········ 90

1. 세 가지 배움과 여덟 가지 고귀한 길 ········ 90
2. 첫 번째, 올바른 견해(正見) ········ 94
3. 두 번째, 올바른 사유(正思惟) ········ 96
4. 세 번째, 올바른 언어(正語) ········ 99
5. 네 번째, 올바른 행위(正業) ········ 104
6. 다섯 번째, 올바른 생활(正命) ········ 108
7. 여섯 번째, 올바른 정진(正精進) ········ 110
8. 일곱 번째, 올바른 새김(正念) ········ 120
9. 여덟 번째, 올바른 집중(正定) ········ 136

제7장 연기(緣起)와 무아(無我) ········ 159

1.이것이 있을 때 저것이 있다. ········ 159
2. 방편적 진리와 궁극적 진리 ········ 165
3. 진리를 깨닫도록 도와준 붓다 ········ 172
4. 고귀한 침묵 ········ 177
5. '나는 존재한다'는 것은 꽃향기와 같은 느낌에 불과하다. ········ 180

제8장 불교와 명상 ······ 184

1. 명상에 대한 오해 ······ 184
2. 명상의 실제적인 측면 ······ 187

제9장 오늘날의 실천 ······ 197

1. 생활 속의 불교 ······ 197
2. 우리들은 어떻게 살 것인가? ······ 200
3. 어떻게 불교도가 되는가 ······ 203
4. 붓다의 사회, 경제, 정치에 관한 가르침 ······ 205
5. 정당한 전쟁이란 없다 ······ 211
6. 비폭력, 평화, 사랑 ······ 212

약어표 ······ 217
참고문헌 ······ 219
빠알리어 한글표기법 ······ 224
불교의 세계관 ······ 226
찾아보기색인 ······ 231
빠알리성전협회안내 ······ 234

개정판

붓다의 가르침과 팔정도

ॐ सत्यमेव जयते ॐ

제1장 붓 다

붓다의 개인적인 이름은 범어로 씻다르타이고 성은 고따마였다.[1] 기원전 육세기 경에 북인도에 살았다. 아버지 숫도다나왕은 네팔근처 싸끼야(釋迦) 왕국의 지배자였다. 어머니는 왕비 마야부인이었다. 그는 당시의 습관에 따라 어려서 16살 때에 결혼했고 그에게 헌신한 아름다운 젊은 아내의 이름은 야쇼다라였다. 젊은 왕자는 왕궁에서, 자신이 원하면 자유스럽게 사치스러운 생활을 할 수 있었으나 갑자기 삶의 진실과 인간의 고통에 맞닥뜨려 그 해결책을 찾기로 결정했다. 그의 나이 29세 때에 아들 라훌라[2]가

---

1) SN. II. 10 ; Mahā Sakyamuni Gotama는 한역으로 釋迦牟尼佛이라고 한다. 그는 과거 25불 가운데 마지막 25번째의 부처님으로 역사적인 부처님이다. 까삘라밧투의 숫도다나 왕과 왕비인 마야 부인 사이에서 태어났다. 태어난 곳은 룸비니 동산이다. 생후 7일 만에 마야 부인이 돌아가자 이모 마하빠자빠띠 고따미가 그를 양육했다. 그는 Ramma, Suramma, Subha의 세 궁전에 살면서 젊어서 야쇼다라와 결혼해서 라훌라라는 아들을 두었다. 29세에 출가해서 6년간의 고행을 한 뒤에 마가다 국의 네란자라 강 근처에서 정각을 이루었다. 그때 처녀 쑤자따가 유미죽을, 목동 쏫티야가 자리 풀인 길상초를 제공했다. 그리고 보제수는 Ajapāla 나무였다. 초전법륜은 이씨빠따나에서 곤당냐 등 다섯 수행승에게 행했다. 싸끼야무니 고따마의 10대제자로는 싸리뿟따, 목갈라나, 마하갓싸빠, 아누룻다, 쑤부띠, 뿐냐, 깟짜야나, 우빨리, 라훌라, 아난다가 있었으며 수행녀로는 비구니 교단을 이끌던 이모 마하빠자빠띠 고따미가 유명했다. 신도로는 장자 나나타삔디까로 알려진 쑤닷따가 유명하고 빔비싸라 왕 등도 불교의 보호자로 잘 알려져 있다. 45년간의 중생교화를 끝내고 꾸씨나라에서 열반에 들었다.

2) Rāhula : Ppn. 737에 따르면 고따마 붓다의 외아들이다. 아버지가 출가하던 날 태어났다. 부처님께서 깨달음을 성취한 뒤 쑷도다나 왕의 초청으로 까삘라밧투를 처음 방문했을 때 dity다라는 아들을 부처님에게 보내서 유산의 승계를 요청했다. 부처님은 침묵한 채 공양을 들고 궁을

태어난 뒤에 왕국을 버리고 그 해결책을 찾기 위하여 고행자가 되었다.

육년 동안 고행자 고따마는 갠지스강 계곡을 따라 유명한 종교적인 지도자들을 만나 그들의 교의체계과 수행방법을 공부하고 추종하며 극단적인 고행에 몰두했다. 그러나 그들은 고따마를 만족시킬 수 없었다. 그래서 모든 전통적인 종교와 수행방법을 버리고 자신의 길을 가기로 결정했다. 35세가 되던 해 어느 날 저녁 붓다가야의 네란자라 강변에 있는 보리수 나무아래 앉아 고따마는 위없이 바르고 원만한 깨달음을 얻었다. 그후 고따마는 붓다라고 불렸다.

깨달은 이후 고따마 붓다는 베나레스 근처의 이씨빠따나[3]의 녹야원에서 자신의 가르침을 그의 동료였던 다섯 명의 고행자에게 전했다. 그 날부터 45년 간 털끝만한 차별도 없이 왕족들, 농부들, 성직자들과 수행자들, 장자들과 평민들, 불가촉천민들에 이르기까지 모든 사람들에게 법을 설했다. 사회적인 계급과 집단에 차별을 두지 않았다. 가르침은 그것을 이해하고 따를 준비가 되어있는 모든 선남선녀들에게 개방되어 있었다.

고따마 붓다는 나이 80에 오늘날의 인도 웃따르뿌라데슈 지방의 꾸씨나라에서[4] 입멸하였다. 오늘날 불교는 동아시아나 동남아

떠났다. 라훌라가 쫓아 나서자 부처님은 마침내 싸리뿟따를 시켜 라훌라를 승단에 입단시켰다. 이 소식을 들은 왕은 어린 아이들의 출가는 부모의 허락을 맡아야 한다고 요청하자 부처님은 이에 동의했다. 그러나 라훌라는 이미 출가했고 부처님은 그에게 많은 가르침을 전했다. 어렸을 때 라훌라는 한 줌의 모래를 집어 들고 '오늘 내가 이 모래알처럼 많은 가르침을 얻기를 바란다'고 기도했다. 라훌라가 일곱 살이었을 때 부처님은 Ambalatthika-Rāhulovāda 경을 설해 농담으로라도 거짓말을 하지 말 것을 설했고, 라훌라가 18살 때 Mahā-Rāhulovāda 경을 설해 위빠싸나 명상을 가르쳤으며, 나중에 지혜가 무르익었을 때 Cūla-Rāhulovāda 경을 설해 깨달음을 얻어 아라한이 되도록 했다. 라훌라는 밀행제일(密行第一)의 제자가 되었다.

3) Isipatana는 선인타처(仙人墮處)라고 한역되며 오늘날의 싸르나트(Sarnath)를 말한다.

4) Kusinārā는 말라(Malla) 족의 수도였고 오늘날의 웃따르 브라데슈(Uttar Pradesh) 지방을 말한다.

시아에 머물지 않고 그 합리적이고 탁월한 가르침 덕분에 유럽이나 아메리카 등 전세계로 전파되고 있고 세계 3대 종교의 하나로서 성장하고 있다.

제2장 불교의 정신

1. 가장 인간다운 붓다

종교의 창시자들 가운데 붓다는, 그를 일반적인 의미의 종교의 창시자로 부르는 것이 허용될지 모르지만 순수하게 인간으로 남아있길 바랬던 유일한 인물이었다. 다른 교조들은 자신이 신이거나 신에게 영감을 받았거나 또는 다른 형태로 화현된 화신이었다.

붓다는 인간일 뿐만 아니라 신이나 외적인 힘에서 오는 어떠한 영감도 요구하지 않았다. 깨달음의 성취는 인간적인 노력과 지성의 덕분이었다. 오로지 인간만이 깨달은 자인 붓다가 될 수 있다. 모든 사람은 붓다가 될 수 있는 가능성을 지니고 있다. 바라고 노력하기만 하면 그것은 성취된다.

우리는 붓다를 순수한 인간이라고 부른다. 그는 인간으로서 너무나 완전했기 때문에 후에 대중적인 종교에서 거의 '초인간'으로 여겨지게 되었다. 불교에 의하면 인간의 지위는 지극히 높다. 인간은 스스로가 그의 주인이다. 그의 운명 위에 군림하는 보다 높은 존재나 권력은 없다.

붓다는 '인간은 자신이 자신의 피난처이다. 다른 누가 피난처가 되겠는가?'[5]라고 말했다. 그는 제자들에게 자기 자신을 자신의 피난처로 할 뿐 다른 누구에게도 도움을 구하거나 피난처를 구하지 말라고 했다.[6] 붓다는 각자가 자기 자신을 계발해서 스스로 해탈을 구하도록 가르치며, 용기를 불어넣고 북돋아주었다. 인간은 자신의 지혜와 노력으로 모든 속박에서 벗어나는 능력을 지니고 있기 때문이다.

그러나 붓다는 '여래[7]는 다만 그 길을 가르킬 뿐이오. 그러니 당신은 열심히 스스로 해야 할 일을 하시오.'[8]라고 말했다. 붓다가 구원자로 불릴 수 있다면 붓다의 가르침이 해탈과 열반의 길을 발견하고 보여주었다는 의미에서이다.

우리는 이 길을 스스로 걸어가야 하는 것이다. 붓다가 제자들에게 자유를 허락한 것은 이러한 개인적인 책임의 원리 때문이었다. 대반열반경에 따르면 붓다는 승단을[9] 조성하려고 결코 생각하지 않았으며 승단이 그에게 의지하는 것도 원하지 않았다고 말했다. 그의 가르침에 비밀스러운 교리가 있거나 사권[10] 속에 감추어 놓은 어떤 묘책이 숨어있는 것도 아니다.

붓다가 허락한 생각의 자유는 어떠한 종교의 역사 속에서도 찾아볼 수가 없는 것이다. 붓다에 의하면, 인간의 해탈은 진리에 대

---

5) Dhp. 160 : attā hi attano nātho ko hi nātho paro siyā.

6) DN. II. 72 : Mahāparinibbānasuttanta(大般涅槃經) 참조

7) Tathāgata : 여래는 '참되게 오셨다(tathā-āgata)' 또는 '참되게 가셨다(tathā-gata)'라는 意味로 '이렇게 오신 님' 또는 '이렇게 가신 님'라고 飜譯할 수 있는데, 이것은 일반적으로 붓다가 자기 자신을 言及하는데 자주 쓰이는 用語이다. 티베트 飜譯은 '이렇게 가신 님'이고 중국 飜譯은 '이렇게 오신 님'이다.

8) Dhp. 276 : tumhehi kiccaṃ ātappaṃ akkhātāro tathāgatā

9) Saṅgha : 원래 Saṅgha는 '共同體'를 의미한다. 그러나 불교에서는 승단 곧 '불교 僧侶들의 共同體'를 지시한다. 부처님과 가르침과 승단은 佛(Buddha), 法(Dhamma), 僧(Saṅgha)은 三寶(Tiratna)는 三歸依(Tisaraṇa)의 대상이다.

10) ācariyamuṭṭhi : '스승의 주먹(師拳)'을 뜻하며 감추어진 비밀스런 가르침을 상징한다. DN. II. 72 : Mahāparinibbānasuttanta(大般涅槃經) 참조

한 자신의 자각에 기인하는 것이지 헌신적인 선행에 대한 보수로서 드리워지는 영예로운 은총이나 외적인 힘에 의한 것이 아니기 때문에 자유는 필수불가결한 것이다.

2. 의심을 버리고 바로 보라

붓다는 꼬쌀라 왕국의 께싸뿟따[11]라고 하는 조그마한 도시를 방문한 적이 있다. 이 도시의 시민들은 '깔라마'라고 불리었다. 붓다가 이 도시에 왔다는 소문을 듣고 깔라마들이 몰려왔다.

[깔라마들] "세존이시여, 이곳 께싸뿟따를 방문한 어떤 수행자들과 성직자들이 있었습니다. 그들은 오직 자기의 가르침만을 설명하고 계몽할 뿐 다른 교리에 대해서는 비난하고 욕하고 경멸하고 코웃음치는 것이었습니다. 그리고 다른 수행자들과 성직자들이 왔는데 그들도 역시 차례로 자기의 가르침만을 설명하고 계몽할 뿐 다른 교리에 대해서는 비난하고 욕하고 경멸하고 코웃음치는 것이었습니다. 세존이시여, 저희들로서는 그들 존경스러운 수행자들과 성직자들 가운데 누가 진리를 말하고 누가 거짓을 말하는지 미심쩍고 의심스럽기만 합니다."[12]

[붓다] "깔라마들이여, 당신들이 미심쩍어하고 의심스러워하는 것은 당연합니다. 왜냐하면 의심스러운 것은 미심쩍은 일에서 생

---

11) Kesaputta : Kosala국의 도시로서 Kālāma인들이 살던 곳이다.

12) AN. I. 188 : santi bhante eke samaṇabrāhmaṇā kesaputtaṃ āgacchanti. te sakaṃ yeva vādaṃ dīpenti jotenti, paravādaṃ pana khuṃsenti vambhenti paribhavanti opapakkhiṃ karonti. apare pi bhante eke samaṇabrāhmaṇā kesaputtaṃ āgacchanti. te pi sakaṃ yeva vādaṃ dīpenti jotenti, paravādaṃ pana khuṃsenti vambhenti paribhavanti opapakkhiṃ karonti. tesaṃ no bhante amhākaṃ hot'eva kaṅkhā hoti vicikicchā ko si nāma imesaṃ bhavantānaṃ samaṇānaṃ saccaṃ āha ko musā ti?

겨나기 때문입니다. 깔라마들이여, 풍문이나 전통이나 전설에 끄달리지 마십시오, 종교적인 성전의 권위나 논리나 추론이나 상태에 대한 분석이나 견해에 대한 이해나 그럴듯한 가능성이나 '이분이 나의 스승이다.'라는 생각에 끄달리지 마십시오. 깔라마들이여, 이러한 것들이 악하고 건전하지 못하고, 이러한 것들이 잘못된 것이고, 이러한 것들은 식자에게 비난받을 만하고, 이러한 것들은 성취하여 받아들이면 유익하지 못하고, 괴로움을 야기한다고 스스로 알게 되면, 그때에 깔라마들이여, 그것들을 버리시오 … 깔라마들이여, 이러한 것들이 착하고 건전하고, 이러한 것들이 옳은 것이고, 이러한 것들이 식자에게 칭찬받을 만하고, 이러한 것들은 성취하여 받아들이면, 유익하고 즐거움을 가져온다고 스스로 알게 되면, 그때에 깔라마들이여, 그것들을 받아들이시오."[13]

붓다는 더욱 나아가서 수행승들에게 자신이 따르는 스승의 진정한 가치를 알 수 있도록 여래 자신까지도 살피도록 충고했다.[14]

붓다의 가르침에 따르면, 의심은 진리를 이해하는 데나 정신적인 수행을 행하는 데 방해가 되는 다섯 가지 장애[15] 가운데 하나

---

13) AN. I. 189-190 : alaṃ hi vo kālāmā kaṅkhitaṃ alaṃ vicikicchitaṃ. kaṅkhāniye va pana vo ṭhāne vicikicchā uppannā. etha tumhe kālāmā mā anussavena mā paramparāya mā itikirāya mā piṭakasampadānena mā takkahetu mā nayahetu mā ākāraparivitakkena mā diṭṭhinijjhānakkhantiyā mā bhavyarūpatāya mā samaṇo no garū ti. yadā tumhe kālāmā attanā va jāneyyātha – ime dhammā akusalā ime dhammā sāvajjā ime dhammā viññugarahitā ime dhammā samattā samādinnā ahitāya dukkhāya saṃvattantī ti – atha tumhe kālāmā pajaheyyātha … yadā tumhe kālāmā attanā va jāneyyātha – ime dhammā kusalā ime dhammā anavajjā ime dhammā viññuppasatthā ime dhammā samattā samādinnā hitāya sukkhāya saṃvattantī ti – atha tumhe kālāmā upasampajja vihareyyātha.

14) MN. no. 47 : Vīmaṃsakasutta 참조.

15) SN. V. 60 : 수행승들이여, 다섯 가지 장애가 있다. 어떠한 것이 다섯 가지인가? 감각적 쾌락에 대한 욕망의 장애, 악의의 장애, 해태와 혼침의 장애, 흥분과 회한의 장애, 의심의 장애가 있다.(kāmacchandanīvaraṇaṃ vyāpādanīvaraṇaṃ thīnamiddhanīvaraṇaṃ uddhaccakkuccanīvaraṇaṃ vicikicchānīvaraṇaṃ) : 五障 또는 五蓋(pañcimāni nīvaraṇāni)이라고 하는데, 한역에서는 欲貪障(kāmacchandanīvaraṇaṃ), 瞋恚障(vyāpādanīvaraṇaṃ), 惛眠障(t

이다. 그러나 의심은 죄가 아니다. 불교에는 믿음의 조항이 없기 때문이다. 사실상 불교에는 다른 종교에서처럼 "죄"라는 개념이 없다.

모든 악의 뿌리는 무지와 사견(邪見)에서 비롯된다. 의심이 있는 한 당황하고 흔들리며 아무런 발전을 이룰 수가 없다. 또한 정확히 이해하거나 올바로 보지 못하는 한 의심할 수밖에 없는 것도 부정하기 힘들다. 그러나 더욱 발전하기 위해서는 의심을 제거해야 한다.

의심을 제거하기 위해서는 바로 보아야 한다. 의심하지 않고 바로 보아야 한다는 것은 두말할 나위조차 없다. '나는 믿는다.'라는 사실은 정확히 깨닫는 것을 의미하지는 않는다. 어떤 학생이 수학 문제를 풀 때에 어떻게 풀어야 할지 망설이거나 의혹을 갖고 당황하는 수가 있다. 그가 의혹을 갖고 있는 한 문제를 더 이상 풀어 나아갈 수 없다.

앞으로 나아가길 원한다면 의혹을 풀어야 한다. 물론 의혹을 풀 수 있는 길은 있다. '나는 믿는다.' 또는 '나는 의심하지 않는다.'라고 말하는 것만으로는 그 문제를 전혀 풀지 못한다. 자신에게 믿도록 강요하거나 이해함이 없이 받아들이도록 강요하는 것은 정치적인 것이지 영적이나 지적인 것이 아니다.

붓다는 언제나 의혹을 몰아내려고 노력했다. 완전한 열반에 들기 직전에 붓다는 몇 번이고 수행승들에게 말했다.

[붓다] "수행승들이여, 부처님이나 가르침이나 참모임나 길이나 방도에 관하여 어떠한 의심이나 의혹이라도 갖고 있으면 수행승들이여 질문하라. '우리는 스승을 친견했으나 스승의 앞에서 질문

---

hīnamiddhanīvaraṇaṃ), 掉悔障(uddhaccakkuccanīvaraṇaṃ), 疑惑障(vicikicch-ānīvaraṇaṃ)을 뜻한다.

을 할 수 없었다.'라고 나중에 후회하지 말라."[16]

그러나 제자들은 침묵을 지켰다. 그 때에 붓다가 한 말은 감동적이었다.

[붓다] "그대들이 아무런 질문을 하지 않은 것이 스승에 대한 존경이라면, 한 동료가 다른 동료에게 질문하고 서로 그 대답을 알려주도록 해라."[17]

3. 관용의 정신

생각의 자유뿐만 아니라 붓다가 선언한 관용의 정신도 종교의 역사를 공부하는 학생들에게는 놀라운 것이다.

한 때에 나란다에는 우빨리라고 불리는 한 장자(長者)가 있었다. 그는 니간따 나타뿟따[18]의 유명한 평신도였는데 붓다를 만나보라고 마하비라가 특별히 보낸 사람이었다. 붓다는 마하비라의 무리들과는 견해를 달리했기 때문에 우빨리와 업(業)에 관해 논쟁하게 되었다. 거기서 붓다는 우빨리를 승복시켰다. 우빨리는 논쟁의 막바지에 이르러서 생각했던 것과는 달리 붓다의 견해가 옳고 자신과 스승의 견해가 틀렸다는 것을 깨달았다.

그래서 그는 붓다의 재가신도가 되기를 간청했다. 그러나 붓다

---

16) DN. II. 155 : siyā kho pana bhikkhave ekabhikkhussa pi kaṅkhā vā vimati vā buddhe va dhamme vā saṃghe vā magge vā paṭipadāya vā. pucchatha bhikkhave. mā pacchā vippaṭisārino ahuvattha : "sammukhī-bhūto no satthā ahosi, na mayaṃ sakkhimha bh-agavantaṃ sammukhā paṭipucchitun" ti

17) DN. II. 155 : siyā kho pana bhikkhave satthugāravena pi na puccheyyātha. sahāyako bhikkhave sahāyakassa ārocetūti

18) 자이나교의 創始者인 Mahāvīra의 이름이다. 붓다와 同時代人으로 아마도 붓다보다 몇 살 나이가 많았다.

는 서두르지 말고 다시 고려해 보기를 원했다. 신중하게 생각하는 것이 그와 같이 잘 알려진 사람에게 유익할 것이기 때문이었다. 그런데 우빨리가 다시 제자가 되고 싶은 생각을 명백히 했을 때에 붓다는 그가 모시던 옛스승 마하비라를 계속 존경하고 후원할 것을 부탁했다.[19]

기원전 3세기 경에 이해와 관용의 귀중한 모범을 보인 인도의 아쇼카라는 위대한 불교의 황제는 그의 광대한 제국에서 불교 이외의 다른 종교도 잘 보호하고 후원했다. 비석에 새겨진 그의 칙령 가운데 황제가 천명한 바를 읽을 수 있다.

[아쇼카] "누구나 자신의 종교만을 숭앙하고 다른 종교를 저주해서는 안 된다. 여러 가지 이유로 다른 종교도 존중해야 한다. 자신의 종교를 전파하면서 다른 종교에도 봉사해야 한다. 그렇지 않으면 누구나 자신의 종교에 무덤을 파는 것이며 다른 종교에 해를 끼치는 것이다. 자신의 종교만을 숭앙하고 다른 종교를 저주하는 자도 누구나 '나는 내 종교를 찬양하는 것이다.'라고 생각하면서 자신의 종교에 헌신할 것이다. 그러나 그렇게 하면 그 자신의 종교를 더욱 해치게 된다. 그러므로 화해하는 것이 좋다. 경청하라. 다른 종교의 가르침이나 교의에도 귀를 기울이라."[20]

이러한 교감적인 이해의 정신은 종교적인 교리뿐만 아니라 그 이외의 영역에도 마찬가지로 적용되어야 할 것이다. 이러한 관용과 이해의 정신은 처음부터 불교문화와 불교문명의 가장 귀중한 이념이었다. 그것이 왜 2500여 년의 긴 포교의 역사 속에서 사람들을 불교도로 만드는데 단 한 방울의 피도 흘리지 않고 또한 종교적 박해도 받지 않았는가 하는 이유이다. 불교는 평화적으로 아

19) MN. I. 371; MN no. 56 : Upālisutta
20) Rock Edict XII.

시아 대륙으로 전파되어 오늘날 5억의 신도를 확보했다. 어떤 핑계로든 어떤 형태로든 폭력은 절대로 붓다의 가르침과 상반되는 것이다.

4. 진리는 어떠한 상표도 필요로 하지 않는다.

사람들은 이따끔 '불교는 종교인가 철학인가'라는 질문을 제기한다. 그러나 어떻게 정의를 내리든 상관없다. 불교는 정의를 내리는 그 수준으로 정의 내리는 사람에게 남는 것이다. 그 명칭은 하찮은 것이다. 우리가 붓다의 가르침에 부여하는 불교라는 이름이 중요한 것은 아니다. 누가 거기에 부여하는 이름은 본질적인 것이 아니기 때문이다.

"이름 가운데 무엇이 있는가?
장미라는 것이 있나니.
어떤 다른 이름으로 붙인다고 해도
향기로움은 그대로 이리라."

이처럼 진리에는 어떤 상표도 필요로 하지 않는다. 진리는 불교나 기독교나 이슬람교나 힌두교의 것도 아니다. 진리는 누구의 독점도 아니다. 진리를 이해하는데 분파주의적인 상표는 방해가 될 뿐이며, 인간의 마음에 해로운 선입견을 낳는다.

이러한 상황은 정신적이나 물질적인 것뿐만 아니라 인간관계에서도 마찬가지이다. 예를 들어 우리가 사람을 만났을 때에 그 사람을 인간으로 보기보다는 그에게 영국, 프랑스, 미국 등의 딱지를 붙여서 보게 된다. 다시 말해서 마음속에 그러한 표제와 관련된 선입견을 가지고 그 사람을 판단하게 된다. 그러나 그 사람은 우리가 그에게 부여한 모든 선입견과는 아무런 상관이 없을 지도 모른다.

사람들은 분파주의적이고 분파적인 상표를 너무 좋아하기 때문에 모두에게 공통된 인간성이나 감정에 이르기까지 이름을 붙이려고 든다. 예를 들어 불교의 자비나 기독교의 사랑에 이르기까지 서로 다른 이름을 붙여 이야기하거나, 그것들과는 다른 자비에 대해서는 낙인을 찍어 무시하려는 경향이 있다. 그러나 진리는 기독교도나 불교도나 힌두교도나 이슬람교도의 소유가 아니다.

어린 아이에 대한 부모의 사랑은 불교적이나 기독교적인 것이 아니다. 그것은 어머니의 사랑이다. 사랑, 자비, 동정, 인내, 관용, 우애, 탐욕, 증오, 악의, 무지, 속임수 등과 같은 인간성과 감정에 분파주의적이고 독단적이고 배타적인 상표가 붙을 수 없다. 그것들이 특정한 종교에 소속되는 것은 결코 아니다.

5. 믿음 보다 확신

진리를 추구하는 자에게는 어디서부터 관념이 오는가는 중요하지 않다. 관념의 근원과 발전은 학문적인 문제이다. 진리를 이해하기 위해서는 그것이 붓다에서 유래했는지 어느 다른 누구에서 유래했는지는 중요하지 않다. 중요한 것은 사물을 보고 또한 아는 것이다.

붓다는 한때에 옹기장이 움막[21]에서 밤을 보내게 되었다. 그 움

21) MN. no. 140 : 인도에서 옹기장이의 움막은 넓고 조용하다. 苦行主義者나 隱遁者뿐만아니라 붓다 자신도 유행하다가 옹기장이의 움막에서 밤을 지세우는 장면이 빠알리 경전에서는 자주

막에는 이미 조금 전에 도착한 젊은 수행승이 있었다. 그들은 서로를 알지 못했다. 붓다는 '이 젊은이는 즐거운 여행길에 있다. 내가 그에게 질문해도 좋겠다.'라고 생각했다. 그래서 붓다는 그에게 물었다.

[붓다] "수행승[22]이여, 누구의 이름으로 집을 떠났습니까? 당신의 스승은 누구입니까? 누구의 가르침을 좋아합니까?"

[수행승] "석가족의 수행자 고따마가 있습니다. 그는 수행자가 되기 위해 집을 떠났습니다. 그가 거룩한 님이 되었다는 소문이 널리 퍼져 있습니다. 그 존경받는 분의 이름으로 나는 수행자가 되었습니다. 그는 제 스승이며 저는 그의 가르침을 따릅니다."

[붓다] "그 세상에 존귀한 님, 거룩한 님, 올바로 원만히 깨달으신 님은 어디에 계십니까?"

[수행승] "벗이여, 북쪽나라에 있는 싸밧티 시에 계십니다. 그 세상에 존귀한 님, 거룩한 님, 올바로 원만히 깨달으신 님은 지금 바로 그곳에 계십니다."

[붓다] "당신은 그 세상에 존귀한 분을 본 일이 있습니까? 당신이 그를 보면 알 수 있습니까?"

[수행승] "저는 그 세상에 존귀한 분을 본적이 없습니다. 뿐만 아니라 제가 그를 뵙더라도 그를 알아보지 못할 것입니다."

붓다는 이 이름 없는 수행자가 집을 떠나 수행자가 된 것이 바

등장한다.

22) 이 말은 比丘라는 말이다. 여기서 붓다가 이 遊行者에게 사용한 말은 佛敎僧侶에게만 사용하는 말인데 그것을 사용했다는 말은 興味로운 것이다. 원래 沙門이라는 말은 一般的인 修行者를 指稱하고 比丘는 부처님의 제자로서 출가한 僧侶를 말한다. 그러나 그는 아직 佛敎僧團의 일원이 아니었다. 왜냐하면 나중에 그는 붓다에게 僧團에 加入시켜달라고 요청했기 때문이다. 아마도 붓다 당시에 比丘라는 용어는 때때로 苦行主義者에게 無分別하게도 사용되었거나 붓다가 그 用語를 정확하게 사용하지 못한 것 같다. 比丘라는 말은 음식을 비는 乞食者란 의미로 여기서는 語源的으로 사용되었을 지도 모른다. 그러나 오늘날 比丘라는 말은 불교승려 특히 테라바다 불교국가인 스리랑카, 미얀마, 캄보디아, 치타공 등지의 僧侶에게 사용되고 있다.

로 자신의 소문을 듣고서였다는 것을 깨달았다. 그러나 붓다는 자신의 신분을 드러내지 않고 말했다.

[붓다] "수행승이여, 당신에게 그의 가르침을 말하겠습니다. 귀를 기우려 잘 들으시오"

[수행승] "벗이여, 좋습니다."

붓다는 이 젊은이에게 진리에 관한 놀라운 가르침을 설했다.[23] 설법이 끝날 때쯤이 돼서야 뿟꾸싸띠[24]라는 이 젊은 수행승은 자기 앞에서 이야기하고 있는 분이 바로 붓다라는 것을 깨달았다. 그는 일어나서 스승의 발에 절하고는 그를 알아보지 못하고 '벗'[25]이라고 부른데 대해 사과했다. 그리고 그는 붓다에게 승단에 들어가기를 허락해달라고 간청했다.

붓다는 그가 발우와 의복을 갖고 있는지를 물었다.[26] 뿟꾸싸띠는 발우와 옷을 구하기 위해 밖으로 나갔다가 불행히도 소에 받혀 죽었다.[27] 그러나 나중에 붓다는 이 슬픈 소식을 듣고, 뿟꾸싸띠는 이미 진리를 깨달은 현명한 사람으로 열반에 들어, 거룩한 님(阿羅漢)[28]이 되어서 다시는 이 세상에 태어나지 않을 것이라고

---

23) 이 책에 나오는 세 번째의 거룩한 眞理 곧 괴로움의 消滅의 거룩한 眞理에 관하여 설했다.

24) Pukkusāti : Buddhaghosa에 의하면, Pukkusāti는 딱샤실라의 왕이었고 Bimbisāra왕과 동시대인으로 서로 국가간 무역을 통해 서로 우호적인 관계에 있었다. Pukkusāti왕은 Bim-bisāra왕에게 8벌의 값을 헤아릴 수 없는 옷을 선물했는데 Bimbisāra왕은 답례로 황금원판에 三寶를 그려 넣고 부처님의 가르침을 적어 보냈다. Pukkusati는 그 황금원판 위의 부처님 가르침을 보고 환희하여 붓다를 만나러 가는 길이었다. Ppn. II. 213 참조

25) āvuso : 이 말은 親舊라는 말로서 동등한 위치에서 尊敬하여 부르는 말이다. 그러나 弟子가 붓다를 두고 그렇게 부르는 법은 없다. 대신에 弟子는 尊者 혹은 世尊(bhante)이라는 말을 사용했다. 부처님 당시에 僧家의 構成員들은 서로를 벗이라고 불렀다. 그러나 붓다가 완전한 涅槃에 들기에 즈음하여서는 젊은 수행승들은 장로 수행승에게 尊者 혹은 具壽(bhante, āyasmā)라고 부르고 長老 수행승들은 젊은 수행승들에게 벗(āvuso)라고 부를 것을 지시했다.

26) 修行僧은 세 벌의 옷과 음식을 求乞하기 위해 발우를 갖고 있어야 한다.

27) 오늘날에도 印度에서는 거리에서 소들이 어슬렁거린다는 것은 누구나 잘 알고 있다. 여기서 지적된 것처럼 그러한 傳統은 매우 오래된 것이다. 그러나 一般的으로 이러한 소들은 柔順하지 性急하거나 危險하지는 않다.

28) Arahant : 阿羅漢은 모든 장애와 번뇌를 벗어난 사람이다. 그는 열반을 깨달아 가장 높고 궁

말했다.[29]

이 이야기로 미루어보아 뿟꾸싸띠는 붓다에게 귀를 기울여서 그의 가르침을 깨달을 때까지 누가 자기에게 이야기하는 것인지, 그것이 누구의 가르침이었는지를 몰랐다는 것이 명백하다. 그는 진리를 보았다. 약이 좋다면 질병은 치유될 것이다. 누가 그것을 준비했는지, 그것이 어디서 왔는지는 필요치 않다.

거의 모든 종교는 믿음 — 맹목적인 신앙으로 보이는 — 에 바탕을 두고 있다. 그러나 불교에서는 '보고 알고 깨닫는' 데 바탕을 두고 있지 믿는데 바탕을 두고 있지 않다. 불경에도 믿음이나 신심으로 번역되는 '쌋다(Saddha)'라는 말이 있다. 그러나 이것은 믿음보다는 확신에 가까운 말이다.

대승불교에서는 부처님과 그 가르침과 그 참모임에 헌신한다는 의미에서 신심이라는 내용이 들어있기는 하다. 서기 사세기 경 유명한 불교철학자 아쌍가[30]는 쌋다라는 말이 세 가지 뜻을 갖고 있다고 말했다. 첫째, 완전하고 확고하게 납득하는 것, 둘째, 확신에 대한 희열, 셋째, 목표를 성취하고자하는 열망이다.[31] 아무튼 여타의 다른 종교와 같은 믿음이나 신앙은 불교와는 관계가 없다.

극적인 네 번째 단계에 이른 사람으로 지혜와 자비, 청정함과 고귀함이 충만하다. Pukkus-āti는 그 순간에 곧 세 번째의 단계인 천상세계에 태어나 그 곳에서 열반에 드는 '돌아오지 않는 이(Anāgāmi : 不還者)'의 지위를 얻었다. 두 번째는 천상세계에 한번 인간계로 다시 태어나 열반에 드는 '한번 돌아오는 이(Sakadāgāmi : 一來者)'이고 첫 번째 단계는 진리의 '흐름에 든 이(Sotāpanna : 豫流者)'의 단계이다.

29) Karl Gjellerup의 Pilgrim Kammanita는 이 Pukkusati의 이야기에 靈感을 받은 것이다.

30) Asaṅga : 북인도 바라문 가문에서 출생하였고 兄弟로는 유명한 唯識學의 논사 世親(Vasubandhu)이 있다. 처음에는 小乘空觀을 공부하였으나 나중에 도솔천에서 彌勒菩薩을 만나 大乘空觀을 배웠다고 전한다. 그의 저작으로는 한역대장경에 金剛般若論, 順中論, 攝大乘論, 大乘阿毘達磨論集論 등과 서장대장경 가운데 解深密經論 등이 있다.

31) Abhis. 6

6. 와서 보라

믿음에 대한 의혹은 알지 못했을 때에 일어난다. 그러나 보는 순간 의혹은 사라진다. 내가 손안에 보석을 감추고 있다고 말한다면 당신은 내 손에서 보석을 보지 못했기 때문에 믿음에 대한 의혹이 일어날 것이다. 그러나 내 주먹을 펴서 보석을 보여주면 당신은 스스로 알게 되어 의혹은 사라질 것이며, 그 의혹은 다시는 일어나지 않을 것이다. 불경에는 다음과 같은 경구가 있다.

[붓다] "손바닥에 있는 보석을 보듯이 깨달아라."

'무씰라'라는 붓다의 제자가 다른 수행자에게 이렇게 말했다.

[무씰라] "벗이여 싸빗타여, 믿음[32]이나 취향이나 전승이나 상태에 대한 분석이나 견해에 대한 심취와는 별도로 나는 이와 같이 '존재의 소멸이 열반이다.'라고 알고 또한 본다."[33]

붓다는 이와 같이 말했다.

[붓다] "수행승들이여, 나는 알지 못하고 또한 보지 못하는 자가 아니라 알고 또한 보는 자에게 번뇌가 소멸한다는 사실에 관해 말한다."[34]

---

32) 여기서 saddhā라는 말이 사용되었는데 그것은 일반적인 의미에서의 헌신, 신념, 신앙의 의미로 쓰인 것이다.

33) SN. II. 117 : aññatreva āvuso saviṭṭha saddhāya aññatra ruciyā aññatra anussavā aññtra ākāraparivitakkā aññatra diṭṭhinijjhānakhantiyā ahaṃ etaṃ jānāmi ahaṃ etaṃ passāmi bhavanirodho nibbānaṃ ti 여기서 나열되는 믿음(saddhā : 信), 취향(ruci : 欲), 전승(anussava : 聞), 상태에 대한 분석(ākāraparivitakka : 行覺想), 見解에 대한 심취(diṭṭhinijjhānakhanti : 見審諦忍)에 관하여는 MN. II. 170과 218, 234, SN. IV. 138에도 나오며 Srp. II. 122에 따르면, '믿음이란 신뢰를 뜻하고, 취향이란 들은 것이 마음에 드는 것을 뜻하며, 전승이란 들은 것에 대한 반복적인 학습을 뜻하고, 상태에 대한 분석이란 들은 것에 대한 비판적인 검증을 뜻하며, 견해에 대한 심취는 올바른 통찰에의 침잠을 뜻한다.' 그러나 이것은 그것들에 대한 일반적 해석이 아니라 가르침과 관련된 긍정적 해석이다.

34) SN. III. 152 : jānato ham bhikkhave passato āsavānaṃ khayaṃ vadāmi no ajanato apassato.

언제나 '알고 또한 본다'는 것이 문제이며, 믿는다는 것은 별로 의미를 지니지 못한다. 붓다의 가르침은 언제나 '와서 보라'[35]이며, '와서 믿으라'가 아니다. 진리를 깨달은 사람에 관하여 경전의 어느 곳에서든지 언급되고 있는 말이 있다. '더러움 없고 깨끗한 진리의 눈[36]을 떴다.'[37] '또한 나는 이것이 최후의 삶이며 다시는 태어나지 않는다라고 흔들림 없이 마음의 해탈을 이루어 앎과 봄을 성취했다.'[38] '올바른 지혜로 있는 그대로 본다.'[39]

붓다는 자신의 깨달음에 관해 이와 같이 말했다.

[붓다] "눈이 생겨났다. 앎이 생겨났다. 지혜가 생겨났다. 명지가 생겨났다. 빛이 생겨났다."[40]

진리는 신앙을 통해 믿는 것이 아니라 지혜와 슬기를 통해 깨닫는 것이다. 이러한 깨달음의 선언은 바라문교의 정통성이 의심 없는 유일한 진리로서 전통과 권위를 지니고 받아들여지고 신봉되던 시대에 아주 감동적인 것이었다. 학문적으로 아주 유명하고 총명한 바라문이 붓다를 만나서 오랫동안 토론한 적이 종종 있었다.

그 때에 바라드와자 가문에 까빠띠까[41]라는 한 총명한 16살의 바라문이 붓다에게 질문했다.

[까빠띠까] "고따마 존자여, 예부터 파괴되지 않고 구전으로 내

---

35) ehipassika : '와서 보라(ehi passa)'에 형용사적 어미 -ika가 첨가된 조어는 부처님의 가르침을 수식하는 전형적인 용어이다.

36) dhammacakkhu : '法眼'을 말한다.

37) SN. V. 423 : virajaṃ vītamalaṃ dhammacakkhuṃ udapādi.

38) SN. V. 423 : ñāṇañca pana me dassanaṃ udapādi akuppā me cetovimutti ayam antimā jāti natthidāni punabhavo

39) SN. III. 103, MN. III. 19 : yathābhūtaṃ sammappaññāya passati.

40) SN. V. 422 : cakkhuṃ udapādī ñāṇaṃ udapādī paññā udapādī vijjā udapādī āloko u-dapādī.

41) Kāpaṭhika : MN. II. 168의 Caṅkisutta에 등장하는 16살의 바라문으로 베다에 정통하고 머리를 삭발한 청년이다.

려오는 바라문의 성전이 있습니다. 그 성전을 참고하여 바라문들은 '이것만이 진리이고 다른 것은 거짓이다.'라는 단정적인 결론에 도달했습니다. 고따마 존자여, 이것을 어떻게 생각합니까?"[42]

붓다는 되물었다.

[붓다] "바라드와자여, 바라문들 가운데 '이것만이 진리이고 다른 것은 거짓이다.'라는 사실을 보아서 분명히 안 사람이 단 한 사람이라도 있는가?"[43]

[까빠띠까] "고따마 존자여, 아닙니다."[44]

[붓다] "그렇다면 바라문들 가운데 한 스승으로서 뭇 스승들의 스승으로 7대에 이르기까지 '이것만이 진리이고 다른 것은 거짓이다.'라는 사실을 보아서 분명히 안 사람이 단 한 사람이라도 있는가?"[45]

[까빠띠까] "고따마 존자여, 아닙니다."[46]

[붓다] "그렇다면 바라드와자여, 그것은 잇달아 묶여있는 장님의 줄서기와 같다. 첫째 사람이 보지 못하면 두 번째 사람이 보지 못하고 마지막 사람도 보지 못한다. 그러므로 바라문들이 말한 바는 장님의 줄서기와 같다고 나는 생각한다. 첫째 사람이 보지 못하면 두 번째 사람이 보지 못하고 마지막 사람도 보지 못한다. 바라드와자여, 어떻게 생각하는가? 이와 같다면 바라문들의 믿음은

---

42) MN. II. 169 : yad idaṃ bho gotama, brāhmaṇānaṃ porāṇaṃ mantapadaṃ itihītiha par amparāya piṭakasampadāya, tattha ca brāhmaṇā ekaṃsena niṭṭhaṃ gacchanti: idaṃ eva saccaṃ, moghaṃ aññaṇ ti, idha bhavaṃ gotamo kim āhāti?

43) MN. II. 169 : kiṃ pana, bhāradvāja, atthi koci brāhmaṇānaṃ ekabrāhmaṇo pi yo evaṃ āha : ahaṃ etaṃ passāmi: idam eva saccaṃ moghaṃ aññan ti?

44) MN. II. 169 : no h'idaṃ, bho gotamo.

45) MN. II. 170 : kiṃ pana, bhāradvāja, atthi koci brāhmāṇānaṃ ekācariyo pi ekācariyap-ācariyo pi yāva sattamā ācariyamahayugā pi yo evaṃ āha : ahaṃ etaṃ passāmi: ida m eva saccaṃ moghaṃ aññan ti?

46) MN. II. 170 : no h'idaṃ, bho gotamo

근거가 없는 것이 아닌가?"47)

그리고 붓다는 바라문의 무리들에게 아주 중요한 충고를 했다.

[붓다] "바라드와자여, 이것만이 진리이고 다른 것은 거짓이다.' 라는 일방적인 결론을 내리는 것은 진리를 수호하려는 지혜로운 자의 태도가 아니다."48)

7. 진리의 수호

진리를 수호하는 말을 해달라고 젊은 바라문으로부터 요청을 받은 붓다는 진리의 수호에 대하여 이렇게 말했다.

[붓다] "만약 사람에게 믿음이 있다면 '이와 같이 나는 믿는다.' 라고 말한다면 진리를 수호하는 것이다. 그러나 '이것이야말로 진리이고 다른 것은 거짓이다.'라고 단정적으로 결론짓지 말아야 한다. 만약 사람에게 취향이 있다면 '이와 같이 나는 취향을 갖고 있다.'라고 말한다면 진리를 수호하는 것이다. '이것이야말로 진리이고 다른 것은 거짓이다.'라고 단정적으로 결론짓지 말아야 한다. 만약 사람에게 전승에서 배운 바가 있다면 '이와 같이 나는 전승에서 배웠다.'라고 말한다면 진리를 수호하는 것이다. 그러나 '이것이야말로 진리이고 다른 것은 거짓이다.'라고 단정적으로 결론짓지 말아야 한다. 만약 사람에게 상태에 대한 분석이 있다면 '이

---

47) MN. II. 170 : seyyathāpi, bhāradvāja, andhaveṇi paramparāsaṃsattā, purimo pi na passati majjhimo pi na passati pacchimo pi na passati, evaṃ eva kho, bhāradvāja, andhaveṇupamaṃ maññe brāhmaṇānaṃ bhāsitaṃ sampajjati; purimo pi na passati majjh-imo pi na passati pacchimo pi na passati. taṃ kiṃ maññasi, bhāradvāja? nanu evaṃ sante brāhmaṇānaṃ amūlikā saddhā sampajjatīti?

48) MN. II. 171 : saccam anurakkhatā, bhāradvāja, viññunā purisena nālaṃ ettha ekaṃsena niṭṭhaṃ gantuṃ : idaṃ eva saccaṃ, mogham aññan ti.

와 같이 나는 상태에 대하여 분석한다.'라고 말한다면 진리를 수호하는 것이다. 그러나 '이것이야말로 진리이고 다른 것은 거짓이다.'라고 단정적으로 결론짓지 말아야 한다. 만약 사람에게 견해에 대한 심취가 있다면 '이와 같이 견해에 대하여 심취한다.'라고 말한다면 진리를 수호하는 것이다. 그러나 '이것이야말로 진리이고 다른 것은 거짓이다.'라고 단정적으로 결론짓지 말아야 한다."[49]

다시 말해서 인간은 그가 좋아하는 것을 믿으며, '나는 이것을 믿는다.'라고 말한다. 그 한계 내에서 그는 진리에 관심을 갖는다. 그러나 그 믿음이나 신념 때문에 그가 믿는 것만이 유일한 진리이고 그 밖의 모든 것은 거짓이라고 말할 수 없다. 붓다는 이와 같이 말했다.

[붓다] "하나의 관점에 집착해서 다른 것들을 열등하다고 멸시하는 것, 현명한 사람은 이것을 족쇄라고 부른다."[50]

붓다는 또한 제자들에게 원인과 결과에 대한 가르침을 설했다. 그 때에 그들은 분명히 그것을 보고 알았다라고 말했다. 그런데 붓다는 아래와 같이 말했다.

[붓다] "수행승들이여, 그대들이 명확하고 분명한 관점이라도 그것에 집착하고 애착하고 달라붙는다면, 수행승들이여, 그대들은

---

49) MN. III. 171 : saddhā ce pi, bho Bhāradvāja, purisassa hoti, evaṃ me saddhā ti iti vadaṃ saccaṃ anurakkhati, na tveva tāva ekaṃsena niṭṭhaṃ gacchati: idaṃ eva saccaṃ, mogham aññan ti … ruci ce pi, bho Bhāradvāja, purisassa hoti, evaṃ me ruci ti iti vadaṃ saccaṃ anurakkhati, na tveva tāva ekaṃsena niṭṭhaṃ gacchati: idaṃ eva saccaṃ, mogham aññan ti … anussavo ce pi, bho Bhāradvāja, purisassa hoti, evaṃ me anussavo ti iti vadaṃ saccaṃ anurakkhati, na tveva tāva ekaṃsena niṭṭhaṃ gacchati: idaṃ eva saccaṃ, mogham aññan ti … ākāraparivitakko ce pi, bho Bhāradvāja, purisassa hoti, evaṃ me ākāraparivitakko ti iti vadaṃ saccaṃ anurakkhati, na tveva tāva ekaṃsena niṭṭhaṃ gacchati: idaṃ eva saccaṃ, mogham aññan ti … diṭṭhinijjhānakhanti ce pi, bho Bhāradvāja, purisassa hoti, evaṃ me diṭṭhinijjhānakhanti ti iti vadaṃ saccaṃ anurakkhati, na tveva tāva ekaṃsena niṭṭhaṃ gacchati: idaṃ eva saccaṃ, mogham aññan ti.

50) Stn. 798 : taṃ vāpi ganthaṃ kusalā vadanti, yaṃ nissito passati hīnaṃ aññaṃ.

내 가르침마저 강을 건너면 놓아버려야 하는 뗏목과 같다는 사실을 이해할 수 없을 것이다."[51]

다른 경전에서도 붓다는 그의 가르침을 강을 건너기 위한 뗏목에 비유해서 강을 건너면 그 뗏목을 버려야 하며, 짊어지고 다녀서는 안 된다는 유명한 뗏목의 비유를 설했다.

세존께서는 다음과 같이 말씀하셨다.

[붓다] "수행승들이여, 예를 들어 어떤 사람이 여행을 가는데 커다란 홍수를 보았다. 이 언덕은 위험하고 두렵고 저 언덕은 안온하고 두려움이 없는데 이 언덕으로부터 저 언덕으로 가는 나룻배도 없고 다리도 없었다. 그래서 그는 생각했다. '내가 풀과 나무와 가지와 잎사귀를 모아서 뗏목을 엮어서 그 뗏목에 의지하여 두 손과 두 발로 노력해서 안전하게 저 언덕으로 건너가면 어떨까?' 그래서 그 사람은 수행승들이여, 풀과 나무와 가지와 잎사귀를 모아서 뗏목을 엮어서 그 뗏목에 의지하여 두 손과 두 발로 노력해서 안전하게 저 언덕으로 건너갔다. 그가 저 언덕에 도달했을 때 다음과 같이 생각했다. '내가 이 뗏목을 머리에 이거나 어깨에 메고 갈 곳으로 가 버릴까?' 수행승들이여, 어떻게 생각하느냐? 그 사람은 이와 같이 해서 그 뗏목에 대해 해야 할 일을 행했는가?"[52]

---

51) MN. I. 260 (MN. no. 38, Mahātaṇhāsaṅkhayasutta) : imaṃ ce tumhe bhikkhave diṭṭhiṃ evaṃ parisuddhaṃ evaṃ pariyodātaṃ allīyetha kelāyetha dhanāyetha, api nu tu mhe bhikkhave kullūpamaṃ dhammaṃ desitaṃ ājāneyyātha nittharaṇatthāya no gaha ṇatthāyā ti.

52) MN. I. 135 : seyyathā pi bhikkhave puriso addhānamaggapaṭipanno, so passeyya mah antaṁ udakaṇṇavaṁ, oriman tīram sāsaṅkaṁ sappaṭibhayaṁ pāriman tīraṁ khemaṁ appaṭibhayaṁ, na cāssa nāvā santārāṇī uttarasetu vā apārā pāraṁ gamanāya ; tassa evam assa … yan nūnāhaṁ tiṇa-kaṭṭha-sākhā-palāsaṁ saṅkaḍḍhitvā kullaṁ bandhitvā taṁ kullaṁ nissāya hatthehi ca pādehi ca vāyamamāno sotthinā pāraṁ uttareyyan ti. atha kho so bhikkhave puriso tiṇa-kaṭṭha-sākhā-palāsaṁ saṅkaḍḍhitvā kullaṁ bandhitvā taṁ kullaṁ nissāya hatthehi ca pādehi ca vāyamamāno sotthinā pāraṁ uttare yya ; tassa tiṇṇassa pāraṅgatassa evam assa … yan nūnāhaṁ imaṁ kullaṁ sīse vā āropetvā khandhe vā uccāretvā yenakāmaṁ pakkameyyan ti. taṁ kim maññatha bhik

[수행승들] "세존이시여, 그렇지 않습니다."[53]

[붓다] "수행승들이여, 어떻게 하면 그 사람이 그 뗏목에 대해 해야 할 일을 행하는 것인가? 수행승들이여, 그때 그 사람이 저 언덕에 도달했을 때 이와 같이 생각했다. '이제 나는 이 뗏목을 육지로 예인해 놓거나 물속에 침수시키고 갈 곳으로 가버릴까?' 수행승들이여, 이와 같이 하면 그 사람은 뗏목에 대해 해야 할 일을 행한 것이다. 이와 같이 수행승들이여, 나는 건너가기 위하여 집착하지 않기 위하여 뗏목의 비유를 설했다. 수행승들이여, 참으로 뗏목에의 비유를 알면 너희들은 법(法)[54]마저 버려야 하거늘 하물며 비법(非法)이랴."[55]

이 우화에서 붓다의 가르침은 인간을 안전하고 평화롭고 행복하고 고요한 열반의 성취로 인도하려는 것이다. 붓다가 설한 모든 가르침은 이러한 식으로 끝난다. 그는 지적인 호기심을 만족시키는 어떤 것도 결코 말하지 않았다. 그는 실제적인 교사였으며 인간에게 평화와 행복을 가져다주는 것만을 가르쳤다.

붓다는 한 때에 알라하바드 근처의 꼬삼비에 있는 씽싸빠숲에 있었다. 그때 그는 적은 양의 씽싸빠[56] 나뭇잎을 손에 집어들고 수행승들에게 말했다.

---

khave ; api nu so puriso evaṁkārī tasmiṁ kulle kiccakārī assāti.

53) MN. I. 135 : no h'etam bhante.

54) 여기서 법은 註釋에 의하면 순수한 見解나 觀念과 같은 높은 정신적인 成就를 의미한다. 이러한 것에 대한 執着은 아무리 그것이 높고 순수한 것일지라도 버려야 하는 것이다. 하물며 惡하고 不健全한 것은 두말할 必要조차 없다.

55) MN. I. 135 : kathaṁkārī ca so bhikkhave puriso tasmiṁ kulle kiccakārī assa ; idha bhikkhave tassa purisassa tiṇṇassa pāraṅgatassa evaṁ assa … yan nūnāhaṁ imaṁ ku-llaṁ thale vā ussādetvā udake vā uplāpetvā yenakāmaṁ pakkameyyan ti. evaṁkārī kho so bhikkhave puriso tasmiṁ kulle kiccakārī assa. evam eva kho bhikkhave kullūp-amo mayā dhammo desito nittharaṇatthāya no gahaṇatthāya. kullūpamaṁ vo bhikkha-ve ājānantehi dhammā pi vo pahātabbā, pageva adhammā

56) siṃsapā : 强하고 커다란 나무로 學名은 Dalbergia sisu이다.

[붓다] "수행승들이여, 어떻게 생각하느냐? 내가 손으로 집어든 적은 양의 씽싸빠 나뭇잎과 저 씽싸빠 숲 위에 있는 나뭇잎과 비교하면 어느 것이 더욱 많겠는가?"[57]

[수행승들] "세존이시여, 세존께서 손으로 집어든 적은 양의 씽싸빠 나뭇잎보다는 저 씽싸빠 숲 위에 있는 나뭇잎이 훨씬 많습니다."[58]

[붓다] "수행승들이여, 이와 같이 내가 곧바로 알고 나서 그대들에게 설한 것이 매우 적고 설하지 않은 것이 훨씬 많다. 수행승들이여, 내가 설하지 않은 것은 무슨 까닭이냐? 수행승들이여, 그것은 유익하지 않고, 청정한 삶을 시작하는데 맞지 않고, 싫어하여 떠나기 위한 것이 아니고, 사라지기 위한 것이 아니고, 소멸하기 위한 것이 아니고, 그치기 위한 것도 아니고, 곧바로 알기 위한 것도 아니고, 올바로 깨닫기 위한 것도 아니고, 열반에 드는데 도움이 되는 것도 아니다. 그러므로 내가 설하지 않았다."[59]

붓다가 알고 있었지만 말하지 않은 것들을 숙고한다는 것은 마치 학자들이 헛되이 수고하는 것처럼 쓸 데가 없는 것이다. 붓다는 순수하게 명상적이고 환상적인 문제를 제기하는 형이상학적인 토론에는 관심이 없었다. 그는 그러한 것을 '황당무계한 견해'로 간주했다. 이러한 그의 태도를 못마땅하게 여긴 몇몇 제자들이 있

57) SN. V. 437 : taṃ kiṃ maññatha bhikkhave. katamaṃ nu kho bahutaraṃ yāni vā parit-tāni siṃsapāpannāni pāṇinā gahitāni yad idam upari siṃsapāvane ti?

58) SN. V. 438 : appamattakāni bhante bhagavatā parittāni siṃsapāpaṇṇāni pāṇinā gahitāni. atha kho etāneva bahutarāni yad idaṃ upari siṃsapāvāne ti

59) SN. V. 438 : evam eva kho bhikkhave etad eva bahutaraṃ yaṃ vo mayā abhiññāya anakkhātaṃ, appamattakam akkhātaṃ. kasmā cetaṃ bhikkhave mayā anakkhātaṃ. na hetaṃ bhikkhave atthasaṃhitaṃ nādibrahmacariyakaṃ na nibbidāya na virāgāya na nirodhāya na upasamāya na abhiññāya na sambodhāya na nibbānāya saṃvattati. tasmā tam mayā anakkhātaṃ. 한역은 다음과 같다 : 싫어하여 떠나기(厭離), 사라지기(離欲), 소멸하기(消滅) 그치기(止滅), 곧바로 알기(勝智) 올바로 깨닫기(正覺), 열반(涅槃). 이욕은 원래 '색이 바라서 사라지는 것'을 의미한다.

었던 것 같다. 그 예로 잘 알려진 고전적인 열 가지의 형이상학적인 질문을 던진 마룽끼야뿟따[60]가 있다.

어느날 말룽끼야뿟따는 오후의 명상을 끝내고 붓다에게 다가가서 인사를 드린 다음 그 옆에 앉아 다음과 같은 질문을 던졌다.

[말룽끼야뿟다] "세존이시여, 제가 홀로 명상할 때에 이런 생각들이 떠올랐습니다. '여래께서는 설명하지 않은 것이 있다. 첫째, 우주는 영원한가? 둘째, 우주는 영원하지 않은가? 셋째, 우주는 유한한가? 넷째, 우주는 유한하지 않은가? 다섯째, 영혼은 육체와 같은가? 여섯째, 영혼은 육체와 다른가? 일곱째, 여래는 사후에 존재하는가? 여덟째, 여래는 사후에 존재하지 않는가? 아홉째, 여래는 사후에 존재하기도 하고 존재하지 않기도 하는가? 열째, 여래는 사후에 존재하지도 않는 것도 존재하지 않는 것도 아니기도 하는가? 여래께서는 이러한 것을 말하지 않았다.' 이러한 것이 저에게는 못마땅합니다. 저는 세존께 이러한 것을 묻고 싶습니다. 만약 세존께서 저에게 대답을 주신다면 저는 그 밑에 머물러서 거룩한 삶을 따를 것입니다. 세존께서 알고 계신다면 제게 설명해주십시오. 세존께서 모르신다면 알고 또한 보지 못하는 자로서 '나는 알지 못한다. 나는 보지 못한다.'라고 하는 것이 솔직한 것입니다."[61]

---

60) Māluṅkyāputta : Māluṅkāputta라고도 적는다. 한역에서는 鬘童子라고 번역한다. Kosala국의 사정관의 아들로 어머니의 이름이 Māluṅkyā였다. 天性이 宗敎的이라 일찍이 遊行者가 되었다가 붓다를 만나 얼마 되지 않아 阿羅漢이 되었다.

61) MN. I. 426 : idha mayhaṃ bhante rahogatassa paṭisallīnassa evaṃ cetaso parivitakko udapādi: yān'imāni diṭṭhigatāni bhagavatā abyākatāni ṭhapitāni paṭikkhittāni: sassato loko iti pi, asassato loko iti pi, antavā loko iti pi, anantavā loko iti pi, taṃ jīvaṃ taṃ sarīraṃ iti pi, aññaṃ jīvaṃ aññaṃ sarīraṃ iti pi, hoti tathāgato paraṃ maraṇā iti pi, na hoti tathāgato paraṃ maraṇā iti pi, hoti ca na ca hoti tathāgato paraṃ maraṇā iti pi, n'eva hoti na na hoti tathāgato paraṃ maraṇā iti pi, tāni me bhagavā na byākaroti; yāni me bhagavā na byākaroti, taṃ me na ruccati, taṃ me na khamati, so'haṃ bhaga vantaṃ upasaṅkamitvā etaṃ atthaṃ pucchissāmi; sace me bhagavā byākarissati …

말룽끼야뿟따의 질문에 대한 붓다의 답변은 형이상학적인 문제로 쓸데없이 마음의 평화를 혼란시키며 시간을 낭비하는 오늘의 수많은 사람에게 매우 좋은 교훈이 될 것이다.

[붓다] "말룽끼야뿟따여, 내가 그대에게 '마룽끼야뿟따여, 와서 내 밑에서 거룩한 삶을 영위하라. 나는 그대에게 그러한 문제에 관하여 설명할 것이다.'라고 말한 적이 있는가?"62)

[말룽끼야뿟다] "세존이시여, 그렇지 않습니다."63)

[붓다] "말룽끼야뿟따여, 그대가 나에게 '세존이시여, 저는 여래 밑에서 거룩한 생활을 영위할 것입니다. 여래께서는 이러한 질문을 해결해주실 것이다.'라고 말한 적이 있는가?"64)

[말룽끼야뿟다] "세존이시여, 그렇지 않습니다."65)

[붓다] "말룽끼야뿟따여, 나는 '오라! 그리고 내 밑에서 거룩한 삶을 영위하라. 내가 그대에게 이러한 문제들을 설명하리라.'라고 말한 적이 없다. 그리고 그대가 나에게 '저는 여래 밑에서 거룩한 생활을 영위할 것이고 여래께서는 이러한 질문을 해결해주실 것이다.'라고 말한 적이 없다. 어리석은 자여, 이러한 상황 아래서 누가 누구를 거절하겠는가? 말룽끼야뿟따여, 어떤 사람이 '나는 여래가 이 문제를 해결해야 비로소 여래 밑에서 거룩한 삶을 영위할 것이다.'라고 말한다면, 그는 여래에게서 대답을 못들은 채 이러한 문제와 더불어 죽어갈 것이다."66)

---

evāhaṃ bhagavati brahmacariyaṃ carissāmi … sace bhagavā jānā-ti … me bhagavā byākarotu … noce bhagavā jānāti … ajānato kho pana apassato etad eva ujukaṃ hoti yadidaṃ: na jānāmi na passāmīti.

62) MN. I. 428 : kin nu tāhaṃ māluṅkyāputta evaṃ avacaṃ: ehi tvaṃ Māluṅkyāputta ma yi brahmacaiyaṃ cara, ahaṃ te byākarissāmi.

63) MN. I. 428 : no h'etaṃ bhante

64) MN. I. 428 : tvaṃ vā pana maṃ evaṃ avaca: ahaṃ bhante bhagavati brahmacariy-aṃ carissāmi, bhagavā me byākarissati.

65) MN. I. 428 : no h'etaṃ bhante

여기서 붓다는 유명한 독 묻은 화살의 비유를 든다.

[붓다] "말룽끼야뿟따여, 어떤 사람이 독 묻은 화살을 맞았다고 하자. 그의 친구가 와서 그를 외과의사에게 데리고 갔다. 그런데 그 사람이 '나를 쏜 사람이 누구인가 알아야 화살을 뽑을 것이다. 그가 귀족인지 바라문인지 평민인지 노예인지, 그의 이름과 성은 무엇인지, 그의 키가 큰지 작은지 중간인지, 그의 안색이 검은지 푸른지 노란지, 그가 어떤 마을이나 도시에서 왔는지를 알아야겠다.' 그리고 그가 말했다고 하자. '나를 쏜 활을 알아야 화살을 뽑을 것이다. 보통의 활인지 석궁인지 알아야 화살을 뽑을 것이다.' 라고 말했다면, 말룽끼야뿟따여, 이 사람은 그 사실을 알기도 전에 죽을 것이다. 이와 같이 마룽끼야뿟따여, 만약 어떤 사람이 '우주가 영원한가 아닌가.'와 같은 문제에 해답을 얻고서야 비로소 나는 여래 밑에서 거룩한 삶을 영위할 것이다.'라고 한다면, 그는 여래로부터 그 해답을 얻기 전에 죽어갈 것이다."67)

---

66) MN. I. 428 : iti kira māluṅkyāputta n′evāhantaṃ vadāmi: ehi tvaṃ māluṅkyāputta mayi brahmacaiyaṃ cara, ahaṃ te byākarissāmi … na pi kira maṃ tvaṃ vadesi: ahaṃ bhante bhagavati brahmacaiyaṃ carissāmi, bhagavā me byākarissati … evaṃ sante moghapurisa ko santo kaṃ paccācikkhasi … yo kho māluṅkyāputta evaṃ va-deyya: na tāvāhaṃ bhagavati brahmacariyaṃ carissāmi yāva me bhagavā na byākarissati … abyākataṃ eva taṃ māluṅkyāputta tathāgatena assa atha so puggalo kālaṃ kareyya. 양쪽 모두가 自由로우며 누구도 다른 자에게 義務를 지니고 있지 않다.

67) MN. I. 429 : seyyathā pi māluṅkyāputta puriso sallena viddho assa savisena gāḷhapalepanena, tassa mittāmaccā ñātisālohitā bhisakkaṃ sallakattaṃ upaṭṭhapeyyuṃ. so evaṃ vadeyya: na tāvāhaṃ imaṃ sallaṃ āharissāmi yāva na taṃ purisaṃ jānāmi yen′amhi middho: khattiyo va brāhmaṇo vā vesso vā suddo vā ti … evaṃnāmo evaṃgotto iti vā ti … dīgho vā rasso vā majjhimo vā ti … kāḷo vā sāmo vā maṅguracchavi vā ti … asukasmiṃ gāme vā nigame vā nagare vā ti. so evaṃ vadeyya:na tāvāhaṃ imaṃ sallaṃ āharissāmi yāva na taṃ dhanuṃ jānāmi yen′amhi middho: yadi vā cāpo yadi vā kodaṇḍo ti … aññātaṃ eva taṃ māluṅkyāputta tena purisena assa atha so puriso kālaṃ kareyya. evam eva kho māluṅkyāputta yo evaṃ vadeyya: na tāvāhaṃ bhagavati brahmacariyaṃ carissāmi yāva me bhagavā na byākarissati: sassato loko ti vā ti … abyākataṃ eva taṃ māluṅkyāputta tathāgatena assa atha so puggalo kālaṃ kareyya.

그 때에 붓다는 거룩한 삶은 그러한 견해에 의존하는 것이 아니란 사실을 마룽끼야뿟따에게 설명했다. 이러한 문제에 관해 사람들이 어떠한 견해를 가지건 태어나고 늙고 죽음, 우울, 슬픔, 고통, 불쾌, 절망이 있다. 이러한 것을 멈추는 열반이 진정한 삶이다. 그래서 붓다는 말한다.

[붓다] "마룽끼야뿟따여, 그러므로 나는 설해야 할 것은 설했고 설하지 않아야 할 것은 설하지 않았다는 사실을 명심하라. 내가 설하지 않은 것은 무엇인가? 우주는 영원한가 아닌가 등은 설하지 않았다. 마룽끼야뿟따여, 내가 왜 그것을 설하지 않았는가? 그것은 유익하지 않고, 청정한 삶을 시작하는 데 맞지 않고, 싫어하여 떠나기 위한 것이 아니고, 사라지기 위한 것이 아니고, 소멸하기 위한 것이 아니고, 그치기 위한 것도 아니고, 곧바로 알기 위한 것도 아니고, 올바로 깨닫기 위한 것도 아니고, 열반에 드는데 도움이 되는 것도 아니다. 그러므로 내가 설하지 않았다."[68]

그렇다면 붓다가 설한 가르침은 무엇인가?

[붓다] "그러면 마룽끼야뿟따여, 내가 설한 것은 무엇인가? 나는 괴로움, 괴로움의 발생, 괴로움의 소멸, 괴로움의 소멸로 이르는 길을 설했다. 마룽끼야뿟따여, 나는 왜 그러한 것들을 설했는가? 왜냐하면 그것은 기본적으로 정신적인 고귀한 생활과 연관되어 있으며 멀리 여의고 사라지고 소멸하고 그치고 곧바로 알아 올바로 깨닫고 열반에 이르는데, 도움이 되기 때문이다. 그러므로 나는 그것을 설했다."[69]

---

68) MN. I. 431 : tasmātiha maluṅkyāputta abyākatañ ca me abyākato dhāretha, byākatañ ca me byākatato dhāretha. kiñca maluṅkyāputta mayā abyākataṃ: sassato loko ti … kasmā c'etaṃ maluṅkyāputta mayā abyākataṃ. na h'etaṃ maluṅkyāputta atthasaṃhitaṃ n'ādibrahmacariyikaṃ, na nibbidāya na virāgāya na nirodhāya na upasamāya na abhiññāya na sambodhāya na nibbānāya saṃvattati, tasmā taṃ mayā abyākataṃ.

제3장 괴로움의 거룩한 진리

1. 불교는 비관주의도 낙관주의도 아니다

붓다의 가르침의 핵심은 그가 베나레스 근처 이씨빠따나에서 옛 동료인 다섯 명의 고행자들에게 행한 최초의 설법인 초전법륜경[70]에서 설한 네 가지 거룩한 진리(四聖諦)에 있다. 그 경전에 나와 있듯이 이 초전법륜은 아주 간략히 설해진 것이다. 그러나 빠알리 대장경은 그것에 대해 더욱 상세하게 부연된 또 다른 형태의 여러 가지 설법으로 가득하다. 여러 경전들과 그 주석을 참고해서 이 사성제를 연구한다면 원전에 입각한 붓다의 기본적인 교설에 관하여 훌륭한 지식을 얻을 수 있다.

네 가지의 거룩한 진리는 다음과 같다.

---

69) MN. I. 431 : kiñca maluṅkyāputta mayā byākataṃ: idaṃ dukkhanti...ayaṃ dukkhasa-mudayo ti … ayaṃ dukkhanirodho ti … ayaṃ dukkhanirodhagāminī paṭipadā ti mayā byākataṃ. kasmā c′etaṃ maluṅkyāputta mayā byākataṃ: etaṃ hi Maluṅkyāputta at-thasaṃhitaṃ, etaṃ ādibrahmacariyikaṃ, etaṃ nibbidāya virāgāya nirodhāya upasa-māya abhiññāya sambodhāya nibbānāya saṃvattati, tasmā taṃ mayā byākataṃ. 붓다의 충고는 마룽끼야뿟따에게 매우 큰 효과를 가져온 것 같다. 왜냐하면 SN. IV. 72에 따르면, 다른 곳에서 그는 다시 가르침을 베풀어 달라고 붓다를 방문했다고 기록되어 있을 뿐만아니라 그 가르침에 따라 거룩한 님(阿羅漢)이 되었다.

70) SN. V. 420 : 初轉法輪經(Dhammacakkappavattanasutta)

① 괴로움의 거룩한 진리
② 괴로움의 발생의 거룩한 진리
③ 괴로움의 소멸의 거룩한 진리
④ 괴로움의 소멸에 이르는 거룩한 진리이다.[71)]

첫 번째, 괴로움의 거룩한 진리는 일반적으로 학자들 사이에서는 고성제라고 번역된다. 이것은 일반적으로 불교적으로도 인생은 고통스럽고 괴로운 것 이외에는 아무것도 아니라는 식으로 해석되고 있다. 그러나 이러한 괴로움의 거룩한 진리에 대한 해석과 번역은 모두 그 참뜻을 제대로 나타내지 못하거나 오도할 우려가 있다. 많은 사람들이 불교를 염세주의로 잘 못 이해하는 이유는 이러한 제멋대로 풀이한 안이한 해석과 수박 겉핥기식의 해석 때문이다.

불교는 비관주의도 낙관주의도 아니다. 무엇보다도 불교는 합리적인 인생관과 세계관을 갖고 있기 때문에 현실적인 종교이다. 불교는 사물을 있는 그대로 객관적으로 보게 한다. 불교는 사람들을 어리석은 이상향에 살도록 추스르거나 온갖 종류의 상상적인 공포나 죄악감에 놀라거나 괴로워하지 않도록 한다.

불교는 인생이란 무엇인가, 인생을 둘러싼 세계란 무엇인가에 대하여 정확히 그리고 객관적으로 설명할 뿐만 아니라 인간이 자유와 평화, 청정과 행복을 얻을 수 있도록 길을 제시해 주고 있다.

어떤 의사가 질병을 과장해서 희망을 포기하라고 엄숙하게 선

71) SN. V. 421 : ① 苦聖諦 dukkham ariyasaccaṃ, ② 集聖諦 dukkhasamudayam ariyasacc-aṃ, ③ 滅聖諦 dukkhanirodham ariyasaccaṃ, ④ 道聖諦 dukkhanirodhagāminī paṭipadā ariyasaccaṃ.

언하고, 또 어떤 의사는 오진으로 병이 없다고 단언하면서 아무런 치료도 필요 없다고 거짓 위안으로 환자를 안심시킨다. 전자는 비관론자, 후자는 낙관론자라고 할 수 있다. 둘 다 똑같이 위험한 것이다.

어떤 의사는 질병의 징후를 올바로 진단하고 질병의 원인과 발생을 이해하고 그것을 치유할 수 있다고 확신한 다음 용기 있게 치료해서 환자를 구해낸다. 붓다는 이러한 식의 의사이다. 그는 이 세상의 질병에 대한 현명하고 과학적인 의사이다.

일반적으로 사용되는 괴로움에 해당하는 빠알리어에는 '둑카'라는 말이 있는데 그 말은 '행복, 안락, 평안'을 의미하는 '쑤카'라는 말과는 반대로 '고뇌, 고통, 슬픔, 비극'이라는 것을 뜻한다는 것은 잘 알려진 사실이다.

그러나 붓다의 인생관과 세계관을 대표하는 첫 번째, 괴로움의 거룩한 진리는 더욱 깊은 철학적 의미와 넓은 뜻을 함축하고 있다. 괴로움이란 말은 일반적인 고통의 의미를 포함하고 있다는 사실은 분명하지만 덧붙여, 불안정, 불완전, 무상(無常), 공(空), 무실체(無實體), 무아(無我)의 더욱 깊은 의미도 포함하고 있다. 그래서 첫 번째, 괴로움의 거룩한 진리는 '둑카의 거룩한 진리'라고 그대로 표현하는 것이 옳을지 모른다.

붓다가 괴롭다고 말했을 때에 그가 인생의 행복을 부정한 것은 아니다. 반대로 그는 승려들은 물론 재가의 신도에게도 물질적 정신적인 여러 가지 형태의 행복을 인정하였다.

붓다의 가르침을 싣고 있는 다섯 개의 빠알리 경전 가운데 하나인 앙굿따라니까야에는 ① 가정생활의 행복과 속세를 떠난 수행자의 행복 ② 감각적 쾌락의 행복과 자제로부터 오는 행복 ③애착에서 오는 행복과 집착을 떠남에서 오는 행복 ④ 번뇌에서 오는 행복과 번뇌를 벗어난 행복 ⑤ 자양[72] 있는 행복과 자양 없는 행복 ⑥ 성스러운 행복과 세속적인 행복 ⑦ 육체적인 행복과 심리적인 행복 ⑧ 희열 있는 행복과 희열 없는 행복 ⑨ 기쁨 있는 행복과 평정의 행복 ⑩ 삼매 있는 행복과 삼매 없는 행복, ⑪ 희열의 대상이 있는 행복과 희열의 대상이 없는 행복 ⑫ 기쁨을 야기하는 대상 있는 행복과 평정을 야기하는 대상이 있는 행복 ⑬ 형상계를 대상으로 하는 행복과 무형상계를 대상으로 하는 행복과 같은 행복의 종류를 열거하고 있다.[73] 그러나 이 모든 것은 본질적으로 괴로운 것으로 괴로움의 성스러운 진리에 해당한다.

높은 명상적인 단계에서 얻어지는 선정의 매우 순수한 정신적인 상태뿐만 아니라 즐거움과 괴로움의 모든 감정을 벗어난 순수한 마음의 명철하고 고요한 상태와 같은, 실로 괴로움의 그림자조차 보이지 않는 매우 높은 정신적인 상태마저도 괴로움의 진리에 속한다.

『맛지마니까야』에서 붓다는 이러한 선정에서 오는 정신적인 상태의 행복을 찬양한 뒤에 그러나 그것들도 역시 "무상하고 괴롭고 변화한다."[74]라고 말했다. 여기서도 '괴롭다.'라는 말이 분명히

72) 이 책의 64쪽 참조.

73) AN. I. 80 : ① gihīsukhañ ca pabbajjāsukhañ ca, ② kāmasukhañ ca nekkhammasukhañ ca, ③ upadhisukhañ ca nirupadhisukhañ ca, ④ sāsavañ ca sukhaṃ anāsavañ ca sukhaṃ, ⑤ sāmisañ ca sukhaṃ nirāmisañ ca sukhaṃ, ⑥ ariyasukhañ ca anariyasukhañ ca, ⑦ kāyikañ ca sukhaṃ cetasikañ ca sukhaṃ, ⑧ sappītikañ ca sukhaṃ nippītikañ ca sukhaṃ, ⑨ sātasukhañ ca upekkhāsukhañ ca, ⑩ samādhisukhañ ca asamādhi sukhañ ca, ⑪ sappītikārammaṇañ ca sukhaṃ nippītikārammaṇañ ca sukhaṃ, ⑫ sātārammaṇañ ca sukhaṃ upekkhārammaṇañ ca sukhaṃ, ⑬ rūpārammaṇañ ca sukhaṃ arūpārammaṇañ ca sukhaṃ. 경전은 위의 행복 가운데 ① 在家樂보다는 出家樂, ② 欲樂보다는 出離樂, ③ 依樂보다는 無依樂, ④ 有漏樂보다는 無漏樂, ⑤ 有染樂보다는 無染樂, ⑥ 非聖樂보라는 聖樂, ⑦ 身樂보다는 心樂, ⑧ 有喜樂보다는 無喜樂, ⑨ 悅樂보다는 捨樂, ⑩ 非定樂보다는 定樂, ⑪ 有喜緣樂보다는 無喜緣樂, ⑫ 悅緣樂보다는 捨緣樂, ⑬ 色緣樂보다는 無色緣樂이 殊勝한 것으로 보고 있다.

74) MN. I. 90 : aniccā dukkhā vipariṇāmadhammā

사용된 것에 유의해야 한다. 불교에서 괴로움은 일반적 의미에서의 고통이 아니라 '무상한 것이면 무엇이든 괴롭다.'[75]라는 의미에서의 괴로움이다.

2. 현실적이고 객관적인 붓다

붓다는 현실적이고 객관적이었다. 그는 삶과 감각적인 쾌락에 관하여 이야기하면서 다음과 같은 세 가지를 알아야 한다고 말했다. 첫째, 유혹이고 둘째, 위험이고, 셋째, 여읨이다.[76] 유혹은 만족과 즐김을 수반하고 위험에는 불만과 재난이 따른다. 여읨은 그러한 것에서 벗어나 해탈하는 것을 말한다.

유쾌하고 세련되고 아름다운 사람을 보았을 때에 그 사람을 좋아하게 되고 매혹 당하게 된다. 그러면 그 사람을 자꾸 보는 것을 즐기게 된다. 그래서 그 사람으로부터 기쁨과 만족을 얻는다. 이것이 유혹이다. 이것은 경험적인 사실이다. 그러나 그 유혹은 영원한 것이 아니다. 그 사람과 그 사람의 매력은 영원한 것이 아니기 때문이다.

상황이 변하여 당신이 그 사람을 볼 수 없게 되고, 이러한 향락을 박탈당할 때에는 슬픔에 잠기게 된다. 당신은 이성을 잃고 균형을 잃어 아주 어리석게 행동하게 된다. 이때에는 나쁘고 불만족스럽고 위험하며 어려운 상태가 된다. 이것이 위험이다. 이것도 역시 경험적인 사실이다.

만약 당신이 완전히 초연해서 그 사람에게 매혹 당하지 않게 되

---

75) MN. I. 90 : yad aniccaṃ taṃ dukkhaṃ

76) SN. III. 27; MN. I. 85 : ① 甘味 assādo ② 危難 ādīnavo ③ 出離 nissaraṇam.

면 그것은 자유롭고 해탈된 구출의 상태이다. 이것이 여읨이다. 이 세 가지는 인생의 모든 감각적인 향락에서의 진실이다.

이상에서 불교가 염세주의나 낙관주의 문제가 아니라는 것이 명백해졌지만, 삶을 완전히 객관적으로 이해하기 위해서는 삶의 즐거움과 괴로움, 그리고 그 즐거움과 괴로움에서의 출리에 관하여 잘 알아야 한다. 그래야 비로소 진정한 해탈이 가능하다.

이 문제에 관하여 붓다는 이렇게 말했다.

[붓다] "수행승이여, 수행자나 성직자들이 감각적 쾌락의 그 유혹을 유혹으로, 그 위험을 위험으로, 그 여읨을 여읨이라고 있는 그대로 분명히 알지 못하면, 그들 스스로 감각적 쾌락의 욕망을 분명히 알거나 다른 사람에게 그러한 사실을 분명히 알게 하거나 그렇게 실천하는 자로 하여금 감각적 쾌락의 욕망을 분명히 알도록 할 수 없다."77)

붓다는 또한 이렇게 말했다.

[붓다] "수행승이여, 수행자나 성직자들이 감각적 쾌락의 그 유혹을 유혹으로, 그 위험을 위험으로, 그 여읨을 여읨이라고 있는 그대로 분명히 알면, 그들 스스로 감각적 쾌락의 욕망을 분명히 알거나 다른 사람에게 그러한 사실을 분명히 알게 하거나 그렇게 실천하는 자로 하여금 감각적 쾌락의 욕망을 분명히 알도록 할 수 있다."78)

---

77) MN. I. 87 : ye hi keci bhikkhave samaṇā vā brāhmaṇā vā evaṃ kāmānaṃ assādañ ca assādato ādīnavañ ca ādīnavato nissaraṇañ ca nissaraṇato yathābhūtaṃ na ppajānanti, te vata sāmaṃ vā kāme parijānissanti paraṃ vā tathattāya samādapessanti yathāpaṭipanno kāme parijānissatīti n'etaṃ ṭhānaṃ vijjati.

78) MN. I. 87 : ye ca keci bhikkhave samaṇā vā brāhmaṇā vā evaṃ kāmānaṃ assādañ assādato ādīnavañ ca ādīnavato nissaraṇañ ca nissaraṇato yathābhūtaṃ pajānanti, te vata sāmaṃ vā kāme parijānissanti paraṃ vā tathattāya samādapessanti yathāpaṭipanno kāme parijānissatīti ṭhānam etaṃ vijjati.

붓다가 정의한 괴로움의 개념을 우리는 다음의 세 가지 범주로 살펴 볼 수 있다. ① 고통의 괴로움은 일반적인 고통에서 오는 괴로움이다. ② 변화의 괴로움은 영원히 지속하지 않고 변화하는 것에 의한 괴로움이다. ③ 형성의 괴로움은 조건적으로 형성된 것에 의한 괴로움이다.[79)]

태어나고 늙고 병들고 죽고, 미워하는 사람이나 좋지 않은 조건과 만나고, 사랑하는 사람이나 좋은 조건과 이별하고, 바라는 것을 얻지 못하고, 슬퍼하고 비탄에 잠기고, 곤궁에 처하는 삶의 모든 괴로움, 이러한 형태의 물질적 정신적인 괴로움이 일반적으로 고통의 괴로움이다.

삶의 행복한 느낌, 행복한 조건 등은 영원히 지속되는 것이 아니다. 이것은 언젠가 변하기 마련이다. 이것이 변할 때에 고통, 아픔, 불행을 낳는다. 이러한 파란만장한 삶을 통해 체험하는 것이 변화의 괴로움이다.

행위에서 언급한 괴로움의 두 가지 형태는 이해하기가 어렵지 않다. 아무도 그것을 부인하지는 못할 것이다. 괴로움의 거룩한 진리는 이러한 형태로 이해되기 쉬운 만큼 널리 알려져 있다. 이것은 우리 일상생활에서 흔히 경험되는 사실이다.

그러나 괴로움의 세 번째 형태인 형성의 괴로움은 괴로움의 거룩한 진리의 가장 중요한 철학적인 측면인데 그것을 알기 위해서는 존재, 개체, 자아라고 여겨지는 것에 대한 분석이 필요하다. 불교철학에 의하면 존재, 개체, 자아라고 하는 것은 다섯 가지 존재의 다발(五蘊)로 구성되어 끊임없이 변화하는 물질적, 정신적인 힘 또는 에너지의 조합에 지나지 않는다. 붓다는 이렇게 말했다.

---

79) Vism. 499; Abhis. 38 : ① 苦苦性 dukkha-dukkha, ② 壞苦性 vipariṇāma-dukkha, ③ 行苦性 saṃkhāra-dukkha.

[붓다] "간략히 말해서 이 다섯 가지 존재의 집착다발이 바로 괴로움이다."[80]

다른 곳에서도 붓다는 이와 같이 말했다.

[붓다] "수행승이여, 괴로움이란 무엇인가? 그것은 다섯 가지 존재의 집착다발을 말한다."[81]

여기서 우리는 괴로움과 다섯 가지 존재의 집착다발이 서로 다른 것이 아니라는 것을 알아야 한다. 이른바 존재를 구성하는 다섯 가지 다발의 개념을 알게 되면 괴로움을 더욱 잘 이해할 수가 있다.

3. 마음과 다섯 가지 존재의 다발과 인식의 구조

불교철학에서 마음(心)이나 정신(意)[82]이라는 용어가 어떻게 사용되고 있는지 알아두는 것이 유용하다. 마음이나 정신이라는 용어는 물질과는 반대되는 서구적인 정신이라는 용어가 아니라는 것을 먼저 알아야 한다. 불교에서는 다른 종교나 철학에서처럼 마음이나 정신을 물질과는 반대개념으로 취급하지 않는다. 마음이란 단지 시각이나 청각과 같은 감각기관이다. 그것은 다른 기관과 마찬가지로 조정되거나 개발될 수 있다. 붓다는 이 마음이나 정신을 포함하는 여섯 가지 감각기관을 제어하고 수련하는 것은 가치 있는 일이라고 여러 번 말했다. 시각기관과 마음이 기능상 다른 점은 눈은 세상의 빛과 보이는 물질을 감지하는데 비해 마음은 관

80) SN. V. 421 : saṃkhittena pañcupādānakkhandhā dukkhā
81) SN. Ⅲ. 158 : katamaṃ ca bhikhave dukkhaṃ? pañcupādanakkhandhātissa vacanīyaṃ.
82) 빠알리어에서 마음(心)은 citta라고 불리고 정신(意)은 manas라고 불린다.

념과 생각의 세계와 정신적인 대상을 감지한다는 데 있다. 이와 같이 감관은 서로 다른 감각으로 세상의 다른 측면을 감지한다. 빛은 들을 수 없으나 볼 수 는 있다. 그러나 소리는 볼 수는 없으나 들을 수 있다.

이와 같이 시각, 청각, 후각, 미각, 촉각의 다섯 가지 육체적인 감각기관은 각기 거기에 대응하는 형상, 소리, 냄새, 맛, 감촉의 세계를 각기 체험한다. 그러나 이것들은 세계의 일부분만을 표시하지 전체를 나타내는 것은 아니다. 그러나 생각과 관념은 어떠한가? 그것도 역시 세계의 일부이다. 그러나 그것은 결코 느껴질 수 없으며 시각, 청각, 후각, 미각, 촉각으로 받아들여질 수가 없다. 그것이 다른 기관에 의해 수용될 때에 그것이 바로 마음이다. 그러나 이 다섯 가지의 감각은 체험된 세계와 독립되어 있지 않다. 만약에 사람이 장님으로 태어나면 빛깔에 대한 생각을 가질 수 없으며, 소리에 대한 분석이나 다른 감관에 의한 경험에서 우러나오는 생각 이외에는 할 수가 없다. 세상의 일부를 형성하는 관념이나 생각은 육체적인 경험에 의해서 산출되고 조건지어지며 마음에 의해서 수용되어 마음은 사물이나 사실을 파악하게 된다. 마음이나 정신은 시각기관이나 청각기관과 같은 감관으로 간주된다.

그러면 다섯 가지 존재의 다발이란 무엇인가?

① 물질의 다발(色蘊)이다.

물질의 다발은 물질의 불가분리의 집합을 말하는데 전통적으로 네 가지 위대한 요소, 곧 땅, 물, 불, 바람과 그 파생물질을 말한다.[83] 파생물질이라는 말에는 시각, 청각, 후각, 미각, 촉각의 물질

---

83) SN. III. 59 : katamañca bhikkhave rūpaṃ? cattāro ca mahābhūtā catunnaṃ ca mahābhūtānaṃ upādāyarūpam idaṃ vuccati bhikkhave rūpaṃ. : 수행승들이여, 物質이란 어떠한

적 감각능력(五根)과 거기에 대응하는 외부적 대상(五境)인 형상, 소리, 냄새, 맛, 감촉이 포함되어 있다. 이 파생물질에는 내적 외적인 모든 물질의 영역이 포함된다.

② 느낌의 다발(受蘊)이다.

느낌의 다발은 느낌의 집합으로 물질적 정신적인 감각기관이 외부의 세계와의 접촉을 통해서 경험되는 즐겁거나 괴로운 느낌과 즐겁지도 괴롭지도 않은 느낌을 포함한다. 이 느낌에는 그것이 받아들여지는 기관에 따라 여섯 가지 종류가 있다. 시각접촉에 의한 느낌, 청각접촉에 의한 느낌, 후각접촉에 의한 느낌, 미각접촉에 의한 느낌, 촉각접촉에 의한 느낌, 정신접촉에 의한 느낌의 여섯 가지가 있다.84) 우리의 모든 정신적 물질적인 느낌은 모두 이 범주에 속한다.

③ 지각의 다발(想蘊)이다.

이것은 지각의 집합을 뜻하며 지각은 개념적인 파악을 의미한다. 예를 들어 여기에 책상이 있다면 그것을 책상이라고 인식하는 것이다. 이 지각에는 외적인 대상의 지향에 따라 명칭 지어진 형상에 대한 지각, 소리에 대한 지각, 냄새에 대한 지각, 맛에 대한 지각, 감촉에 대한 지각, 사실에 대한 지각의 여섯 가지가 있다.85) 느낌과 마찬가지로 지각도 외부세계와 여섯 감관의 접촉을 통해

것인가? 수행승들이여, 네 가지 광대한 존재 — 地水火風의 四大 — 와 그 派生物質 — 所造色 — 이 있는데 그것을 物質이라고 부른다.

84) SN. III. 59 : cakkhusamphassajā vedanā sotasamphassajā vedanā ghānasamphassajā vedanā jihvāsamphassajā vedanā kāyasamphassajā vedanā manosamphassajā vedanā, idaṃ vuccati bhikkhave saṅkhārā.

85) SN. III. 60 : rūpasaññā saddasaññā gandhasaññā rasasaññā phoṭṭhabbasaññā dhamma saññā, idaṃ vuccati bhikkhave saṅkhārā.

서 일어난다.

④ 형성[86]의 다발(行蘊)이다.

형성의 다발은 육체적 언어적 정신적 형성의 집합을 뜻한다. 여기에는 선악과 같은 의도적 행위가 개입한다. 일반적으로 업이라고 하는 것은 여기서 생겨난다. 업에 관해서 붓다는 이렇게 말했다. "수행승이여, 내가 업이라고 부르는 것은 의도이다. 의도가 있으면 육체적 언어적 정신적으로 행하게 된다.[87]" 의도란 기본적으로 정신적 구성이며 정신적 형성이다. 이것은 마음을 선이나 악 또는 선악도 아닌 것으로 향하게 한다.[88] 형성에는 외적인 대상의 지향에 따라 명칭 지어진 형상에 대한 의도, 소리에 대한 의도, 냄새에 대한 의도, 맛에 대한 의도, 감촉에 대한 의도, 사실에 대한 의도의 여섯 가지가 있다.[89] 느낌과 지각은 의도적 형성이 아니다. 그것들은 업보를 낳지 않는다. 믿음, 숙고, 의욕, 해석, 집중, 지혜, 정진, 탐욕, 성냄, 무명, 교만, 실체에 집착하는 견해 등은 업보를 낳는 의도적인 형성들이다. 이렇게 형성의 다발을 구성하는 52가지의 의도적 형성들이 있다.

⑤ 의식의 다발(識蘊)이다.

---

86) saṃkhāra : '形成'은 漢譯에서 行이라고 하는데 意圖라고 번역할 수도 있다. 그러나 호흡은 身體的 形成에 속하는데 이것을 身體的 意圖라고 번역하면 文脈이 맞지 않는다. saṃkhāra는 다섯 존재의 다발 가운데 가장 外延이 넓은 意味를 지닌다. 다른 文脈에서 모든 條件지어진 것을 지시할 때에도 이 用語를 사용한다. 그런 의미에서 보면 모든 존재의 다발이 saṃkhāra에 해당한다. 그러므로 譯者는 形成이라고 飜譯한다.

87) AN. col. 590 : cetanā'haṃ bhikkhave kammaṃ vadāmi. cetayitvā kammaṃ karoti kāyena vācā manasā.

88) Abhis. 6.

89) SN. III. 60 : rūpasañcetanā saddasañcetanā gandhasañcetanā rasasañcetanā phoṭṭh-abbasañcetanā dhammasañcetanā, idaṃ vuccati bhikkhave saṅkhārā.

의식의 다발은 의식의 집합을 뜻하는데 의식이란 여섯 가지 감각기관과 이에 대응하는 외부의 대상이나 현상의 반응이다. 예를 들어 시각의식(眼識)은 시각을 근거로 하고 형태를 대상으로 하여 보는 작용이다. 정신의식(意識)은 정신을 근거로 하여 관념이나 생각을 포함하는 사실을 대상으로 하여 인식하는 작용이다. 그래서 이 정신의식은 다른 감관과 연결되어 있다. 느낌, 지각, 형성과 같이 의식에도 시각접촉에 의한 의식, 청각접촉에 의한 의식, 후각접촉에 의한 의식, 미각접촉에 의한 의식, 촉각접촉에 의한 의식, 정신접촉에 의한 의식의 여섯 가지가 있다.[90] 의식은 대상을 인식하는 것이 아니라는 것을 명백히 이해해야 한다. 그것은 일종의 알아차림이다. 대상의 존재를 단지 알아채는 것이다. 예를 들어 눈이 파란 색의 물체를 보았을 때에, 안식은 빛깔의 존재를 알아챌 뿐이고, 그것이 파란 색이라는 것을 깨닫지 못한다. 이 단계에서는 아무런 인식이 없다. 그것이 파란 색이라는 것을 아는 단계는, 지각(想)의 단계이다. 시각의식이라는 말은 곧 '본다'와 같은 뜻을 지닌 것이다. 다른 형태의 의식들도 마찬가지다.

4. 물질과 의식

불교철학에 의하면 물질의 반대 개념으로서 '자아', '영혼', '자기'라고 생각될 수 있는 영원하고 불변하는 의식은 없다는 사실을 여기서 다시 되풀이해야겠다.

---

90) SN. III. 61 : cakkhuviññāṇaṃ sotaviññāṇaṃ ghānaviññāṇaṃ jihvāviññāṇaṃ kāyaviññāṇaṃ manoviññāṇaṃ, idaṃ vuccati bhikkhave viññāṇaṃ 南方의 阿毘達磨哲學에서는 意識은 마음[心]이나 정신[意]과 동일한 것으로 여긴다.

'의식'은 물질의 반대개념으로서의 서구적인 정신으로 취급되어서는 안 된다. 이 점이 특히 강조되어야 한다. 의식이 삶의 지속적인 본질로서 계속되는 자아나 영혼의 일종이라는 그릇된 생각이 근본불교의 시대에서부터 오늘날까지 이어져 내려오기 때문이다.

붓다의 제자 가운데 한 사람인 싸띠는 세존께서 '이 의식은 전생하고 윤회하는 것이다.'[91]라고 가르쳤다고 주장했다. 붓다는 그에게 '의식'이 무엇을 의미하는 것이냐고 되물었다. 싸띠는 '세존이시여, 그것은 말하고 느끼고 여기 저기 선행과 악행의 결과를 체험하는 것입니다.'[92]라고 대답했다. 붓다는 그를 꾸짖어 말했다.

[붓다] "이 어리석은 자여,

내가 이와 같이 그 이치를 누구에게나 가르쳤는데 그것을 모르는가? 조건에서 의식이 생겨난다는 것 곧 조건 없이는 의식도 일어나지 않는다는 것을 여러 차례 설하지 않았던가? 의식이란 그것이 일어나는 조건에 따라 이름이 지어진다. 시각과 형상을 조건으로 의식이 생겨나는데 그것을 시각의식이라고 한다. 청각과 소리를 조건으로 의식이 생겨나는데 그것을 청각의식이라고 한다. 후각과 냄새를 조건으로 의식이 생겨나는데 그것을 후각의식이라고 한다. 미각과 맛을 조건으로 의식이 생겨나는데 그것을 미각의식이라고 한다. 촉각과 감촉을 조건으로 의식이 생겨나는데 그것을 촉각의식이라고 한다. 정신과 사실을 조건으로 의식이 생겨나는데 그것을 정신의식이라고 한다."[93]

---

91) MN. I. 458 : idaṃ viññāṇaṃ sandhāvati saṃsarati.

92) MN. I. 258 : ayaṃ vado vedeyyo bhante tatra tatra kalyāṇapāpakānaṃ kammānaṃ vi pākaṃ paṭisaṃvedetī ti

93) MN. I. 256-259 : kassa nu kho nāma tvaṃ moghapurisa mayā evaṃ dhammaṃ desitaṃ ājānāsi. nanu mayā moghapurisa anekapariyāyena paṭiccasamuppannaṃ viññāṇaṃ vutthaṃ aññatra paccayā natthi viññāṇassa sambhavo ti ….yaññadeva bhikkhave paccayaṃ paṭicca uppajjati viññāṇaṃ tena ten'eva saṅkhaṃ gacchati: cakkhuñ ca paṭi

그리고 나서 붓다는 예를 들어가며 더욱 자세히 말했다.

[붓다] "예를 들어 수행승들이여, 불이란 그 연료에 따라서 이름지어진다. 불이 장작으로 인해서 타게 되면 장작불이라고 불린다. 불이 섶에 의해서 타게 되면 그 때는 섶불이라고 불린다. 이와 같이 의식이란 그것이 생겨나게 된 조건에 따라 이름지어진다."[94]

대주석가인 붓다고싸[95]는 특히 다음과 같은 점을 지적했다.

[붓다고싸] "나무에서 일어나는 불은 나무가 공급될 때만 탄다. 나무가 더 이상 공급되지 않으면 조건의 결핍으로 불은 꺼진다. 불이 나뭇조각 등에 접근하여 모닥불 등이라고 불리는 것이 아니다. 이와 마찬가지로 시각과 형상의 관계에서 생겨난 의식은 시각기관과 형상과 빛과 정신활동 등이 있을 때에 한해서 시각에서 생겨난다. 그러한 것이 없으면 조건의 결핍으로 거기서 사라진다. 마찬가지로 청각 등에 접근해서 청각의식이 있다는 등으로 헤아려지는 것이 아니다."[96]

-cca rūpe ca uppajjati viññāṇaṃ, cakkhuviññāṇan t'eva saṅkhaṃ gacchati. sotañ ca paṭicca sadde ca uppajjati viññāṇaṃ, sotaviññāṇan t'eva saṅkhaṃ gacchati. ghānañ ca paṭicca gandhe ca uppajjati viññāṇaṃ, ghānaviññāṇan t'eva saṅkhaṃ gacchati. jivhañ ca paṭicca rase ca uppajjati viññāṇaṃ, jivhāviññāṇan t'eva saṅkhaṃ gacchati. kāyañ ca paṭicca phoṭṭhabbe ca uppajjati viññāṇaṃ, kāyaviññāṇan t'eva saṅkhaṃ gacchati. manañ ca paṭicca dhamme ca uppajjati viññāṇaṃ, manoviññāṇan t'eva saṅkhaṃ gacchati.

94) MN. I. 259 : seyyathā pi bhikkhave yañyadeva paccayaṃ paṭicca aggi jalati tena ten'eva saṅkhaṃ gaccati: kaṭṭhañ ca paṭicca aggi jalati, kaṭṭhaggi t'eva saṅkhaṃ gacchati … tiṇañ ca paṭicca aggi jalati, tiṇaggi t'eva saṅkhaṃ gacchati. evam eva kho bhikkhave yañyadeva paccayaṃ paṭicca uppajjati viññāṇaṃ tena ten'eva saṅkhaṃ gaccati.

95) Buddhaghosa : 빠알리三藏에 대한 偉大한 註釋家. 그는 붓다가야의 한 마을에서 바라문으로 태어나 베다에 정통했다. 어느날 Revata라는 僧侶를 만나 논쟁에서 지고 佛法에 귀의했다. 그의 언변이 부처님처럼 深奧하여 세상에 알려지면서 붓다고싸(佛音)라는 이름을 갖게 되었다. 그는 스승 Revata의 제안으로 스리랑카에 가서 Ganthākaravihāra에 머물며 싱할리 註釋書를 공부하고 정리하여 Visuddhimagga와 빠알리三藏의 각종 註釋書들을 완성하고 다시 印度로 돌아왔다.

96) Pps. II. 306-307 : yathā hi kaṭṭhañ ca paṭicca jalamāno aggi upādānapaccaye sati yeva jalati, tasmiṃ asati paccayavekallena tatth'eva upasammati, na sakalikādīni saṅkamit vā sakalikaggī ti ādi saṅkhaṃ gacchati; evaṃ eva cakkuñ ca paṭicca rūpe ca uppann-

붓다는 의식이란 물질, 느낌, 지각, 형성에 의존하는 것이지 그것들과 전혀 무관한 것이 아니라는 사실을 명백하게 밝혔다. 붓다는 다음과 같이 말했다.

[붓다] "수행승들이여, 물질에 집착하면 의식은 거기에 머물면서 유지되고 물질을 대상으로 물질을 바탕으로 향락에 의존해서 자라고 성장하고 증대될 것이고,97) 느낌에 집착하면 의식은 거기에 머물면서 유지되고 느낌을 대상으로 느낌을 바탕으로 향락에 의존해서 자라고 성장하고 증대될 것이고, 지각에 집착하면 의식은 거기에 머물면서 유지되고 지각을 대상으로 지각을 바탕으로 향락에 의존해서 자라고 성장하고 증대될 것이고, 형성에 집착하면 의식은 거기에 머물면서 유지되고 형성을 대상으로 형성을 바탕으로 향락에 의존해서 자라고 성장하고 증대될 것이고, 의식에 집착하면 의식은 거기에 머물면서 유지되고 의식을 대상으로 의식을 바탕으로 향락에 의존해서 자라고 성장하고 증대될 것이다. 수행승들이여, 이와 같이 '나는 물질을 제외하고 느낌을 제외하고 지각을 제외하고 형성을 제외하고 의식의 오고감, 죽음, 태어남, 자라고 성장하고 증대되는 것을 시설할 것이다.'라고 한다면, 그러한 경우는 있을 수 없다."98)

---

aṃ viññāṇaṃ tasmiṃ dvāre cakkhu-rūpa-āloka-manasikārasaṅkhāte paccayamhi sati yeva upajjati, tasmiṃ asati paccayavekallena tatth'eva nirujjhati, na sotādini saṅkamitvā sotaviññāṇan ti ādi saṅkhaṃ gacchati.

97) Srp. II. 271에 따르면, viññāṇaṃ은 業識(kammaviññāṇam)이고 āpajjeyya는 '業을 일으켜서 結生을 초래하는 능력에 의해서 成長 등을 체험할 것이다(kammaṃ javāpetvā paṭisandh-iṃ ākaḍḍhanasamatthatāya vuddhi-ādīni āpajjeyya).'라는 뜻이다.

98) SN. III. 53 : rūpupayaṃ bhikkhave viññāṇaṃ tiṭṭhāmāṇaṃ tiṭṭheyya rūpārammaṇaṃ rūpapatiṭṭhaṃ nandupasevanaṃ virūlhiṃ vuddhiṃ vepullam āpajjeyya. vedanupayaṃ bhikkhave viññāṇaṃ tiṭṭhāmāṇaṃ tiṭṭheyya vedanārammaṇaṃ vedanāpatiṭṭhaṃ nandupasevanaṃ virūlhiṃ vuddhiṃ vepullam āpajjeyya. saññupayaṃ bhikkhave viññāṇaṃ tiṭṭhāmāṇaṃ tiṭṭheyya saññārammaṇaṃ saññapatiṭṭhaṃ nandupasevanaṃ virūlhiṃ vuddhiṃ vepullam āpajjeyya. saṅkhārupayaṃ bhikkhave viññāṇaṃ tiṭṭhāmāṇaṃ tiṭṭheyya saṅkhārārammaṇaṃ saṅkhārāpatiṭṭhaṃ nandupasevanaṃ virūlhiṃ vuddhiṃ v-

여기 존재의 다발에 대한 간략한 설명이 있다. '존재'니 '개체'니 '자아'니 하는 것은 다섯 가지 존재의 다발의 조합에 주어진 편리한 이름에 불과한 것이다. 이들은 모두 무상하고 끊임없이 변화한다. 그리고 '무상한 것은 무엇이든 괴롭다.' 붓다의 가르침의 진정한 의미는 '괴로움은 다섯 가지 집착하는 존재의 다발이다.'라고 정의할 수 있다.

두개의 연속적인 순간은 같은 것이 아니다. A는 A와 다르다. 그것들은 순간적으로 생겨나고 사라지는 흐름이다.

[붓다] "바라문이여, 예를 들어 산에서 발원하여 유장하고도 빨리 흐르며 주위의 모든 것을 강탈하는 강은 멈추는 찰나도 경각도 순간도 없이, 나가고 휘감아 흐르듯이, 이와 같이 바라문이여, 인간의 삶은 산에서 발원하는 강과 같다."[99]

붓다는 랏따빨라[100]에게 말했다.

[붓다] "인생은 짧고 무상하고 변화하는 것이다."[101]

연기의 법은 세상에 하나가 사라지면 다음 것이 나타나는 조건

---

epullam āpajjeyya. so bhikkhu evaṃ vadeyya: ahaṃ aññatra rūpā aññatra vedanāya aññatra saṅkhārehi viññāṇassa āgatiṃ vā gatiṃ vā cutiṃ vā upapattiṃ vā vuddhiṃ vā virūḷhiṃ vā vepullaṃ vā paññāpessāmīti netaṃ thānaṃ vijjati.

99) AN. IV. 137 : seyyathā pi brāhmaṇa nadī pabbateyyā dūraṅgamā sīghasotā hārahārinī, natthi so khaṇo vā layo vā muhutto vā, yaṃ sā dharati, atha kho sā gacchat'eva vattat'eva sandat'eva, evam eva kho brāhmaṇa nadipabbateyyūpamaṃ jīvitaṃ manussānaṃ. 이 말은 붓다가 Araka라는 異教徒의 스승에게 한 말인데, B.C. 500년경의 헤라클레이투스의 '같은 강물에 두 번 다시 발을 담글 수 없다'는 말을 想起시킨다. 역자의 견해로는 붓다의 無常說과 Heraclitus의 流轉說은 다른 것이다. 자세한 것은 역자의 『初期佛教의 緣起思想』 193-204를 보라.

100) Raṭṭhapāla : '確信으로 出家한 자들 가운데 最上者(saddhapabbajitānaṃ aggo)'이다. 그는 Kuru국의 Thullakoṭṭhita에서 태어나 부유한 貴族 집안에서 성장했다. 부처님이 그 지방을 방문했을 때에 說法을 듣고 出家를 결심했으나 부모가 허락하지 않자 죽음에 이르는 斷食을 하여, 出家後에 부모를 찾아뵙는 것을 條件으로 허락을 받아냈다. 그 후 Savatthi로 부처님과 同行하여 수행했으며 12년간을 자리에 눕지 않고 수행하여 마침내 阿羅漢의 地位에 올랐다. 長坐不臥의 始祖이다.

101) MN. II. 73 : appaṃ h'idaṃ jīvitaṃ asassataṃ vippariṇāmadhammaṃ

을 만들어준다. 여기에 변하지 않는 실체란 없다. 여기 영원한 자아, 개체, '나'라고 부를 수 있는 진정한 것은 아무 것도 없다는 것은 사실이다.[102] 그러나 이러한 상호 의존되어 있는 정신적 물질적인 다발들이 정신-물리적인 기계처럼 작용할 때에 '나'라는 관념을 얻게 된다.[103] 그러나 그것은 그릇된 관념이나 정신적인 형성에 불과하다. 곧 그것은 영원주의에 지나지 않는다.

5. 괴로움은 있어도 괴로워하는 자는 없다

흔히 '존재'라고 불리는 다섯 가지 존재의 다발은 형성의 괴로움에 속한다. 존재의 다발의 배후에 괴로움을 체험하는 '존재'나 '나'는 없다. 그래서 붓다고싸는 다음과 같이 말했다.

[붓다고싸] "괴로움은 있지만 괴로워하는 자는 발견되지 않고 행위는 있지만 행위하는 자는 발견되지 않는다. 열반은 있어도 열반하는 자는 없고 길은 있어도 길을 가는 자는 없다."[104]

움직임의 배후에 있으면서 움직이지 않는 어떤 것은 없다. 오직 움직임만이 있다. 삶이 움직인다는 것은 옳지 않다. 삶 그 자체가 움직임이다. 삶과 움직임은 서로 다른 것이 아니다. 다시 말해서 생각하는 것의 배후에 생각하는 자는 없다. 생각을 제거한다고 하더라도 생각하는 자는 발견되지 않는다. 여기서 우리는 불교의 가르침이 데카르트 학파의 '나는 생각한다. 고로 존재한다.'[105]라는

---

102) 無我에 관해서는 제5장에서 擧論할 것이다.

103) Buddhaghosa는 Vism. 594-595에서 사실상 '存在'를 '나무로 만들어진 機械(dāruyanta)'에 譬喩했다.

104) Vism. 513. dukkhaṃ eva hi na koci dukkhito kārako na kiriyā va vijjati. atthi nibbuti, na nibbuto pumā, maggam atthi, gamako na vijjati.

것과 어떻게 다른지를 알아야 한다.

여기서 삶은 시작이 있는가 없는가에 대한 의문이 일어날 수 있다. 붓다의 가르침에 의하면 삶이란 흐름의 근원은 불가사의한 것이다. 신이 인간을 창조했다고 믿는 사람은 이러한 대답에 당혹해 할 수 있다. 그러나 붓다에게 '신은 어떻게 생겨났습니까?'라고 묻는다면, 붓다는 서슴없이 '신은 생겨난 적이 없습니다.'라고 대답할 것이다. 그리고 붓다는 자신의 대답에 놀라지 않을 것이다.

붓다는 이와 같이 말했다.

[붓다] "수행승들이여, 이 윤회의 시작은 알 수가 없다. 무명에 덮인 중생들은 갈애에 속박되어 유전하며 윤회하므로 그 최초의 시작은 시설되지 않는다."[106]

붓다는 더 나아가서 윤회의 원인이 되는 무명에 관하여 '무명의 시작에 관하여 그 시간적 한계를 넘어서는 무명은 없다'는 식으로 인식되어서는 안 된다고 말했다.

[붓다] "수행승들이여, 무명의 선행(先際)은 '이것보다 앞에는 무명이 없다. 이것의 뒤에 무명이 발생한다.'라고 시설되지 않는다. 수행승들이여, 이것은 이와 같이 설해진다. 그렇지만 '무명은 조건적인 것이다.'라고 시설된다. 무명은 수행승들이여, 자양을 수반하며 자양을 수반하지 않는 것이 아니라고 나는 말한다."[107]

이것이 간단히 말해서 괴로움의 거룩한 진리이다. 붓다는 이와

---

105) *cogito ergo sum*

106) SN. II. 178 : anamataggāyaṁ bhikkhave saṁsāro pubbākoṭi na paññāyati avijjānīvaraṇānaṁ sattānaṁ taṇhāsamyojanānaṁ sandhāvataṁ saṁsarataṁ

107) AN. V. 113 : purimā bhikkhave koṭi na paññāyati avijjāya ito pubbe avijjā nāhosi, atha pacchā sambhavī ti, evañ c'etaṁ bhikkhave vuccati. atha ca pana paññāyati idappaccayā avijjā ti. avijjam p'aham bhikkhave sāhāraṁ vadāmi, no anāhāraṁ. 無明은 第一原因이 아니다. 無明은 다시금 煩惱에 의해서 조건지어진다. 無明이 12緣起에서 처음에 놓인 것은 그 重要性 때문이다.

같이 말했다.

[붓다] "수행승들이여, 괴로움을 보는 자는 괴로움의 발생도 보고 괴로움의 소멸도 보며 괴로움의 소멸로 가는 길도 본다."108)

이러한 진리가 어떤 사람들이 잘못 상상하는 것처럼 불교도들을 우울하고 슬픈 삶으로 이끌지 않는다. 이와는 반대로 진정한 불교도는 가장 행복한 존재이다. 그들에게는 공포나 탐욕이 없다. 그들은 사물을 있는 그대로 파악하기 때문에 변화나 뜻하지 않은 재난에 대하여 흥분하거나 절망하지 않으며 언제나 평온하고 고요하다. 붓다는 음울하거나 음산한 사람이 아니었다. 그는 그의 동시대인들에게 '언제나 미소 짓는 사람'이라고 불리었다. 붓다의 그림이나 조각 속에서 붓다는 언제나 행복하고 고요하고 만족스럽고 자비롭게 표현되어 있어 고뇌나 번민이나 고통의 그림자는 찾아보기 힘들다.109)

비록 삶에 고뇌가 따른다고 하더라도 불교도는 그것에 대하여 화를 내거나 못 견뎌서는 안 된다. 불교에 의하면 삶의 근본적인 악 가운데 하나가 '증오'나 '비난'이다. 증오란 "생명에 대한 악의, 고통에 대한 악의, 고통을 일으키는 것에 대한 악의를 말한다. 그 기능은 불행한 상태와 악한 행위의 토대를 낳는 것이다."110) 그러므로 괴로움을 참아내지 못하는 것은 옳은 일이 아니다. 괴로움을 못 참고 화를 낸다고 해서 괴로움은 없어지지 않는다. 반대로 괴

---

108) SN. V. 437 : yo bhikkhave dukkhampassati dukkhasamudayam pi so passati dukkhanirodham pi passati dukkhanirodhagāminīpaṭipadam pi passati. 붓다는 네 가지의 眞理 가운데 어느 한 가지를 보면 나머지 것도 본다라고 했는데 이는 네 가지의 거룩한 眞理가 서로 連結되어 있는 것을 시사한다.

109) 고따마 붓다를 묘사하는데 갈빗대를 드러낸 苦行者的인 여윈 모습으로 조각한 Gandhara의 조상이 있다. 그러나 그것은 그가 붓다되기 이전에 엄격한 苦行的인 修練에 몰두할 때에 그러니까 깨닫기 이전의 모습이다.

110) Abhis. 7

로움을 조금이라도 더하게 하여 불만족스러운 상태를 더욱 악화시킬 뿐이다. 필요한 것은 화를 내거나 못 견뎌하거나 하지 말고 괴로움이 어떻게 생겨났으며, 어떻게 제거할 수가 있는가 등 괴로움의 문제를 이해해서 인내, 지혜, 용기, 힘 등을 가지고 그 괴로움을 없애는 것이다.

초기경전 가운데 테라가타와 테리가타라는 두 경전이 있다.[111] 그 경전들은 붓다의 제자들에 관한 에피소드로 가득 차 있다. 하나는 붓다의 가르침에 따라 행복과 평화를 얻은 남성 수행자에 관한 것이고 하나는 여성 수행자에 관한 것이다. 꼬쌀라국의 왕이 붓다에게 "여위고 거칠고 창백하고 노랗게 맥없어 보이고 혈관이 드러난"[112] 것처럼 보이는 다른 종교의 많은 제자들과는 달리 붓다의 제자들은 "'미소짓고' '즐거워하고' '참으로 기뻐하고' '감관이 청정하며' '걱정이 없으며' '평화롭고' '사슴과 같은 마음을 지니고' 살고 있습니다."[113]라고 말했다. 이어서 왕은 이러한 건강한 성품은 제자들이 여래의 가르침을 잘 깨달았다는 사실에 기인한다고 생각했다. 그래서 그는 "세존이시여, 이것에 대하여 저는 이와 같이 '확실히 이 존자들은 세존의 가르침에서 뛰어난 것, 시대를 초월한 승묘한 것을 깨닫고 있구나.'라고 생각했습니다."[114]라고 말했다.

불교는 진리의 깨달음에 방해가 되는 우울하고 슬프고 뉘우치는 음산한 태도와는 아주 정반대이다. 반면에 기쁨이 열반을 깨닫

---

111) Theragāthā는 長老偈, Therigāthā는 長老尼偈라고 하는데 出家修行僧인 比丘, 比丘尼의 偈頌을 집성한 것이다.

112) MN. II. 121 : kisā lūkhā dubbaṇṇā uppaṇḍuppaṇḍukajātā dhamanisanthatagattā

113) MN. II. 121 : haṭṭhāpahaṭṭhe udaggudagge abhiratarūpe pīṇitindriye appossukke pannalome … migabhūtena cetasā viharante.

114) MN. II. 121 : tassa mayhaṃ, bhante, evaṃ hoti: addhā ime āyasmanto tassa bhagavato sāsane uḷāraṃ pubbenāparaṃ visesaṃ sañjānanti.

기 위해 연마해야 할 본질적인 요소로 일곱 가지 깨달음의 고리[115] 가운데 하나라는 사실은 흥미롭다.

115) satta bojjhaṅgā : 七覺支에 대해서는 여덟 가지 고귀한 길의 장에서 상세히 거론한다.

제4장 괴로움의 발생의 거룩한 진리

1.무엇을 조건으로 괴로움이 생겨나는가?

괴로움의 발생의 거룩한 진리는 괴로움의 원인이 되는 두 번째의 거룩한 진리를 말한다. 경전의 여러 곳에서 발견되는 가장 일반적이고 잘 알려진 정의는 아래와 같다.

[붓다] "수행승들이여, 괴로움의 발생의 거룩한 진리란 이와 같다. 쾌락과 탐욕을 갖추고 여기저기에 환희하며 미래의 존재를 일으키는 갈애가 있다. 그것은 곧 감각적 쾌락에 대한 갈애, 존재에 대한 갈애, 비존재에 대한 갈애이다."116)

인간에게 온갖 괴로움과 윤회를 불러일으키는 것은 여러 가지 형태로 그 자체를 들어내는 탐욕, 욕망, 갈애, 열망 등이다. 그러나 불교에 의하면 모든 것은 상대적이며 상호의존하기 때문에 하나의 원인이란 있을 수 없으므로 이러한 탐욕들만이 원인이 될 수 있는 것은 아니다. 오히려 괴로움의 근본 원인으로 간주되고 있는

---

116) SN. V. 421 : idaṃ kho pana bhikkhave dukkhasamudayam ariyasaccaṃ. yāyam taṇhā ponobbhavikā nandī ragasahagatā tatra tatrābhnandinī, seyyathīdaṃ kāmataṇhā bhavataṇhā vibhavataṇhā.

탐욕도 다른 것, 곧 느낌에 의하여 발생하는 것이다.[117] 그리고 느낌은 접촉에서 일어나며 이러한 과정이 반복적으로 순환되면서 나중에 거론하게 될 유명한 조건적 발생의 원리인 연기[118]가 형성되는 것이다.

그래서 갈애나 탐욕은 괴로움의 발생을 일으키는 첫 번째 원인이 아니다. 그러나 그것은 손으로 만져질 수 있는 것과 같은 가장 직접적인 원인이며 '주요한 것'이며 '보편적인 것'이다.[119] 그래서 빠알리 경전의 다른 곳에서는 괴로움의 원인으로서 갈애를 제일 먼저 들고 있지만,[120] 그것은 오염이나 번뇌를 포함하고 있다. 이 제한된 지면에서 우리는 이러한 갈애가 무지에서 생겨난다는 것을 이해한다면 충분하리라고 본다.

여기서 '갈애' 혹은 '탐욕'이라는 용어는 감각적 쾌락, 부와 권력에 대한 욕망이나 집착뿐만 아니라 관념과 이상, 관점과 견해, 이론과 개념, 신앙 등에 대한 욕망이나 집착 곧, 사실(法)에 대한 애착을 포함한다.[121]

붓다의 분석에 따르면, 세상에서 일어나는 모든 싸움과 분쟁은 작게는 가족들 사이의 사사로운 다툼에서 크게는 국가 간의 전쟁에 이르기까지 모두 이기적인 '탐욕'에서 일어난다.[122] 이런 점에서 보면 모든 경제적, 정치적, 사회적 문제들은 바로 이기적인 탐욕에 뿌리박고 있다.

국제적인 분쟁을 해결하려고 노력하고, 정치 경제적인 측면에서

---

117) MN. I. 51 : '느낌이 생겨나므로 渴愛가 생겨난다'(vedanāsamudayā taṇhāsamudayo).
118) paṭiccasamuppāda : 緣起라고 하는 것으로 '條件的이고 隨伴的인 發生'을 뜻한다.
119) Abhis. 43 : prādhānyārtha, sarvatragārtha.
120) Vibh. 106 참조
121) dhamma-taṇhā : 法愛라고 한다. MN. I. 51, SN. II. 72, Vibh. 380 참조
122) MN. I. 86 참조

전쟁과 평화를 이야기하는 위대한 정치가도 이 문제를 피상적으로 손댈 뿐 결코 문제의 뿌리에까지 깊이 도달하지 못한다.

그래서 붓다는 랏따팔라에게 이와 같이 말했다.

[붓다] "세상은 결핍을 느끼고 갈망하고 있으며 탐욕의 노예가 되고 있다."[123]

누구든지 세상의 모든 악은 이기적인 탐욕에서 생겨난다는 사실을 인정할 것이다. 이것을 이해하기는 어렵지 않다. 그러나 어떻게 해서 이 탐욕이 재생과 윤회를 낳게 되는가에 대해서는 결코 이해하기가 쉽지 않다. 그래서 괴로움의 거룩한 진리와 일치하는 거룩한 진리인 괴로움의 발생의 철학적인 측면을 더욱 깊이 검토해볼 필요가 있다.

2. 업과 윤회

여기서 우리는 업과 윤회에 관하여 먼저 알아 두어야 한다. 인간이 생존하고 윤회하기 위해서는 그 원인이나 조건이 되는 네 가지 자양이 있다. 그것은 ① 거칠거나 미세한 물질의 자양 ② 감촉의 자양, ③ 의식의 자양, ④ 의도의 자양이다.[124]

위의 네 가지 자양 가운데 마지막의 의도의 자양이란 살고 존속하고 다시 살고 존속하고 계속해서 더 살려고 하는 의지를 말한다.[125] "정신적인 의도는 중생이 선하거나 악한 행위를 통하여 활동하며 존재의 뿌리를 만들어내어 존속하려는 것이다."[126]

---

123) MN. II. 72 : ūno loko atitto taṇhādāso.

124) 團食, 觸食, 識食, 意思食. MN. I. 48 : kabaliṃkāro āhāro oḷāriko vā sukhumo vā, phasso dutiyo, manosañcetanā tatiyo, viññāṇaṃ catuttho.

125) 여기서 '精神的인 意圖'를 현대 心理學의 libido와 비유하면 興味로울 것이다.

붓다 자신이 정의한 것처럼 정신적인 의도가 업이라는 것[127]을 앞에서 살펴보았다. 이미 언급한 정신적인 의도에 관하여 붓다는 이와 같이 말했다.

[붓다] "정신적 의도의 자양을 두루 알면 갈애의 세 가지 형태를 두루 안다."[128]

이와 같이 '갈애, 탐욕, 의도, 업'이라는 것은 모두 같은 것을 지시한다. 이것들은 모두 존재하려고 하고, 지속하려고 하고, 존속하려고 하고, 더욱 크게 되려하고, 더욱 많아지려 하는 탐욕과 의지를 함축하고 있다. 이것이 괴로움이 발생하는 원인인데 존재의 다발의 하나인 형성의 다발에서 찾아 볼 수 있다.

3. 괴로움의 원인은 괴로움 내부에 있다.

여기서 붓다의 가르침 가운데 가장 중요하고 핵심적인 것이 있다. 괴로움을 일으키는 원인이나 근원은 괴로움 그 자체 내부에 있으며, 다른 곳에 있지 않다는 사실과 또한 괴로움의 소멸을 가져오는 원인이나 근원도 괴로움 그 자체의 내부에 있으며, 다른 곳에 있지 않다는 것을 분명히 주의 깊게 새기고 명심해야 한다. 이것이 빠알리 경전에 자주 보이는 "어떠한 것이든 생겨난 것은 모두가 소멸하는 것이다."[129]라는 구절을 통해서 알 수 있다.

---

126) Pps. I. 210 : manosañcetanā kusalākusalakammavasena āyūhamānā yeva bhavamūlanipphādanato sattānaṃ ṭhitiyā hoti.

127) Pps. I. 209 : manosañcetanā'ti cetanā eva vuccati.

128) SN. II. 100 : manosañcetanāya bhikkhave āhāre pariññāte tissa taṇhā pariññātā honti. 渴愛의 세 가지 형태란 感覺的 快樂에 대한 渴愛, 存在에 대한 渴愛, 非存在에 대한 渴愛를 말한다.

129) MN. III. 280; SN. IV. 47, 107; V. 423 : yaṃ kiñci samudayadhammaṃ sabbaṃ taṃ

존재이든 사물이든 조직이든 간에 그 자신 내부에 발생과 지속의 원인을 갖고 있다면, 그 자신의 내부에 또한 단절과 파괴의 원인을 갖고 있는 것이다. 이와 같이 괴로움은 그 자신 속에 발생의 근원을 갖고 있으며 그 자신 속에 소멸의 원인을 갖고 있다. 이것에 관해서는 괴로움의 소멸의 거룩한 진리를 다룰 때에 다시 논의할 것이다.

빠알리어의 깜마나 범어의 까르마라고 하는 '업'은 문법적으로 끄리라는 동사어근에서 파생된 것으로 '행위, 행동'이라는 의미를 지니고 있다. 불교이론에서 업은 특별한 의미를 지니고 있다. 그것은 모든 행동을 뜻하는 것이 아니라 '의도적인 행동'을 뜻한다. 그것은 많은 사람들이 잘못 이해하거나 아무렇게나 이해하고 있는 행위에 대한 결과를 뜻하지도 않는다. 업보[130]라는 말은 행위의 과보라는 뜻으로 쓰인다.

욕망이 상대적으로 선하거나 악한 것처럼 의도도 상대적으로 선하거나 악하다. 마찬가지로 의도적인 행위인 업도 선하거나 악하다. 좋은 업은 좋은 결과를 낳고 나쁜 업은 나쁜 결과를 낳는다. 그것이 선이든 악이든 탐욕, 의도, 업과 같은 것들은 그 결과로서 어떤 힘, 좋은 방향이든 나쁜 방향이든 지속하려는 힘을 갖게 된다. 선이든 악이든 그것은 상대적이며 윤회의 수레바퀴 안에 있는 것이다.

거룩한 님(阿羅漢)은 비록 그가 행동하더라도 업을 쌓지 않는다. 왜냐하면 자아라는 거짓된 관념, 윤회를 지속시키는 탐욕, 모든 번뇌와 유루법(有漏法)에서 벗어나 있기 때문이다.

업의 이론은 이른바 도덕률이나 상벌의 이론과 혼동되어서는

---

nirodhadhammaṃ

130) 業報 : kammaphala 또는 kammavipāka를 말한다.

안 된다. 도덕률이나 상벌의 개념은 심판대에 앉아서 법을 부여하는 자로서 옳고 그름을 판단하는 최고의 존재, 곧 신의 개념에서 나오는 것이다. 도덕률로서의 정의라는 개념은 애매모호하고 위험하고 신이 인간성에 관여하는 것보다 더욱 위험할 수 있다.

업의 이론은 원인과 결과, 작용과 반작용의 이론이다. 그것은 자연적인 법칙이지 도덕률이나 상벌과 관련되어 있는 것이 아니다. 모든 의도적인 행위는 그 결과나 효과를 낳는다. 좋은 행위는 좋은 결과를 낳고 나쁜 행위는 나쁜 결과를 낳는다면, 그것은 당신의 행위를 심판대에 앉아서 심판하는 권력이나 심판자에게 부여되는 정의나 상벌과는 관계가 없는 것이다. 다만 그것은 스스로의 법칙, 그 자신의 덕성인 것이다. 이것은 이해하기가 결코 어려운 것은 아니다.

업의 이론 가운데 어려운 것은 의도적인 행위의 효과가 죽은 후의 삶 속에 스스로를 계속 드러낼지도 모른다는 것이다. 불교에서의 죽음은 무엇인가 하는 문제가 여기서 제기된다.

앞에서 존재는 단지 정신적 물리적인 힘이나 에너지의 집합에 불과하다는 것을 살펴보았다. 우리가 죽음이라고 부르는 것은 물질적인 육신이 그 활동을 모두 정지하는 것을 의미한다. 모든 정신적, 물질적인 힘과 에너지가 육체의 작용하지 않는 부분과 함께 사라지는 것일까? 불교에서는 아니라고 대답한다.

의지, 의도, 욕망, 살고 지속하고 더욱 많아지려는 갈애는 모든 생명체를 움직이고 모든 존재를 지배하는 전 세계를 움직이는 엄청난 힘이다. 이것이 세상에서 가장 큰 힘이고 가장 큰 에너지이다. 불교에 의하면 이 힘은 죽음을 의미하는 몸의 기능이 정지된 후에도 작용한다. 그러나 그것은 다른 형태로 자신을 드러내며 재생이라고 부르는 윤회를 낳는다.

4. 자아가 없이 어떻게 윤회하는가?

여기서 또 다른 문제가 제기될 수 있다. 만약 자아나 영혼과 같은 영원하고 변하지 않는 실체나 본질이 없다면 죽은 후에 다시 태어나는 것은 무엇인가? 그러나 우리는 죽은 후의 삶을 이야기하기 전에 현재의 삶이 무엇이고 어떻게 지속하는지 살펴보자.

이미 여러 번 언급한 것처럼 삶이란 다섯 가지 존재의 다발의 집합이며 정신물리적인 힘의 결합이다. 이것은 끊임없이 변화하고 있다. 연속적인 두 순간에도 그들은 똑같지 않다. 매순간마다 그것은 생겨나고 사라진다.

붓다는 이와 같이 말했다.

[붓다] "수행승이여, 다섯 가지 존재의 다발이 생겨나고 파괴되고 사라지고 죽을 때마다 우리들은 태어나고 파괴되고 사라지고 죽는 것이다."131)

이와 같이 일생동안 우리는 매순간마다 태어나고 죽지만 우리는 지속한다. 이러한 삶 속에서 영원하고 변하지 않는 자아나 영혼이 없이도 삶이 존속할 수 있다는 사실을 이해한다면 육체의 기능이 정지한 후에도 이런 힘의 배후에 자아나 영혼이 없이도 이러한 힘들이 존속할 수 있다는 사실을 왜 이해할 수 없겠는가?

이 육체가 더 이상 제 기능을 발휘하지 못할 때에 에너지는 육체와 더불어 죽는 것이 아니고 다른 삶을 부를 수 있는 어떤 다른 형태를 취해서 지속해 나아간다.

어린 아이는 정신적, 육체적, 지적 능력이 유약하지만 그 내부

---

131) Prmj. 78 : khandhesu jāyamānesu jīyamānesu mīyamānesu ca khaṇe khaṇe tvaṃ bhi-kkhu jāyase ca jīyase ca mīyase ca. 이 文句는 經藏에는 등장하지 않지만 이 책의 註釋에 의하면 붓다의 말이다.

에 완전한 어른으로 자랄 수 있는 잠재력을 갖고 있다. 이른바 존재를 형성하는 물질적 정신적 에너지가 그 내부에 새로운 형태를 취해서 점점 자라나 완전히 성숙하게 만드는 힘을 갖고 있다.

영원하고 불변한 것은 아무 것도 없기 때문에 한 순간에서 다음 순간으로 똑같이 이어지는 것은 아무 것도 없다. 그러므로 분명히 영원하고 불변한 것이 한 삶에서 다른 삶으로 이어지는 것은 없다는 사실은 명백하다. 파괴되지 않은 채로 지속하지만 순간마다 변화하는 연속이다. 이 연속이란 실제로 움직임 자체에 지나지 않는다. 밤을 새워 타는 불꽃과 같은 것이다. 그것은 똑같은 불꽃도 아니고 그렇다고 다른 불꽃도 아닌 것이다.

어린 아이가 자라서 60세가 된다. 그 어른은 60년 전의 어린 아이와 같지 않지만 그렇다고 전혀 다른 사람이 아니다. 이처럼 여기서 죽은 사람과 다른 곳에서 윤회하여 태어난 사람은 같은 사람도 아니고 다른 사람도 아니다. 그것은 동일한 연속의 계속이다.

태어남과 죽음의 차이는 한 순간의 생각에서 벌어지는 것이다. 이 생에서 마지막 생각의 순간이 이른바 내생에서의 처음 생각의 순간이다. 그것은 실로 연속의 계속이다. 이 생 자체에서도 한 생각은 다음 생각에 영향을 준다. 그래서 불교적 시각에서 사후의 문제는 커다란 신비가 아니다. 불교는 이 문제에 관하여 결코 근심하지 않는다. 존재하고 무엇이 되려는 탐욕이 있는 한 윤회는 계속된다. 마구 내닫는 탐욕이 진실이나 열반을 보는 지혜로 부수어졌을 때에만 윤회는 그칠 수 있다.

제5장 괴로움의 소멸[涅槃]의 거룩한 진리

1.언어로 표현할 수 없는 진리

괴로움의 소멸이란 괴로움, 또는 괴로움의 지속에서 벗어나 해탈하여 자유롭게 되는 것이다. 이것을 괴로움의 소멸의 거룩한 진리라고 하는데 바로 열반을 의미하는 것이다.

앞에서 살펴본 바와 같이 괴로움을 완전히 없애기 위해서는 괴로움의 뿌리가 되는 갈애나 탐욕을 없애야 한다. 그러므로 열반은 갈애의 종식이라고 불린다.

그러면 열반이란 무엇인가? 이 간단하고도 당연한 질문을 해결하기 위하여 많은 책이 저술되었다. 그러나 그러한 책들은 문제를 명확히 하기보다는 한층 더 복잡하게 만들어 놓고 말았다. 그 질문에 대한 가장 합리적인 대답은 인간의 언어는 열반이라는 궁극적인 진리를 표현하기에는 너무나 빈약하기 때문에 언어로서는 결코 완전하고 만족스럽게 대답할 수 없다는 것이다.

언어는 인간이 그들의 감관이나 마음으로 경험한 일이나 생각들을 표현하기 위하여 창조되었다. 절대진리와 같은 출세간적인 진리는 이 범주에 들어가지 않는다. 그러므로 물고기가 육지의 환경을 표현할 말이 없는 것처럼 절대진리의 경험은 말로 표현할 길이 없다. 거북이가 "육지를 거닐다가 바다로 돌아왔다."라고 그의 친구 거북이에게 말했더니 "물론 헤엄쳤다는 말이겠지."라고 대답했다. 거북이는 땅은 단단하기 때문에 땅위에서는 수영을 할 수 없고 걸어 다녀야 하는 것이라고 설명하려고 애를 썼다. 그러나 물고기는 그런 것은 있을 수 없으며 땅도 바다와 같은 물이며 거기에는 파도가 있고, 헤엄칠 수 있는 곳이 틀림없다고 주장했다.

언어란 우리에게 알려진 사물과 관념을 표시하는 상징이다. 이러한 상징들이 일상적인 사물의 진정한 본성을 전달할 수도 전달될 수도 없다. 언어는 진리를 깨닫는데 방해가 되거나 진리를 오도할 경우가 많다. 그래서 능가경은 "어리석은 사람은 진흙 속의 코끼리처럼 말속에 묻혀버린다."[132]라고 말한다.

그러나 언어 없이는 살 수 없다. 하지만 열반이 긍정적인 용어로 표현되거나 설명된다면, 우리는 즉각적으로 그 표현과 연관된 개념을 잡으려 하게 되고 그렇게 되면 정반대의 결과를 초래하기 쉽다. 그러므로 열반은 주로 부정적(否定的)인 용어 – 아마도 덜 위험한 용어로 표현되어 왔다. 그래서 그것은 갈애의 소멸(愛盡), 무위(無爲), 이탐(離貪), 사라짐(止滅), 적멸(寂滅)등의 부정적인 용어로 표현된다.[133]

빠알리대장경에 나오는 열반에 관한 몇 가지 정의를 살펴보자.

---

132) Laṅk. 113.

133) SN. IV. 369~373 : 涅槃에 관한 表現들에는 다음과 같은 것들이 있다. ① 無爲 asaṅkhata), ② 無漏 anāsavam, ③ 不老 ajaraṁ, ④ 無見 anidassana, ⑤ 無戲論 nippapañca, ⑥ 無災 anītika, ⑦ 無災法 anītikadhamma, ⑧ 無恚 avyāpajjha, ⑨ 離貪 virāga, ⑩ 不死 amata, ⑪ 愛盡 taṇhākkhaya, ⑫ 無着 anālayo의 否定的인 用語들이 있고, ① 終極 antam, ② 眞諦 saccam, ③ 彼岸 pāra, ④ 極妙 nipuṇa, ⑤ 極難見 sududdasa, ⑥ 堅固 : dhuva, ⑦ 照見 apalokita, ⑧ 寂淨 santa, ⑨ 極妙 paṇīta, ⑩ 至福 : siva, ⑪ 安穩 : khema, ⑫ 希有 acchari ya, ⑬ 未曾有 abbhuta, ⑭ 淸淨 suddhi, ⑮ 解脫 mutti, ⑯ 島 dīpa, ⑰ 洞窟 leṇa, ⑱ 避難處 tana, ⑲ 歸依處 saraṇa 등의 肯定的인 用語들이 있다. 이들 用語들은 모두 比喩的인 것이다.

[붓다] "수행승들이여, 괴로움의 소멸에 관한 거룩한 진리란 이와 같다. 그것은 갈애를 남김없이 사라지게 하고 소멸시키고 포기하고 버려서 집착없이 해탈하는 것이다."134)

[붓다] "또한 이와 같은 도리 즉, 모든 형성의 그침, 모든 집착의 완전한 버림, 갈애의 부숨, 사라짐, 소멸, 열반은135) 참으로 보기 어렵다."136)

[붓다] "수행승들이여, 무위란 어떠한 것인가? 수행승들이여, 탐욕이 소멸하고 성냄이 소멸하고 어리석음이 소멸하면 그것을 수행승들이여, 무위라고 한다."137)

[붓다] "라다여, 갈애가 부수어진 것이 열반이다."138)

[붓다] "수행승이여, 조건적이든 무조건적이든 욕망을 여의는 것이 최상이다. 그것이 자만의 분쇄이며, 갈증의 파괴이며, 집착의 뿌리를 뽑음이며, 윤회의 자름이며, 갈애의 부숨, 사라짐, 소멸, 열반이다."139)

이교도가 제기한 '열반은 무엇인가'라는 당돌한 질문에 대한 붓

---

134) SN. V. 421 : idaṃ kho pana bhikkhave dukkhanirodham ariyasaccaṃ. yo tassā yeva taṇhāya asesavirāganirodho cāgo paṭinissaggo mutti anālayo

135) 여기서는 世俗으로부터의 점차적인 解脫의 모습을 보여주고 있다. ① 모든 形成의 그침(sabbasaṅkhārasamatha), ② 모든 집착의 보내버림(sabbūpadhipaṭinissagga), ③ 渴愛의 소멸(taṇhākkhaya), ④ 사라짐(virāga), ⑤ 消滅(nirodha), ⑥ 涅槃(nibbāna). 여기서 ③의 渴愛의 소멸은 존재에의 갈애의 소멸(bhavatanhākkhaya)을 뜻하며, ④의 사라짐이라고 번역한 virāga는 원래 색깔이 바래서 없어지는 것을 뜻한다. 따라서 부수어 없어지는 消滅을 뜻하는 nirodha와 區別하였음에 주의해야 한다. 그리고 ⑥의 涅槃은 궁극적인 解脫을 의미한다. 이 모든 과정에 관해 Srp. I. 196에서는 '모든 煩惱의 傾向이 사라지고 모든 苦痛이 消滅된다(sabbe kilesarāgā virajjanti sabbadukkhaṁ nirujjhanti)'라고 설명하고 있다.

136) SN. I. 136 : idaṃ pi kho ṭhānaṃ duddasaṃ, yad idaṃ sabbasaṅkhārasamatho sabbupadhipaṭinissaggo taṇhākkhayo virāgo nirodho nibbānaṃ.

137) SN. IV. 359 : katamañca bhikkhave asaṅkhataṃ? yo bhikkhave rāgakkhayo dosakkhayo mohakkhayo. idam vuccati bhikkhave asaṅkhataṃ.

138) SN. III. 190 : taṇhakkhayo hi rādha nibbānaṃ.

139) AN. II. 34 : yāvatā bhikkhave dhammā saṇkhatā vā asaṅkhatā vā virāgo tesaṃ dhammānaṃ aggaṃ akkhāyati, yadidaṃ madanimmadano pipāsavinayo ālayasamugghāto vaṭṭūpacchedo taṇhakkhayo virāgo nirodho nibbānaṃ.

다의 수제자 싸리뿟따[140]의 대답은 "탐욕을 여의고, 성냄을 여의고, 어리석음을 여의는 것[141]"으로서 붓다가 이야기한 무위에 관한 정의와 일치한다. 싸리뿟따는 또한 "존재의 집착다발에 대한 욕망과 탐욕을 파괴하고 버리는 것, 그것이 괴로움의 소멸이다.[142]"고 말한 바 있다.

계속해서 열반에 대한 붓다의 이야기를 들어보자.

[붓다] "수행승들이여, 태어나지 않고 생성되지 않고 만들어지지 않고 형성되지 않는 것이 있다. 수행승들이여, 만약에 그 태어나지 않고 생성되지 않고 만들어지지 않고 형성되지 않는 것이 없다면 이 세상에서 태어나고 생성되고 만들어지고 형성되는 것에서 벗어남은 시설될 수 없을 것이다. 수행승들이여, 태어나지 않고 생성되지 않고 만들어지지 않고 형성되지 않는 것이 있으므로 태어나고 생성되고 만들어지고 형성되는 것에서의 벗어남이 시설될 수 있는 것이다."[143]

---

140) Sāriputta : Ppn. II. 1108에 따르면 Gotama Buddha의 首弟子로 智慧第一(mahāpaññān-aṃ aggam)로 일컬어졌다. 일설에 의하면 그는 Upatissa 마을에서 태어났으므로 Upati-ssa 라고도 불렸다. 그의 아버지는 바라문 Vaṅganta였고 어머니는 Rūpasāri였다. Sāriputta는 어머니 이름을 딴 것이다. 일설에 의하면 그의 아버지는 Nālaka였다. 그에게는 세 명의 형제 Cunda, Upasena, Revata와 세 명의 자매 Cālā, Upacālā, Sisūpacālā가 있었는데, 모두 출가하여 僧侶가 되었다. Sāriputta는 修行僧 Assaji에게 因果法에 대한 두 줄의 시로 된 부처님의 가르침을 듣고 진리의 흐름에 든 이(修陀含 : Sotāpanna)가 되었다. 그가 친구인 Moggallāna에게 그 시를 들려주자 Moggallāna도 같은 경지에 오르게 되었다. Sāriputta는 함께 Veluvaṇa에 계신 부처님을 찾아가기 전에 그들이 모시던 懷疑主義者인 스승 Sañjaya를 모시고 가려 했으나 그는 거절했다. Mogg-allāna는 佛敎敎團에 출가한지 7일만에 阿羅漢이 되었으나 Sāriputta는 보름 후에 阿羅漢이 되었다. 부처님은 대중 앞에서 자주 主題만 제시하고 Sāriputta가 대신 說法을 했다. 그래서 아난다가 Dhammabhaṇḍāgārika(法의 창고지기)라고 불리운 데 반해 그는 Dhammasenāpati(法의 將軍)라고 불렸다.

141) SN. IV. 251 : rāgakkhayo dosakkhayo mohakkhayo.

142) MN. I. 191 : imesu pañcas'upādānakkhandhesu chandarāgavinayo chandarāgappahānaṃ so dukkhanirodho.

143) Ud. 80~81 : atthi bhikkhave ajātaṁ abhūtaṁ akataṁ asaṁkhataṁ, no ce taṁ bhikkhave abhavissa ajāṭaṁ abhūtaṁ akataṁ asaṅkhataṁ, na yidha jātassa bhūtassa katassa saṅkhatassa nissaraṇaṁ paññāyetha. yasmā ca kho bhikkhave atthi ajātaṁ abhūtaṁ akataṁ asaṅkhataṁ, tasmā yidha jātassa bhūtassa katassa saṅkhatassa nissa

[붓다] "수행승들이여, 이러한 세계가 있다. 거기에는 땅도 없고 물도 없고 불도 없고 바람도 없고, 공간이 무한한 경지도 없고, 의식이 무한한 경지도 없고, 아무것도 없는 경지도 없고, 지각하지도 않고 지각하지 않는 것도 아닌 경지도 없고, 이 세상도 저 세상도 없고, 해도 달도 없다. 나는 바로 이 오는 것도 없고 가는 것도 없고 멈추는 것도 없고 죽음도 없고 태어남도 없고 기반도 없고 유전도 없고 대상도 없는 이것이야말로 나는 괴로움의 종식이라고 부른다."144)

2. 열반은 긍정도 부정도 아니다

열반은 이와 같이 부정적인 표현으로 사용되기 때문에, 열반은 부정적이고 자아포기적이라는 그릇된 생각을 갖고 있는 사람이 많다. 열반은 분명히 자아부정은 아니다. 왜냐하면 부정할 자아를 갖고 있지 않기 때문이다. 만약 조금이라도 부정적이라고 한다면 그것은 환상이나 그릇된 자아에 대한 부정인 것이다.

열반을 두고 부정적이나 긍정적이라고 이야기하는 것은 틀린 것이다. 부정이나 긍정이라고 하는 개념은 상대적이며 이원성의 영역 내부에 있는 것이다. 이러한 말들은 이원성과 상대성을 넘어서 있는 열반이라는 절대적 진리에 적용될 수 없다.

부정적인 말이 반드시 부정적인 상태를 지시하는 것은 아니다.

---

raṇaṁ paññāyatī'ti

144) Ud. 80 : atthi bhikkhave tad āyatanaṃ, yattha n'eva paṭhavī na āpo na tejo na vāyo nā ākāsānañcāyatanaṃ na viññāṇānañcāyatanaṃ na ākiñcaññāyatanaṃ na nevasaññānāsaññāyatanaṃ n'āyaṃ loko na paraloko ubho candimasūriyā, tad amhaṃ bhikkhave n'eva āgatiṃ vadāmi na gatiṃ na ṭhitiṃ na cutiṃ na upapattiṃ, appatiṭṭhaṃ appavattaṃ anārammaṇaṃ eva taṃ, es'ev'anto dukkhassā'ti.

건강에 대한 빠알리어나 범어는 아로기야[145]인데, 그것은 문법적으로 '병이 없음'을 뜻하는 부정적인 용어이다. 그러나 아로기야는 부정적인 상태를 나타내는 것은 아니다.

부정적인 가치에 대한 부정이 아닌 것으로 열반의 동의어로 가장 잘 알려진 말은 '해탈[146]'이라는 말이다. 어느 누구도 해탈이 부정적이라고 말할 수 없다. 물론 이 해탈이라는 말도 부정적인 측면을 지니고 있다. 해탈은 언제나 방해가 되고 악하고 부정적인 어떤 것으로부터의 해방이다. 그러나 해방은 부정적인 상태가 아니다. 열반, 해탈, 절대적인 자유는 모든 악에서 벗어나는 것이며, 탐욕과 성냄과 어리석음에서 벗어나는 것이며, 모든 이원성과 상대성, 시간 공간에서 벗어나는 것이다.

『맛지마니까야』에는[147] 절대적인 진리로서의 열반의 개념이 나와 있다. 이러한 중요한 이야기를 붓다는 옹기장이의 움막에서 현명하고 성실해 보이는, 이미 언급한바 있는 뿟꾸싸띠[148]에게 설했다. 경전에서 이와 관련된 부분의 골자는 다음과 같다. 사람은 여섯 가지 요소, 곧 땅, 물, 불, 바람, 공간과 의식(地水火風空識)으로 이루어져있다. 그것들을 분석해보면 '내 것', '나', '자아'라는 것은 발견할 수 없다. 사람은 어떻게 의식이 일어나고 사라지는지, 어떻게 기쁘고 불쾌하고, 기쁘지도 불쾌하지도 않은 느낌이 일어나고 사라지는지 알 수 있다. 이러한 느낌을 알아채더라도 그의 마

---

145) ārogya : 無病의 뜻이다.

146) 범어로는 mukti, 빠알리어로는 mutti이다.

147) MN. III. 237 : MN. no. 140 : Dhātuvibhaṅgasutta

148) Pukkusāti : Ppn. II. 979에 따르면, 그는 Bimbisāra왕 당시의 Takkasilā의 왕이었다. 그들은 두 나라를 왕래하는 商人들을 매개로 서로를 憧憬하게 되었다. Pukkusāti왕은 Bimbisāra왕에게 옷 칠을 한 함궤에 여덟 벌의 값비싼 옷을 膳物로 보냈다. 그러나 Bimbisāra왕은 너무 훌륭한 옷에 버금가는 膳物을 발견할 수 없어 佛法僧 三寶와 붓다의 가르침인 새김의 土臺(念處)와 八正道, 三十七助道品을 새긴 黃金의 접시를 膳物했는데 Pukkusāti 王은 그것을 받고 크게 기뻐하여 出家했다.

음이 초연하게 되면, 그는 자기의 내부에서 평정심(捨心)을 발견한다. 그러면 그는 어떤 최고의 정신적인 상태의 성취로 향할 수 있어, 순수한 평정심을 오랫동안 지속할 수 있다는 것을 알게 된다. 그 때 그는 다음과 같이 생각한다.

[붓다] "만약 내가 공간이 무한한 경지에다가 순수하고 청정한 평정심을 집중해서 마음을 닦아 그러한 상태에 순응시키면 그것도 바로 조건지어진 것이다. 만약 내가 의식이 무한한 경지에다가 순수하고 청정한 평정심을 집중해서 마음을 닦아 그러한 상태에 순응시키면 그것도 바로 조건지어진 것이다. 만약 내가 아무것도 없는 경지에다가 순수하고 청정한 평정심을 집중해서 마음을 닦아 그러한 상태에 순응시키면 그것도 바로 조건지어진 것이다. 만약 내가 지각하지도 않고 지각하지 않는 것도 아닌 경지에다가 순수하고 청정한 평정심을 집중해서 마음을 닦아 그러한 상태에 순응시키면 그것도 바로 조건지어진 것이다."149)

그런데 그는 유와 무를 정신적으로 창조하려고 하거나 의도하지 않는다. 그가 유와 무를 시설하거나 의도하지 않기 때문에, 그는 세상의 아무 것에도 집착하지 않는다. 아무 것에도 집착하지 않고 열망하지 않기 때문에 자기 스스로의 완전한 열반에 들어 완전한 평온에 머문다. 그는 "다시 태어남은 종식되었고 청정한 삶

149) MN. III. 244 : imañ ce ahaṃ upekkhaṃ evaṃ parisuddhaṃ evaṃ pariyodātaṃ ākāsānañcāyatanaṃ upasaṃhareyyaṃ tadanudhammañ ca cittaṃ bhāveyyaṃ, saṅkhatam etaṃ. imañ ce ahaṃ upekkhaṃ evaṃ parisuddhaṃ evaṃ pariyodātaṃ viññāṇañcāyatanaṃ upasaṃhareyyaṃ tadanudhammañ ca cittaṃ bhāveyyaṃ, saṅkhatam etaṃ. imañ ce ahaṃ upekkhaṃ evaṃ parisuddhaṃ evaṃ pariyodātaṃ ākiñcaññāyatanaṃ upasaṃhareyyaṃ tadanudhammañ ca cittaṃ bhāveyyaṃ, saṅkhatam etaṃ. imañ ce ahaṃ upekkhaṃ evaṃ parisuddhaṃ evaṃ pariyodātaṃ nevasaññānāsaññāyatanaṃ upasaṃhareyyaṃ tadanudhammañ ca cittaṃ bhāveyyaṃ, saṅkhatam etan ti; 空無邊處, 識無邊處, 無所有處, 非想非非想處 등 모든 精神的이고 神秘的인 狀態는 그것이 아무리 높고 純粹할지라도, 만들어진 것이고 條件지어진 것이라는 事實에 有意하라. 그것들은 實際의 眞理가 아니다.

은 이루어졌다. 해야 할 일은 해 마쳤고 더 이상 윤회하지 않는다."[150]라고 안다. 그는 즐겁거나 괴롭거나 즐겁지도 괴롭지도 않은 것을 체험했을 때에 그것들은 무상하여 자신을 속박시키지 못하며 감정을 자극하지 못한다는 것을 안다. 그 느낌이 어떻든지간에 그는 속박을 여윈 것을 체험한다. 모든 이러한 느낌들은 기름이나 심지가 다하면 꺼지는 램프의 불꽃처럼, 육신의 해체와 함께 진정된다는 것을 안다.

[붓다] "수행승이여, 이러한 사람은 최상의 지혜를 성취한 것이다. 왜냐하면 모든 괴로움의 소멸에 대한 앎은 가장 거룩한 지혜이기 때문이다. 진리에 기반을 둔 이러한 해탈은 흔들리지 않는다. 수행승이여, 허망한 것은 거짓이고, 진실한 것은 열반이고 진리이다. 그러므로 수행승이여, 이러한 사람은 최상의 지혜를 성취한 것이다. 왜냐하면 진실한 것이 열반이라는 것은 곧 최상의 거룩한 진리이기 때문이다."[151]

어느 곳에서든지 붓다는 열반을 설명할 때에 "수행승들이여, 나는 그대들에게 진리와 진리에 이르는 길을 가르칠 것이다."[152]고 말했다. 여기서 진리는 명확하게 열반을 의미한다.

---

150) MN. III. 244 : khīṇā jāti vusitaṃ brahmacariyaṃ kataṃ karaṇīyaṃ nāparaṃ itthattāyā ti

151) MN. III. 245 : tasmā evaṃ samannāgato bhikkhu iminā paramena paññādhiṭṭhānena samannāgato hoti. esā hi bhikkhu paramā ariyā paññā yadidaṃ sabbadukkhakkhaye ñāṇaṃ. tassa sā vimutti sacce ṭhitā akuppā hoti. taṃ hi bhikkhu musāyaṃ mosadhammaṃ, taṃ saccaṃ yaṃ amosadhammaṃ nibbānaṃ. tasmā evaṃ samannāgato bhikkhu iminā paramena saccādhiṭṭhānena samannāgato hoti. etaṃ hi, bhikkhu, paramaṃ ariyasaccaṃ, yadidaṃ amosadhammaṃ nibbānaṃ.

152) SN. IV. 369 : saccañca vo bhikkhave desissāmi saccagāmiṃ ca maggaṃ.

3. 절대적인 진리란 무엇인가

그렇다면 절대적인 진리란 무엇인가? 불교에 의하면 절대적인 진리란, 세상에서 절대적인 것은 아무 것도 없으며, 모든 것은 상대적이고 조건지어져 있으며 무상하고, 자아, 영혼, 진아와 같은 불변하고 지속적이고 항구적인 절대적인 실체는 없다는 사실이다. 이것이 절대적인 진리이다.

진리는 부정적인 표현으로 나타나지만 결코 부정적인 것은 아니다. 환상이나 무명을 제거하고 있는 그대로[153] 사실을 보는 것,[154] 곧 진리를 깨닫는 것은 탐욕을 끊는 것이며, 괴로움을 소멸하는 것이며, 열반이다.

열반에 대한 대승불교적인 관점은 그것이 윤회와 다른 것이 아니라는 관점은 흥미로울 뿐만 아니라 새겨둘 만한 것이다.[155] 주관적으로나 객관적으로나 바라보는 입장에 따라서 윤회와 열반은 같은 것일 수 있다. 이러한 대승의 관점은 우리가 이미 간략하게 논의한 바가 있는 테라바다[156]의 빠알리 경전에 나와 있는 이념을 발전시킨 것이다.

열반이 탐욕을 끊은 자연스러운 결과라고 생각하는 것은 잘못이다. 열반은 어떠한 것의 결과가 아니다. 그것이 결과라면 원인에 의하여 산출되는 결과일 것이다. 그 결과로 조건지어진 것, 곧 유위이다. 열반은 원인과 결과가 아니다. 열반은 원인이나 결과를

---

153) yathābhūtaṃ : '如實하게'라고 한역한다.

154) Laṅk. 200 : "오, 마하마띠여, 涅槃은 있는 그대로 事實을 보는 것이다."

155) MK. XXV. 19 : Nāgārjuna는 분명히 "輪廻는 涅槃과 다르지 않고 涅槃은 輪廻와 다르지 않다."고 말했다.

156) Theravāda : 오늘날 南方의 佛敎에 대하여 小乘 Hīnayāna이라는 貶下的인 말을 사용하지 않고 테라바다 불교라고 한다. 그 뜻은 上座佛敎 또는 長老佛敎라는 뜻을 지닌다.

넘어서 있다. 진리는 결과나 효과가 아니다. 그것은 선정이나 삼매와 같은 신비적, 정신적, 또는 영적인 상태를 낳지 않는다.

진리가 바로 열반이다. 우리가 할 수 있는 유일한 것은 그것을 보고 깨닫는 것이다. 열반의 깨달음에 이끄는 길이 있다. 그러나 열반은 그러한 길의 결과가 아니다.[157] 길을 따라서 어떤 산에 도달했지만, 그 산이 길의 결과나 효과는 아니다. 빛을 보고 있지만 그 빛은 시력의 결과가 아니다.

사람들은 가끔 "열반의 다음에는 무엇이 있는가?"라고 묻는다. 이러한 질문은 궁극적인 진리가 열반이기 때문에 성립될 수 없다. 열반 다음에 무엇이 있다고 하면 그것은 궁극적인 진리가 될 수 없다.

라다[158]라는 수행승은 붓다에게 이와 같은 질문을 했다.

[라다] "열반은 어떠한 목적을 위해서 있습니까?"[159]

이 질문은 열반 다음에 어떠한 목적을 가정한 것이다. 그러한 라다에게 붓다는 이와 같이 대답했다.

[붓다] "라다여, 그 질문은 한계를 파악할 수 없다. 수행자는 열반을 궁극적인 진리에 이르는 마지막 뛰어듦, 목표, 궁극으로 알고 삶을 영위한다."[160]

어떤 사람들은 '붓다가 죽은 후에는 열반이나 완전한 열반에 든다.'라는 부적합한 표현을[161] 하는데, 이것이 열반에 관한 많은 상

157) Nirvāṇa는 向(magga)과 果(phala)를 넘어서 있다.

158) Rādha : Rājagaha에 살던 바라문이었는데 나이가 들어 자식들에게 버림받아서 出家를 결심했으나 나이가 많아 僧團으로부터 거절당했다. 그러나 붓다는 Sāriputta를 시켜 그를 僧團에 받아들였다. 그는 곧 阿羅漢이 되었고 붓다는 '말솜씨가 뛰어난 자들 가운데 最上者(paṭibh-āṇakeyyānaṃ aggaṃ)'라고 불렀다.

159) SN. Ⅲ. 189 : nibbānaṃ pana bhante kimatthiyan ti?

160) SN. Ⅲ. 189 : assa rādha pañhaṃ nāsakkhi pañhassa pariyantaṃ gahetuṃ, nibbānog-adhaṃ hi rādha brahmacariyaṃ vussati nibbānaparāyanaṃ nibbānapariyosānaṃ.

161) '붓다가 완전한 열반(般涅槃 : parinirvāṇa)에 든 후에'라는 말 대신에 '붓다가 열반(涅槃 :

상적인 관념을 불러일으키게 했다. '붓다가 열반에 들었다.'라는 말을 듣는 순간에 사람들은 열반이 어떤 존재가 있는 상태나 영역, 또는 장소로 여기게 되거나 열반을 이미 알려져 있는 '존재'라는 단어와 연관시켜 생각하게 된다.

'열반에 들었다'는 일반적인 표현은 원전과 일치하지 않는다. '죽은 후에 열반에 들었다.'는 말은 없다. '빠리니붓따[162]'라는 말은 열반을 깨달은 붓다나 아라한의 죽음을 의미할 때에 사용하지만 '열반에 들어감'을 의미하지는 않는다. 빠리니붓따는 단순히 '완전히 소멸함' '충분히 꺼짐' '아주 없어짐'을 뜻한다. 왜냐하면 붓다나 아라한은 죽은 후에 다시 태어나지 않기 때문이다. 그러면 이러한 질문이 일어난다. 죽은 후에는 붓다나 아라한에게 어떠한 일이 일어나는가? 이것은 대답할 수 없는 범주[163]에 속한다. 붓다가 이것에 관해 언급한 것이 있다면, 거룩한 님이 죽은 후에 어떤 일이 일어나는가는 우리의 언표로는 이야기할 수 없다고 말했을 뿐이다.

밧차곳따[164]라는 유행자의 질문에 대답하여 붓다는 '태어남'이나 '안 태어남'이라는 말이 아라한의 경우에는 적용되지 않는다고 말했다. 물질, 느낌, 지각, 형성, 의식과 같은 것들 – '태어남'이나 '안 태어남'과 연결되어 있는 – 은 그가 죽은 후에 완전히 파괴되고 뿌리 뽑혀져서 다시는 태어나지 않기 때문이다.[165]

---

nibbāna)한 후에' 라는 말을 쓰는 사람이 있는데 그것은 無意味하다. 불교문헌에서는 언제나 '완전한 열반(般涅槃 : parinibbāna) 후에'라고 나온다.

162) parinibbuto : parinibbāti의 완료형이다. 한역에서는 般涅槃이라고 하는데 parinibbāna(*sk.* parinirvāṇa)는 그 명사형이다.

163) SN. IV. 375 : 無記(avyākata)는 '說明하지 않은 것'이라는 뜻인데, 그러한 質問은 極端的인 邪見에 속하고 淸淨한 삶에 도움이 되지 않기 때문에 說明하지 않은 것이다.

164) Vacchagotta : 그는 부유한 바라문 家系인 Vaccha 가문에서 태어나 베다에 精通했으나 滿足하지 못해 遊行者가되어 헤매다가 붓다를 만났다. 그런데도 계속 방황하다 마침내 출가하여 오래지 않아 阿羅漢이 되었다.

죽은 후의 거룩한 님의 상태는 땔감이 없어져서 꺼져버린 불이나 또는 기름이 없어서 꺼져버린 램프에 종종 비유된다.[166] 여기서 꺼진 불이나 램프에 비유되는 것은 열반이 아니고 열반을 깨달은 사람의 존재의 다발로 구성되어 있는 '존재'라는 사실을, 혼란됨이 없이 분명하고 명확히 이해해야 한다. 이 점을 특히 강조하는 이유는 많은 사람들, 위대한 학자조차도 이 비유가 열반에 직접 관련되어 있는 것으로 오해하거나 잘못 해석하여왔기 때문이다. 열반은 꺼진 불이나 램프에 비유될 수 없다.

4. 자아가 없다면 누가 깨닫는가?

또 다른 일반적인 의문이 있다. '자아' 또는 '진아(眞我)'가 없다면 누가 열반을 깨닫는가? 열반을 거론하기 전에 다음과 같은 의문이 있을 수 있다. 자아가 없다면 지금 누가 생각하고 있는가?

우리는 앞에서 생각하는 것은 생각이지 생각의 배후에서 생각하는 자는 없다는 사실을 살펴보았다. 이와 마찬가지로 깨닫는 것은 지혜나 깨달음이다. 깨달음의 배후에 다른 자아는 없다.

또한 괴로움의 발생에 관한 논의에서 존재이든, 사물이든, 조직이든, 그것이 무엇이든 간에 발생의 성질을 갖고 있다면 그 내부에 소멸이나 파괴의 원인도 갖고 있다는 사실을 배웠다. 따라서 윤회와 괴로움이 발생의 성질을 갖고 있다면 틀림없이 그 소멸의 성질도 갖고 있는 것이다. 괴로움은 갈애 때문에 일어나고 지혜 때문에 소멸한다.

---

165) MN. I. 486 참조
166) MN. III. 245 참조

갈애나 지혜는 모두 앞에서 살펴본 것과 같이 다섯 가지 존재의 다발에 속한다. 그래서 발생뿐만 아니라 소멸도 존재의 다발에 속한다. 그러한 사실은 붓다의 다음과 같은 유명한 말속에서 찾아볼 수 있다.

[붓다] "지각과 더불어 의식이 있는 이 육척단신의 몸속에서 세계와 세계의 발생과 세계의 소멸과 세계의 소멸에 이르는 길을 나는 시설한다."167)

이 말은 곧 네 가지 거룩한 진리가 다섯 가지 존재의 다발인 우리 자신 속에서 발견된다는 사실을 뜻한다. 그것은 또한 괴로움의 발생과 소멸을 낳는 외부적인 힘은 없다는 것을 뜻한다.

네 가지 거룩한 진리에 따라서 지혜가 계발되고 배양되면 지혜는 있는 그대로의 삶의 비의와 사물의 실제를 보게 된다. 비의가 벗겨지고 진리가 보이게 되면 환상 속에서 열병처럼 윤회를 연출하던 모든 힘은 사라지고 더 이상 업이 형성되지 못한다. 더 이상 환상이나 윤회에 대한 갈망이 없어지기 때문이다. 그것은 질병의 원인을 발견해서 환자에게 보일 때에 치유되는 정신질환과 같다.

거의 모든 종교에서 최고선은 죽은 후에야 비로소 성취될 수 있다. 그러나 열반은 바로 이 생에서 실현될 수 있다. 그것을 성취하기 위해 죽음을 기다릴 필요도 없다.

진리인 열반을 깨달은 사람은 세상에서 가장 행복한 존재이다. 그는 모든 강박관념, 괴로움, 남을 괴롭히는 근심, 걱정에서 벗어나 있다. 과거를 후회하지 않고 또 미래를 염려하지 않는다. 현재에 충실하게 산다.168)

---

167) AN. II. 48 : api cāhaṃ āvuso imasmiṃ yeva byāmamatte kalebare saññimhi samana-ke lokañca paññāpemi lokasamudayañca lokanirodhañca lokanirodhagāminiṃ paṭip-adan ti.

168) SN. I. 5 참조

그러므로 깨달은 자는 자아투영이 없이 가장 순수한 상태에서 사물을 평가하고 향유한다. 깨달은 사람은 즐겁고 당당하고 깨끗한 삶을 즐기고, 자기 능력에 만족하고 고뇌에서 벗어났으며 고요하고 평온하다.169) 그는 모든 이기적인 탐욕, 증오, 무지, 속임수, 교만을 비롯한 모든 더러움에서 벗어났기 때문에 순수하고 부드러우며, 보편적인 사랑, 자비, 친절, 동정, 이해와 관용 등으로 가득 차있다. 자기라는 생각을 갖고 있지 않기 때문에 다른 사람에 대한 봉사가 순수하다. 자아라는 환상에서 벗어나 있고 무엇인가 되려고 하는 탐욕에서 벗어나 있기 때문에, 아무 것도 – 심지어 정신적인 것까지도 – 소유하거나 축적하려 하지 않는다.

5. 열반의 초월성

열반은 모든 이원성과 상대성을 초월해 있다. 그러므로 선과 악, 옳고 그름, 존재와 비존재의 개념을 초월해 있다. 열반을 묘사하는 데 사유되는 즐거움이란 말조차 그것과 관련해서는 완전히 다른 의미를 지닌다.

싸리뿟따는 한 때에 이와 같이 말했다.

[싸리뿟따] "벗이여, 열반은 즐거움이다. 벗이여, 열반은 즐거움이다."라고170) 말했다. 그 때에 우다인이 물었다.

[우다인] "그러나 벗이여, 싸리뿟따여, 느낌이 없다면 즐거움이 있을 수 있는가?"171) 싸리뿟따는 대답했다.

---

169) MN. II. 121 참조.
170) sukhamidaṃ āvuso nibbānaṃ sukhamidaṃ āvuso, nibbānan'ti : AN. IV. 414
171) kiṃ panettha āvuso sāriputta sukhaṃ yadettha natthi vedayitanti? : AN. IV. 415

[싸리뿟따] "느낌 그 자체가 없는 것이 즐거움이다."172)

열반은 논리나 이성을 넘어서는 것이다. 열반이나 궁극적인 진리, 깨달음에 대해서 제 아무리 논리적으로 전개해 나아가고 지적인 유희를 펼쳐 나아가도 그러한 방법으로는 이해할 수가 없다. 유치원 아이가 상대성의 이론에 대하여 논쟁해서는 안 된다. 대신에 그가 끈기 있고 근면하게 정진한다면 그것을 깨닫게 된다.

열반은 '슬기로운 자라면 누구나 알 수 있는 것'173)이다. 인내하며 부지런히 그 길을 따라서 성실하게 자기 자신을 정화시켜 나아가고 단련시키면서 필요한 정신적인 수행을 해나가면 까다로운 말장난을 하지 않고서도 언젠가 자신의 내부에서 그것을 깨닫게 된다.

---

172) etadeva khotthal āvuso sukhaṃ, yadettha natthi vedayitaṃ : AN. IV. 415
173) paccattaṃ vedittabbo viññūhi : AN. IV. 157

제6장 괴로움의 소멸에 이르는 길의 거룩한 진리

— 팔정도(八正道) —

1. 세 가지 배움과 여덟 가지 고귀한 길

괴로움의 소멸에 이르는 길은 네 번째의 거룩한 진리이다. 이 길은 두 가지 극단을 피하기 때문에 중도라고 알려져 있다. 하나의 극단는 쾌락주의을 통해 행복을 추구하는 것이고 다른 하나의 극단은 고행주의를 통해서 행복을 추구하는 것이다.

붓다는 이와 같이 말했다.

[붓다] "수행승들이여, 출가자는 두 가지 극단을 가까이해서는 안 된다. 무엇이 두 가지인가? 하나는 감각적 쾌락에 관해 탐착하는 것을 일삼는 것이니 그것은 저열하고 비속하고 범부의 소행으로 성현의 가르침이 아니며 무익한 것이다. 다른 하나는 스스로 괴롭힘을 일삼는 것이니 그것은 괴로운 것이며 성현의 가르침이 아닌 것으로 무익한 것이다."[174]

---

174) SN. V. 421 : dve me bhikkhave antā pabbajitena na sevittabbā. katame dve. yo cāyam kāmesu kāmesu khallikānuyogo hīno gammo puthujjaniko anariyo anatthasaṁhito. yo cāyam attakilamathānuyogo dukkho anariyo anatthasaṁhito.

이러한 두 극단이 쓸 데가 없다는 사실을 안 붓다는 이 두 극단적인 수행을 버리고 중도의 길을 발견했다.

[붓다] "수행승들이여, 여래는 이 두 가지 극단을 떠나 중도를 깨달았다. 이것은 눈이 생기게 하고 지혜가 생기게 하며 고요함, 곧바른 앎, 올바른 깨달음, 열반으로 이끈다."[175]

이 중도는 여덟 가지의 범주로 구성되었기 때문에 여덟 가지의 성스러운 길(八聖道)이라고 불린다.

① 올바른 견해
② 올바른 사유
③ 올바른 언어
④ 올바른 행위
⑤ 올바른 생활
⑥ 올바른 정진
⑦ 올바른 새김
⑧ 올바른 집중[176]

실제로 붓다가 45년간 설한 모든 가르침은 이 여덟 가지의 성스러운 길을 여러 가지 형태로 설한 것에 지나지 않는다. 여러 사람에게 이해하고 따르는 능력과 수행의 정도에 따라 다양한 방법으로 붓다는 이 여덟 가지 고귀한 길을 설했다. 따라서 불경에 흩어져 있는 수천이 넘는 법문은 모두 여기에 바탕을 두고 있다고 해

175) SN. V. 421 : ete te bhikkhave ubho ante anupakamma majjhimā paṭipadā Tathāgatena abhisambuddhā cakkhu karaṇī ñāṇakaraṇī upasamāya abhiññāya sambodhāya nib bānāya samvattati.

176) ① 正見 sammādiṭṭhi, ② 正思惟 sammāsaṅkappo, ③ 正語 sammāvācā, ④ 正行 sammākammanto, ⑤ 正命 sammā-ājīvo, ⑥ 正精進 sammāvāyāmo, ⑦ 正念 sammāsati, ⑧ 正定 sammāsamādhi

도 과언이 아니다.

위의 여덟 가지 수행은 순서대로 하나를 수행하고 나서 다음 것을 반드시 수행해야 한다는 것은 아니지만 붓다가 위와 같은 순서를 밝혀 경전의 어느 곳에서나 어김없이 설법을 했다. 물론 각 개인의 능력에 따라 다소간 동시적으로 수행될 수도 있는 것이다. 여덟 가지는 서로 연결되어 있는 것으로 각각의 수행은 다른 것의 수행을 돕는다.

이 여덟 가지의 수행은 불교에서 세 가지 배움(三學)을 닦기 위한 것이다. 이 여덟 가지의 각 요소들은 일반적으로 세 가지의 순서적 다발로 구분된다.

① 계행의 다발 : 올바른 언어, 올바른 행위, 올바른 생활
② 집중의 다발 : 올바른 정진, 올바른 새김, 올바른 집중
③ 지혜의 다발 : 올바른 견해, 올바른 사유[177]

그러나 이렇게 분류하면 계행→집중→지혜의 세 가지 배움의 계기가 여덟 가지 수행의 순서와 들어맞지 않게 되는데 그것이 우리에게 혼란을 불러일으킨다. 지혜는 올바른 견해와 올바른 의도를 수반하는 세 가지 배움의 최종단계지만 올바른 견해와 올바른 의도는 예상 밖으로 경전 상에 팔정도의 최초의 두 단계를 구성하고 있다. 그렇지만 이러한 여덟 가지 수행의 순서는 부주의한 실수의 결과가 아니라 중요한 논리적 숙고에 의한 배려였다. 붓다는 마지막 설법에서 반복해서 이러한 세 가지 배움에 관해 다음과 같이 말했다.

[붓다] “손으로 손을, 발로 발을 씻는 것처럼 지혜는 계행를 통

177) ① 戒蘊 sīlakkhandha, ② 定蘊 samādhikkhandha, ③ 慧蘊 paññakkhandha을 말한다.

해 씻겨지고 계행은 지혜를 통해 씻겨진다. 계행이 있는 곳에 지혜가 있고 지혜가 있는 곳에 계행이 있다."178)

따라서 지혜를 구성하는 올바른 견해와 올바른 사유가 있는데 그것이 세속적인 올바른 견해나 올바른 사유가 되면 여덟 가지 수행의 출발점이 되고 출세간적인 것이 되면 궁극적인 지혜에 해당하게 된다. 올바른 견해는 출발이자 종착이므로 여덟 가지 고귀한 길은 직선의 길이라기보다는 수레바퀴와 같다.

윤리적인 규범인 계행은 불타의 가르침에 기반을 둔 모든 생명에 대한 보편적인 사랑과 자비라는 위대한 개념 위에 세워진 것이다. 따라서 불타의 가르침에 기반을 두었다는 것은 올바른 견해에 해당하고 보편적인 사랑과 자비는 올바른 사유에 해당한다. 학자들이 불교에 관해 논의할 때에, 붓다의 가르침 가운데 이러한 위대한 이념을 잃어버리고, 철학적이고 형이상학적인 메마른 측면으로 빠져버리는 것은 유감스러운 일이라 아니할 수 없다. 붓다는 '많은 사람의 이익을 위해서, 많은 사람의 행복을 위해서 세상 사람들에 대한 자비로 가르침을 베풀었다.

부처님의 가르침에 의하면 완전한 사람이 되려면 두 가지 측면, 곧 한편으로는 자비와 또한 한편으로는 지혜를 갖추어야 한다. 여기서 자비는 정서적인 측면에서의 사랑, 동정, 친절, 인내와 같은 거룩한 성품인데 지혜는 정신의 지적인 능력을 나타낸다. 사람이 지적인 측면을 무시하고 정서적인 측면만 개발하면 그는 좋은 마음을 지닌 바보가 되어버린다. 반면에 정서적 측면을 무시하고 지적인 측면만 개발하면 그는 냉혹한 지성이 되어버린다.

---

178) DN. I. 124 : seyyathā pi bho Gotama, hatthena vā hatthaṁ dhopeyya, pādena vā pādaṁ dhopeyya, evam eva kho bho Gotama sīlaparidhotā paññā, paññāparidhotaṁ sīlaṁ, yattha sīlaṁ tattha paññā, yattha paññā tattha sīlaṁ.

인간이 완전하게 되기 위해서는 지혜와 자비를 동시에 개발해야 한다. 그것이 불교적인 삶의 목표이다. 그 속에 지혜와 자비는 불가분리하게 연결되어 있다. 팔정도의 출발인 올바른 견해와 올바른 사유가 곧 지혜와 자비인데 이것은 모든 여덟 가지 고귀한 길에 대한 수행에서 수반한다.

2. 첫 번째, 올바른 견해(正見)

올바른 견해는 있는 그대로 사물을 보고 또한 아는 것에 기반을 둔 기초적인 연기법적인 진리에 대한 인식에 뿌리를 두고 있다.

[붓다] "사람이 만약 더러운 마음으로 말하거나 행동하면 괴로움이 그에 따른다. 바퀴가 소의 발을 따르듯이. 사람이 만약 깨끗한 마음으로 말하거나 행동하면 즐거움이 그를 따른다. 그림자가 떠나지 않듯이."179)

올바른 견해는 출발점에서 분명하게 깨달아지지 않고 단지 개념적으로 이해되어 수용되는 믿음의 과정이더라도180) 해탈 과정의 정신현상에 기여하게 된다.

이러한 올바른 견해에는 세속적인 것과 출세간적인 것의 두 가지가 있다.

[붓다] "수행승들이여, 올바른 견해에는 번뇌를 수반하며 공덕을 갖추고 과보를 초래하는 것이 있으며 수행승들이여, 올바른 견

---

179) Dhp. 1~2 : manasā ce paduṭṭhena bhāsati vā karoti vā tato naṁ dukkhaṁ anveti cakkaṁ va vahato padaṁ … manasā ce pasannena bhāsati vā karoti vā tato maṁ sukhaṁ anveti chāyā vā anapāyinī.

180) MN. I. 167 ; 267 ; 344 ; MN. III. p.33 '그는 가르침을 듣고 如來에 대한 믿음을 얻었다(taṁ dhammaṁ sutvā Tathāgate saddhāṁ paṭilabhati).'

해에는 성스럽고 번뇌 없이 세상을 뛰어넘는 길의 고리인 것이 있다."[181]

① 세속적인 올바른 견해는 행위의 법칙, 즉 도덕적인 행동의 영향에 대한 올바른 파악을 함축하고 있다. 그것은 '행위의 주체를 자신으로 하는 올바른 견해'[182]이다.

[붓다] "무지한 자에게 탐욕과 성냄과 어리석음이 생겨난다면, 그가 만든 그러한 업은 크거나 작거나 무릇 자신이 받아야 하며 남이 받을 수 없다."[183]

업과 업보에 관한 올바른 이해는 윤회의 한계 안에서 착하고 건전한 행위를 추구하고 보다 높은 존재 상태를 얻는 데 합리성을 제공하지만 그 자체로서 해탈로 이끌 수 있는 것은 아니다.

② 성스러운 올바른 견해는 궁극적인 해탈과 관계된다. 윤회의 전과정으로부터 자유롭게 되는 해탈은 모든 형태의 윤회를 구성하는 존재의 특성에 관한 깊은 통찰에 의존한다. 성스러운 올바른 견해는 이러한 해탈로 이끄는 것인데, 네 가지 거룩한 진리에 대한 통찰에 바탕을 둔 세계관을 의미한다.[184]

[붓다] "수행승들이여, 괴로움을 통찰하고 괴로움의 발생을 통찰하고 괴로움의 소멸을 통찰하고 괴로움의 소멸로 가는 길을 통찰하는 것, 이것을 수행승들이여, 올바른 견해라고 부른다."[185]

---

181) MN. III. 72 : atthi, bhikkhave, sammādiṭṭhi sāsavā puññābhagiyā upadhivepakkā atthi, bhikkhave, sammādiṭṭhi ariyā anāsavā lokuttarā maggaṅgā; 煩惱를 수반하는 것을 有漏라고 하고 번뇌를 수반하지 않는 것을 無漏라고 한다.

182) kammassakatā sammādiṭṭhi : 業自性正見을 말하는데 '業을 自己라고 아는 올바른 見解'를 말한다.

183) AN. I. 136 : lobhajaṁ dosajañ c'eva mohajañ cāpi'viddasu yaṁ tena pakataṁ kammaṁ appaṁ vā yadi vā bahuṁ idh'eva taṁ vedanīyam vatthuṁ aññaṁ na vijjati.

184) Sayadaw, L., 『The Noble Eightfold Path and its Factors Explained』 39

185) DN. III. 312 : yaṁ kho bhikkhave dukkhe ñāṇaṁ dukkhasamudaye ñāṇaṁ dukkhanirodhe ñāṇaṁ dukkhanirodhagāminiyā paṭipadāya ñāṇaṁ, ayaṁ vuccati bhikkhave sammādiṭṭhi.

여덟 가지 고귀한 길은 네 가지 거룩한 진리에 대한 개념적 이해 – 인식의 주체를 인정하는 우리의 일반적 사유방식에 의해 파악되는 –로부터 비롯되지만, 그러한 과정의 절정에 이르러서는 네 가지 거룩한 진리에 대한 지혜에 의한 직관적인 통찰로 끝난다. 그래서 네 가지 거룩한 진리에 대한 올바른 견해는 괴로움의 소멸, 즉 열반에 이르는 길의 시작이자 길의 궁극인 것이다. 이때 길의 시작으로서의 올바른 견해를 '진리에 따르는 올바른 견해'[186]라고 부르기도 하며 길의 궁극으로서의 올바른 견해를 '진리를 꿰뚫는 올바른 견해'[187]라고 한다. 이러한 진리를 꿰뚫는 올바른 견해는 깊은 집중의 삼매 속에서만 가능한 것이다.

3. 두 번째, 올바른 사유(正思惟)

올바른 사유는 모든 존재로 확산되어 갈 수 있는 무아적인 이욕 또는 사랑과 비폭력의 생각을 뜻한다. 그런데 올바른 사유는 지혜에 속하므로 무아적인 이욕(離欲), 사랑, 비폭력에 대한 생각이 지혜의 측면을 이루고 있다는 것은 매우 흥미롭고 중요한 사실이다.

이러한 올바른 사유는 개인적 사회적 정치적인 어떤 영역에서든 진정한 지혜는 이러한 고귀한 성품에서 나오는 것이며, 이기적인 탐욕, 악의, 증오, 비폭력의 모든 생각은 지혜가 부족한 데서 비롯된다는 사실을 명백히 보여주고 있다.

붓다는 『맛지마니까야』에서 올바른 사유에 관하여 다음과 같이 구분했다.

---

186) saccānulomikā sammādiṭṭhi
187) saccapaṭivedhā sammādiṭṭhi

① 욕망을 여읜 사유
② 분노를 여읜 사유
③ 폭력을 여읜 사유[188]

이러한 올바른 사유에 비해 그릇된 사유는 각각 욕망의 사유, 분노의 사유, 폭력의 사유에 해당한다.

붓다는 선정에 들기 이전에 숲 속에서 사유하면서 그의 사유가 위와 같은 두 가지 방향으로 갈라지는 것을 발견했다. 그는 올바른 사유가 일어날 때마다 '그것은 스스로를 해치지 않고 남을 해치지 않고 그 양자를 해치지 않는다. 지혜를 증진시키고 고뇌를 수반하지 않으며 열반에 도움이 되는 것이다.'라고 생각했으며 그릇된 사유가 일어날 때마다 그 반대로 생각했다.[189]

올바른 사유는 올바른 견해 또는 세계관을 조건으로 수습되는 결과로서 세계 속에 능동적으로 참여하며 행위하는 도덕적 실천의 원인을 제공한다. 이때에 도덕적 행위는 도덕적인 사유를 항상 수반하게 된다. 불교의 윤리는 여타의 다른 종교처럼 보상에 대한 기대나 처벌에 대한 공포에서가 아니라 사실에 대한 올바른 사유에서 오는 것이다.

[붓다] "모든 살아 있는 것은 고통을 싫어한다. 그들에게도 삶은 사랑스러우므로. 그들의 존재 속에서 너 자신을 인식하여 괴롭히지도 말고 죽이지도 말아라."[190]

---

188) MN. 1. 116-119 : ① 出離思惟 nekkhamma saṅkappa, ② 無恚思惟 avyāpāda saṅkappa, ③ 無害思惟 avihiṁsa saṅkappa

189) MN. I. 116 : so ca kho n'ev'attabyābādhāya saṁvattati, na parabyābādhāya saṁvatta-ti, na ubhayabyābādhāya saṁvattati, paññāvuddhiko avighātapakkhiko nibbānasa-ṁvattaniko

190) Dhp. 130 sabbe tasanti daṇḍassa. sabbesaṁ jīvitaṁ piyaṁ. attānaṁ upamaṁ katvā

① 욕망을 여읜 사유는 감각적인 쾌락인 오욕락(五欲樂), 즉 시각으로 인식되는 색, 청각로 인식되는 소리, 후각로 인식되는 냄새, 미각로 인식되는 맛, 촉각으로 인식되는 촉감의 유혹과 위험을 알고 거기에서 벗어나는 것을 말한다.

② 분노를 여읜 사유는 성냄을 소멸시키고 치유하기 위해서 붓다는 자애[191]를 강조했다. 자애의 어원은 '우정'을 의미하지만 그보다 깊은 의미를 지니므로 보통 자애로 번역한다.

자애는 감각적인 사랑이나 애정 또는 순간적인 동정을 의미하지 않는다. 그러한 것들은 특정한 대상에 대한 애정이나 사랑으로 자아에 대한 집착을 뛰어넘는 데 한계를 드러낸다. 그러나 자애는 특정한 대상에 대한 편애가 아니라 무아적 사랑을 의미한다. 자애의 요체는 자신이 스스로 행복해지길 바라듯이 '모든 중생이 행복할 지어다.'라고 기원하는 것이다.

③ 폭력를 여읜 사유는 잔혹하고 공격적이고 폭력적인 사유를 없애는 연민[192]의 마음으로 사랑의 보충적인 개념이다.

자애가 모든 존재의 행복과 안녕을 바라는 특징을 지녔다면 연민은 비폭력의 사유로서 모든 존재가 고통으로부터 벗어나길 바라는 특징을 지녔다. 이러한 연민은 자애와 마찬가지로 우리와 같은 모든 존재가 고통으로부터 벗어나길 바라지만 그럼에도 불구하고 생노병사의 고통 속에 속박되어 있다는 깊은 자각에서부터 출발한다. 따라서 폭력을 여읜 사유는 분노를 여읜 사유에 따

---

na haneyya na ghātaye

191) metta : 한역에서는 慈라고 번역한다. 오늘날에는 기독교에서 사용하는 것처럼 사랑이라는 말로 번역한다.

192) karuṇa : 한역에서는 悲라고 번역한다. 사랑의 補充的 개념으로 同情을 뜻한다.

르는 사유로 자애와 연민이 합쳐진 자비의 실천으로 완성된다고 볼 수 있다.

4. 세 번째, 올바른 언어(正語)

올바른 언어는 표현 방법으로 언어를 사용하여 일어날 수 있는 비윤리적인 것을 경계한 것이다. 올바른 언어는 거짓말을 하거나, 사람들 사이에 증오, 적대감, 불일치, 부조화를 불러오는 험담, 모함을 하거나 또는 시기를 하거나 거칠고, 조야 하고, 무례하고, 악의에 차있고, 모욕적인 말을 하거나 게으르고, 어리석고, 쓸데없는 수다 또는 농담을 지껄이거나 하지 않는 것이다.

① 거짓말을 하지 말 것[不妄語]이라는 이 윤리적 덕목은 거짓말을 하지 말라는 부정적인 계율의 덕목이라기보다는 오히려 거짓말을 하지 말되 진실을 말하라는 측면도 가지고 있다.

[붓다] "여기 쭌다여, 어떤 사람이 거짓말을 끊고 거짓말을 삼간다. 그는 집회에, 또는 대중 사이에, 또는 친족 가운데, 또는 단체 속에, 또는 왕족들 사이에 끌려와서 증인으로 '이 놈아, 와서 네가 아는 것을 말해라'라고 심문을 받을 때도 그가 알지 못하면 '알지 못한다'고 말하며 안다면 '안다'고 말하며 보지 못했으면 '보지 못했다'고 말하며, 보았으면 '보았다'고 말한다. 이와 같이 그는 자신을 위해서나 남을 위해서나 사소한 이익을 위해 일부러 거짓말을 하지 않는다."193)

---

193) AN. V. 267 : idha Cunda ekacco musāvādam pahāya musāvādā paṭivirato hoti sabhāgato vā parisagato vā ñātimajjhagato vā pūgamajjhagato vā rājakulamajjhagato vā

올바른 언어는 거짓말을 폐기하고 진실한 말을 하는 것이다. 그러나 사실인 줄 알고 거짓말을 했다면 속일 의도가 없으므로 계율을 범한 것은 아니다. 그렇지만 모든 거짓말의 의도에는 탐욕, 진에, 우치의 동기가 놓여 있다. 탐욕에서 비롯된 거짓말은 자기 자신이나 자신과 가까운 사람들의 물질적인 부, 지위, 존경, 찬양의 사적 이익을 목표로 하고 있다. 분노를 동기로 하는 거짓말은 다른 사람을 해치고 파괴할 의도를 수반한다. 그리고 우치를 동기로 하는 거짓말은 탐욕과 분노를 수반하는 거짓말보다는 덜 악하다고 볼 수 있다. 예를 들어 비합리적인 강박관념에서 나온 거짓말이나 침소봉대(針小棒大)의 과장법, 웃기기 위한 거짓말 등이다.

② 중상하는 말을 하지 말 것[不兩口]이라는 이 윤리적 덕목도 '하지 말라'는 단순한 부정적 계율로 그치는 것이 아니라 화합을 도모하라는 긍정적 측면을 갖고 있다.

[붓다] "중상하는 말을 버리고 중상하는 말을 삼간다. 여기서 듣고 저기에서 그들 사이가 이간되도록 말하지 않는다. 혹은 저기에서 듣고 여기에서 이들 사이가 이간이 되도록 말하지 않는다. 이와 같이 이간된 사람들을 화합하고 화합된 사람들을 격려하고 조화에 즐거워하고 조화에 기뻐하고 조화에 환희하며 조화를 만들어내는 그러한 말을 한다."194)

이와 같이 중상하는 말은 한 사람을 다른 모임이나 사람으로부

abhinīto sakkhipuṭṭho eh'ambho purisa yaṁ jānāsi, taṁ vadehī ti so ajānam vā ahaṁ na passāmī ti appassaṁ vā ahaṁ na passāmī ti passaṁ vā ahaṁ passāmī ti iti attahetu vā parahetu vā āmisakiñcikkhahetu vā na sampajānamusā bhāsita hoti

194) AN. V. 267 : pisunavācaṁ pahāya pisunāya vācāya paṭivirato hoti, na ito sutvā amutra akkhātā imesaṁ bhedāya, amutra vā sutvā na imesaṁ akkhātā amūsaṁ bhedāya, iti bhinnānam vā sandhātā sahitānaṁ vā anuppadātā samaggārāmo samaggarato samagganandī samaggakaraniṁ vācaṁ bhāsitā hoti.

터 이간시킨다. 이러한 중상의 배후에는 경쟁자의 성공이나 덕망에 대한 질투나 증오가 놓여 있다. 그밖에 다른 사람들을 해치고자 하는 잔인한 의도, 자신에게 호의를 끌고자 하는 악한 욕망, 불화를 보고 느끼는 전도된 기쁨 등이 있다. 중상하는 말은 도덕적으로 아주 심각한 해악을 끼친다. 그 배후에 있는 질투나 증오는 불선업을 만들기에 충분하지만 행위에 의해 수반될 때 비로소 그 결과를 나타낸다. 중상하는 말이 거짓말일 때는 더욱 강력한 악하고 불건전한 업을 유발하게 된다.

위에서 붓다는 중상하는 말을 하지 않는 것 대신에 우정과 조화를 증진시키는 화합의 말을 하도록 적극적으로 권장하고 있다. 그러한 말은 사랑과 동정의 자비를 실어 나른다. 이러한 말은 다른 사람에 대한 믿음을 회복시키고 상호신뢰의 사회적 분위기를 조성시킨다.

③ 추악한 말을 하지 말 것[不惡語]이라는 윤리적 덕목은 추악한 말은 거칠고 상스러운 말로 듣는 자에게 불쾌감을 주는 말인데, 이러한 말을 하지 않는 대신에 붓다는 적극적으로는 상냥한 말을 할 것을 권하고 있다.

[붓다] "추악한 말을 버리고 추악한 말을 삼간다. 부드럽고, 귀에 듣기 좋고, 사랑스럽고, 마음에 와 닿고, 점잖고, 많은 사람에게 사랑받고, 많은 사람에게 유쾌한 그러한 말을 한다."195)

추악한 말은 성내고 화를 내는 데서 발생하는 것이다. 이러한 추악한 말은 세 가지로 나눌 수 있다. 첫째가 욕지거리를 들 수

---

195) AN. V. p.267 pharusavācaṁ pahāya pharusāya vācāya paṭivirato hoti, yā sā vācā nelā kaṇṇasukhā pemaniyā hadayaṅgamā porī bahujanakantā bahujanamanāpā, thatārūpiṁ vācaṁ bhāsitā hoti.

있다. 둘째는 모욕적인 말을 하는 것이다. 셋째는 비꼬아 하는 말이다. 추악한 말은 진에를 수반하고 있다. 이 추악한 말은 의도적이 아니다. 충동적으로 나오기 때문에 거짓말이나 이간질보다는 심각한 악업을 초래하지 않는다.

붓다는 이러한 거칠고 추악한 말을 삼가는 대신 상냥하고 부드러운 말을 할 것을 권하고 있다. 심지어 강도나 살인자를 만났을 때도 화를 내어 악한 말을 해서는 안 되며 마음을 사랑으로 가득 채워야 한다.

[붓다] "수행승들이여, 양쪽에 자루가 달린 톱으로 강도들이나 살인자들이 사지를 하나씩 자른다고 하더라도 그때 마음을 더럽히면 그는 나의 가르침을 따르는 자가 아니다. 수행승들이여, 그러한 때에도 역시 다음과 같이 배워야 한다. '우리들의 마음은 바뀌지 않으리라. 우리들은 악한 말을 하지 않으리라. 우리들은 측은한 마음으로 자비스런 마음을 내며 화내는 마음을 품지 않을 것이다. 그 사람을 자비스런 마음으로 채워주십시오. 그를 비롯한 모든 세상은 크고 광대하고 무량하고 원한 없고 해가 없는 자비로운 마음으로 채워주십시오.' 이와 같이 수행승들이여, 배워야 한다."196)

④ 쓸데없는 말을 하지 말 것(不綺語)이라는 윤리적 덕목은 촛점이 없으며 의미 없는 횡설수설에 가까운 농담이나 쓸데없는 말

---

196) MN. I. 129 : ubhatodaṇḍakena ce pi bhikkhave kakacena corā ocarakā aṅgamaṅgāni okanteyyuṁ, tatrāpi yo mano padūseyya na me so tena sāsanakaro. tatrāpi kho bhikkhave evaṁ sikkhitabbaṁ ; na c'eva no cittaṁ vipariṇataṁ bhavissati na ca pāpikaṁ vācaṁ nicchāressāma hitānukampī ca'viharissāma mettacittā na dosantarā, tañ ca puggalaṁ mettāsabagatena cetasā pharitvā viharissāma, tadārammaṇañ ca sabbā vantaṁ lokaṁ mettāsahagatena cetasā vipulena mahaggatena appamānena averena abyābajjhena pharitvā viharissāmāti. evaṁ hi vo bhikkhave sikkhitabbaṁ.

을 하지 않는다는 것뿐만 아니라 보다 적극적으로는 가치있고 의미있는 말을 한다는 것을 뜻한다.

[붓다] "쓸데없는 말을 버리고 쓸데없는 말을 삼간다. 올바른 때에 말하며 사실에 맞는 말을 하며 유용한 말을 하며 가르침에 합당한 말을 하며 계율에 맞는 말을 하되 가치있는 말을 적당한 때에 합리적으로 신중하게 의미있도록 행한다."[197]

쓸데없는 말을 통해서 가치있고 의미있는 말을 나누지 못한다. 그것은 자신과 타인의 마음을 오염시킨다. 붓다는 이 쓸데없는 말을 삼가야 하며 사실에 부합되는 말을 그것도 올바른 때에 하라고 권고하고 있다. 또한 궁극적으로 가르침과 계율에 합당한 가치있는 말을 행하라고 적극적으로 권장하고 있다. 이렇게 보았을 때 쓸데없는 말이란 가르침과 계율에 합당하지 않은 의미없는 말로 넓게는 희론[198]을 말한다고도 볼 수 있다. 따라서 희론 대신에 연기법적 진리를 설하는 것이 쓸데없는 말을 삼가는 자유가 될 수 있다. 많은 사회적 분쟁이 희론적인 언어의 사용에서 온다. 조야한 이론과 거친 언어의 사용을 자제하는 것이 붓다를 비롯한 모든 성인의 가르침이다.

이러한 나쁘고 해로운 말을 삼갈 때에, 저절로 옳은 말을 하게 되고 친절하고 상냥하고 즐겁고 부드럽고 의미있고 유용한 말을 사용하게 된다. 부주의하게 이야기해서는 안 된다. 말은 올바른 때에 올바른 장소에서 행해져야 한다. 무엇인가 유용한 말을 하지 못할 경우엔 고귀한 침묵을 지켜야 한다.

---

197) AN. V. 267 : samphappalāpam pahāya samphappalāpā paṭivirato hoti. kālavādī bhūtavādī atthavādī dhammavādī vinayavādī nidhānavatiṁ vācaṁ bhāsitā hoti kālena sāpadesaṁ pariyantavatiṁ atthasaṁhitaṁ

198) papañca : 한역에서는 戱論이라고 하는데 원래 사유의 확장을 의미한다. 邪見戱論과 正見戱論이다. 正見戱論이란 涅槃이라는 목표에 도달하면 뗏목에서의 비유처럼 正見이라도 놓아버려야 한다는 意味를 담고 있다.

5. 네 번째, 올바른 행위(正業)

올바른 행위는 표현의 방법으로 육체를 사용하여 일어날 수 있는 악하고 불건전한 행위를 삼가는 것이다. 그러므로 올바른 행위는 올바른 사유, 올바른 언어를 바탕으로 나타나는 것이다. 탐욕이나 성냄, 어리석음이라는 올바른 사유나 올바른 언어에 기초하지 않는 이기주의적 행동은 불교의 가장 중요한 죄악이다.

이타적 행위는 다른 사람을 이롭게 할 뿐만 아니라 자신의 괴로움의 원인을 없애준다. 그러나 탐욕과 성냄과 어리석음은 단순히 주관적인 것이 아니고 인간에게 강요적인 모든 내적 외적 환경과 연관되어 있다. 현대 학문도 인간의 행위는 유전적인 환경뿐 아니라 물질적 생리적 심리적 사회적 환경구조와 관계가 있다고 보고 있다.[199] 따라서 올바른 행위에도 이러한 모든 제반조건을 고려하는 지혜를 필요로 한다.

올바른 행위는 도덕적으로 명예롭고 평화로운 행위를 증진하는데 목표를 두고 있다. 붓다는 세 가지의 올바른 행위에 관해 언급했다.

① 생명을 죽이지 말 것
② 주어지지 않은 것을 취하지 말 것
③ 사랑을 나눔에 잘못을 범하지 말 것이다.

이들 사이에서도 생명을 죽이지 않는 생명에 대한 경외감을 토대로 주어지지 않는 것을 취하지 않고 그럼으로써 사랑을 나눔에

199) Varma, V. P., 『Early Buddhism and its Origins』 p. 182

잘못을 범하지 않는다는 계기가 성립한다.

① 살아있는 생명을 살해하지 않는다는 것[不殺生]은 인간 자신의 존엄성을 모든 뭇삶에게까지 확대 적용한 결과로 나타나는 윤리적인 덕목이다. 생명에는 실제로 인간, 동물, 곤충을 망라한 식물까지지도 포함된다. 그러나 식물은 제 몫을 다할 수 있는 의식의 결여로 제외될 수 있다. 불살생의 덕목에서 중요한 것은 살생하지 않는다는 것 이외에 적극적으로 모든 생명의 이익을 위해 그들의 행복을 도모하는 것이다.

[붓다] “생명을 살해하는 것을 피하고 생명을 살해하는 것을 삼간다. 몽둥이를 내려놓고 칼을 버리고 부끄러워하며 동정하며 모든 생명의 이익을 도모한다.”[200]

행위에는 의도가 수반된다. 중요한 것은 생명에 대한 의도적인 살해를 피하는 것이다. 살생에 수반되는 의도에는 탐욕, 성냄, 어리석음이 있을 수 있다. 그 가운데에서도 탐욕과 성냄이 수반되는 것이 더욱 심각하며 성냄이 수반되는 살생은 아주 잔인한 결과를 불러일으킬 수가 있다. 어리석음이 수반되는 살생은 의도적인 것이 약하므로 보다 덜하다. 생명을 살해하는 범주 가운데 자살은 살해의 의도가 없으므로 실제적인 살생은 아니지만 살생에 속한다고 볼 수 있다. 경전에서는 탐욕을 여의고, 성냄을 여읜 깨달은 자의 자살만을 허용했다. 그리고 살생의 질적 차이가 있는데 동물을 살해하는 것보다 인간을 살해한다든가 범부를 살해하는 것보다 아라한을 살해한다든가 부모를 살해하는 것이 죄가 더욱 무겁다. 이것은 생명의 정신적인 깊이와 자비심의 심도에 따라 도덕적

200) AN. V. 266 : pānātipātaṁ pahāya pānātipātā paṭivirato hoti nihitadaṇḍo nihitasattho lajjī dayāpanno sabbapāṇabhūtahitānukampī viharati.

무게를 부여한 것이라고 볼 수 있다.

② 주어지지 않은 것을 빼앗지 않는다는 것[不偸盜]이라는 윤리적 덕목에서 주어지지 않은 것이란 남이 정당하게 소유하고 있는 것을 말하며 빼앗지 말라는 것은 도둑질을 하지 말라는 의미이다.

[붓다] "주어지지 않은 것을 빼앗는 것을 버리고 주어지지 않은 것을 빼앗는 것을 삼간다. 마을이나 숲 속에서의 다른 사람의 부동산이나 동산이라면 무엇이든지 그 주어지지 않은 것을 도둑의 심보로 빼앗아서는 안 된다."[201]

주석서들 가운데 가장 많이 언급하고 있는 이 '주어지지 않은 것을 훔치는 것'으로 첫째는 도둑질로 남의 물건을 몰래 훔치는 것이며, 둘째 강도질로 위협이나 폭력으로 공개적으로 다른 사람의 소유를 빼앗는 것, 셋째 소매치기로 갑자기 다른 사람의 물건을 저항하기 전에 탈취하는 것, 넷째 사기행위로 남의 소유를 자신의 것이라고 주장하여 탈취하는 것, 다섯째 속임수를 쓰는 것으로 잘못된 저울이나 계량기를 써서 고객을 속여 이득을 취하는 것이다. 이러한 '주어지지 않은 것을 취하는 것'은 모두 탐욕이나 진에에 의해 수반되는 것이다. 대부분 탐욕이 우선적인 조건이 되지만 증오가 거기에 수반되기도 한다. 이럴 때는 그 업(業)의 결과가 더욱 무거워진다.

이렇게 '주어지지 않은 것을 훔치는 것'을 삼간다는 것의 적극적인 의미는 타인의 재산을 존중하고 그들이 사용할 권리를 인정하는 정직성이나 자신의 분수에 만족하는 만족감이며 보다 적극적

201) AN. V. 266 : adinnādānam pahāya adinnādānā paṭivirato hoti, yan taṁ parassa paravittūpakaraṇaṁ gāmagataṁ vā araññagataṁ vā, na tam adinnaṁ theyyasamkhātam ādata hoti.

으로는 자신의 부와 재산을 남을 위해 베푸는 보시의 정신을 키우는 것이다.

③ 사랑을 나눔에 있어 잘못을 범하지 않는 것[不邪婬]은 윤리적으로 재가의 신도들에게는 부부관계의 균열을 막고 원만한 관계를 유지하기 위한 것이다. 수행자들에게는 성적 욕망을 억제하는 청정행(淸淨行)의 독신생활을 유지하도록 하는 도덕적인 금계에 해당한다.

[붓다] "사랑을 나눔에 있어 잘못을 범하는 것을 버리고 사랑을 나눔에 있어 잘못된 행위를 삼간다. 어머니의 보호를 받고 있고 아버지의 보호를 받고 있고 형제의 보호를 받고 있고 자매의 보호를 받고 있고 친척의 보호를 받고 있거나 법의 보호를 받고 있거나 유부녀이거나 유죄를 선고받은 여자나 마지막으로 이미 약혼한 여자이거나, 이와 같은 여자와 관계를 맺어서는 안 된다."[202]

이 구절은 재가자가 불법적인 성적 관계를 맺어서는 안 된다는 것을 조목조목 명시하고 있다. 남자의 경우를 위주로 하고 있으나 남성이건 여성이건 모두에 해당한다. 아버지, 어머니, 친척, 형제, 자매의 보호를 받고 있는 여자는 그 후견인들의 동의 없이 결혼해서는 안 된다. 그밖에 법적으로 보호받고 있는, 예를 들어 나이 어린 여자나 친척 관계의 여자나 수녀나 비구니 등 독신생활을 맹세한 사람과의 성적 관계를 해서도 안 된다. 한편 사음은 본질적으로 감각적 쾌락의 욕망이며 탐욕을 수반하고 있다. 그러나 변태성욕일 경우에는 증오나 어리석음도 동시에 수반한다. 따라서 불사

202) AN. V. 266 : kāmesu micchācāraṁ pahāya kāmesu micchācārā paṭivirato hoti, yā tā māturakkhitā piturakkhitā bhāturakkhitā bhaginirakkhitā ñatirakkhitā dhammarakkh-itā sassāmikā saparidaṇḍā antamaso mālāguṇaparikkhittā pi, tathārūpāsu na cāritt-aṁ āpajjitā hoti.

음도 궁극적으로는 탐욕, 성냄, 어리석음의 소멸과 관계된다. 불사음에 대한 보다 적극적인 측면은 청정한 생활(梵行)을 실천하는 것이다.

6. 다섯 번째, 올바른 생활(正命)

올바른 생활은 '잘못된 생계를 버리고 올바른 생계를 도모하는 것이다'. 올바른 생활은 사회적인 것이다.

붓다는 이와 같이 말했다.

[붓다] "부끄러움이 없이 철면피하고 무례하고 대담하고 죄악에 오염된 사람의 생활은 쉽다. 부끄러움이 있고, 항상 청정을 구하고 방일함이 없이 겸손하여 청정한 생활을 영위하는 식견 있는 사람의 생활은 어렵다."[203]

올바른 생활의 개념은 속물적인 행동을 배제한다. 아리스토텔레스는 대무역, 독과점, 돈의 자본적 사용 등을 비난했다. 그는 그들을 도덕적 생활을 증진시키는 건전한 경제적 행위가 아니라 부도덕한 이재적(理財的) 행위라고 비난했다. 불교도 이러한 부도덕한 경제적 조작을 비난한다. 현대 자본주의의 이윤동기는 이타적인 서비스정신에 의한 것으로 대체되어야 한다. 불교의 자본윤리는 경제적 행위의 도덕적 표준인 이타주의에 의한 것이다. 더구나 불교에서 생활이라는 것은 궁극적으로 올바른 삼매에 들기 위한 준비단계에 불과하다.[204]

---

203) Dhp. 244～245 : sujīvaṁ ahirikena kākasūrena dhaṁsinā pakkhandinā pagabbhena saṁkiliṭṭhena jīvitaṁ hirīmatā ca dujjīvaṁ niccaṁ sucigavesinā alīnen'appagabbhena suddhājīvena passatā.

204) Varma, V. P., 『Early Buddhism and its Origins』 p.183

경전은 생계를 도모하는 방법으로 여법(如法)하게 재산을 모을 것을 말하고 있다.

[붓다] "장자여, 세상에서 선남자는 근면한 노력으로 얻고 완력으로 모으고 이마의 땀으로 벌어들인 여법한 원리로 얻어진 재산을 지닌다."205)

붓다는 구체적으로 다른 사람에게 해를 미치므로 피해야 할 다섯 가지의 여법하지 않은 직업에 관해서도 언급하고 있다.

[붓다] "수행승들이여, 재가신도는 이들 다섯 가지의 판매에 종사해서는 안 된다. 무엇이 다섯 가지인가? 무기의 판매, 생명의 판매, 고기의 판매, 술의 판매, 독극물의 판매이다."206)

여기서 생명의 판매에는 인신매매나 매춘을 위시한 인간에 해당되는 것이나 가축 등 동물의 판매를 뜻할 것이다.

그밖에 피해야 할 잘못된 생활로 경전에서 들고 있는 것으로 다음과 같은 것이 있다.

[붓다] "수행승들이여, 기만, 요설, 점성술, 점술, 고리 대부, 이것이 수행승들이여, 잘못된 생활이다."207)

올바른 언어나 올바른 행위를 수반하는 것이 올바른 생활이므로 당연히 올바르지 않는 삿된 생활은 기만, 요설 등의 잘못된 언어를 수반하며 무기판매, 인신매매 등의 잘못된 행위를 수반한다. 올바른 생활은 따라서 올바른 언어와 올바른 행위에 기반을 둔 직업적인 일에 종사하면서 생계를 유지하는 것이다. 특히 올바른 직업에 종사할 경우에 사용자는 피고용인에게 능력과 재능에 따라

---

205) AN. II. 69 : idha gahapati kulaputtassa bhogā honti uṭṭhānaviriyādhigatā bāhābalapa-ricitā sedāvakkhittā dhammikā dhammaladdhā.

206) AN. III. 208 : pañc'imā bhikkhave vaṇijjā upāsakena akaraṇīyā. katamā pañca? sat-thavaṇijjā, sattavaṇijjā, maṁsavaṇijjā, majjavaṇijjā, visavaṇijjā.

207) MN. III. 75 : kuhanā lapanā nemittakatā nippesikatā lābhena lābbaṁ nijigiṁsanatā, ayaṁ, bhikkhave, micchā-ājīvo.

일을 하게 하고 능력에 맞는 임금을 지불하고 몸에 병이 났을 때 치료해주고 이따금 기부금이나 상여금을 지불해야 한다. 그리고 피고용인은 부지런해서 게으름을 피우지 말아야 하며 사용자의 말을 잘 듣고 사용자를 속이지 말며 열성적이어야 한다.[208]

그러나 경제적 행위는 수단적인 실제에 불과하다. 일반적인 신도의 올바른 생활은 다음과 같다.

[붓다] "어머니와 아버지를 섬기고 아내와 자식을 돌보고 일을 함에 혼란스럽지 않은 것, 이것이야말로 더 없는 행복이다. 나누어주고 정의롭고 친지를 보호하고 비난받지 않는 행동을 하는 것, 이것이야말로 더 없는 행복이다."[209]

7. 여섯 번째, 올바른 정진(正精進)

올바른 정진은 건전하고 선한 힘은 물론 올바른 견해와 올바른 사유를 수반하는 도덕적 요인으로부터 나온다. 일반적인 선한 상태의 힘의 경우에는 그것이 생사윤회의 범주 안에서의 공덕을 쌓는 데 국한된다. 그러나 여덟 가지 고귀한 길의 계열 속에서의 선행적인 것을 수반으로 하는 정진의 힘은 오염된 마음을 해탈된 마음으로 바꾸는 역할을 한다.

이러한 올바른 정진에는 네 가지의 노력(四精勤)이 있다. 여기서 악하고 불건전한 상태[不善法]는 지양되고 착하고 건전한 상태[善法]를 실현시키는 것을 말한다. 악하고 불건전한 상태란 행위

---

208) DN. III. 190~191

209) Stn. 261~262 mātāpitu upaṭṭhānaṁ puttadārassa saṅgaho anākulā ca kammantā, etaṁ maṅgalaṁ uttamaṁ dānañ ca dhammacariyā ca ñātakānañ ca saṅgaho anavajjāni kammāni, etaṁ maṅgalaṁ uttamaṁ.

를 유발하건 유발하지 않건 간에 오염된 사유, 감정, 의도 등의 마음의 상태를 말하며 착하고 건전한 상태는 해탈로 이끄는 오염되지 않은 마음의 상태를 말한다. 궁극적으로 악하고 불건전한 것은 해탈에 장애가 되는 것으로 방지되고 버려져야 하는 속박의 연기에 속하며 착하고 건전한 것은 해탈에 도움이 되는 것으로 지속시키고 계발하여야 하는 자유의 연기에 속하는 것이다.

이러한 악하고 불건전한 상태가 정신의 집중과 있는 그대로의 깨달음을 방해하는 만큼 장애라고 불리며 거기에는 다섯 가지 장애(五障)가 있다.

① 감각적 쾌락의 욕망
② 성내는 분노
③ 해태와 혼침
④ 흥분과 회한
⑤ 매사의 의심[210]

앞의 두 가지 장애, 감각적 쾌락의 욕망과 성내는 분노는 대단히 강력한 것으로 선정이나 삼매의 수행에 가장 커다란 장애가 되는 것인데, 그것들은 탐욕과 성냄을 수반하고 있다. 다른 세 가지 장애는 비교적 덜하지만 장애적인 요소가 강한 것으로 어리석음을 수반하고 있다. 감각적 쾌락의 욕망은 두 가지로 해석된다. 일반적으로 색깔, 소리, 냄새, 맛, 감촉의 다섯 가지 감각의 장에서 일어나는 감각적 쾌락(五欲樂)을 말하지만 때로는 넓은 의미로 감각적인 쾌락뿐 아니라 부, 권력, 지위, 명예 등에서 발생하는 욕망

210) ① 愛貪 kāmacchanda, ② 惡意 byāpāda, ③ 昏寢睡眠 thīnamiddha, ④ 悼擧惡作 uddhac-cakukkucca, ⑤ 疑 vicikicchā.

도 의미한다. 두 번째의 장애인 성내는 분노는 첫 번째 장애와 다른 극단적 형태의 성냄을 수반하는 것으로 자신과 남에 대한 증오, 화냄, 원한, 혐한 등을 속성으로 한다. 세 번째 장애는 해태와 혼침이다. 해태는 정신적으로 아둔한 것을 의미하고 혼침은 마음이 무겁고 가라앉아 졸리는 것을 뜻한다. 네 번째의 장애는 흥분과 회한인데, 흥분은 마음의 들뜸, 불안정을 의미하고 회한은 걱정으로 과거에 대한 후회와 원하지 않았던 결과에 대한 근심을 뜻한다. 이것은 어리석음을 바탕으로 하고 있다. 다섯 번째 장애는 의심이다. 의심은 어리석음에 수반하는 상습적인 미결정과 미해결, 신뢰의 결여 등을 뜻한다. 경전에는 이들 다섯 가지 장애에 관해 재미있는 비유가 있다. 감각적 쾌락의 욕망은 다섯 가지 색깔로 물든 물에 비유되고, 분노는 부글부글 끓는 물에 비유되며, 해태와 혼침은 이끼가 낀 물, 흥분과 회한은 바람이 불어 파도치는 물, 매사의 의심은 혼탁한 흙탕물에 비유된다.[211] 그러므로 이러한 장애의 물을 버리고 명경지수와 같은 마음의 상태가 되지 않으면 안 된다.

① 제어에 의한 노력[212]은 아직 생겨나지 않은 악하고 불건전한 상태의 발생을 방지하는 것을 말한다.

[붓다] "수행승들이여, 여기 수행승은 아직 생겨나지 않은 악하고 불건전한 상태들이 생겨나지 않도록 의욕을 일으키고 노력하고 정근하고 마음을 책려하고 정진한다."[213]

---

211) AN. V. 193

212) 律儀勤 saṁvarappadhāna

213) AN. II. 15 : idha bhikkhave bhikkhu anuppannānaṁ akusalānaṁ pāpakānaṁ dhammānaṁ anuppādāya chandaṁ janeti vāyamati viriyam ārabhati cittaṁ paggaṇhāti padahati.

마음의 장애는 정신적인 흐름 속에 지속되지만 감각적 체험의 유입을 통해서 활성화된다. 감각적인 체험은 감각자료, 즉 시각자료(色), 청각자료(聲), 후각자료(香), 미각자료(味), 접촉자료(觸)로 구성된다. 이러한 감각자료들은 의식에 의존하는 감각과 만나게 된다. 이때 의식이 함께 수반하면서 감각자료는 지속되고 평가되고 적절한 반응을 일으킨다. 의식이 그러한 자료적인 인상을 주의깊고 이치에 맞는 정신활동(如理作意)하지 않으면 감각자료는 불건전하고 다듬어지지 않은 상태로 오염되어 진행된다. 이러한 오염의 경향성은 감각대상에 따라서 규정된다. 매력적인 대상은 탐욕, 혐오적인 대상은 성냄, 중성적인 대상은 어리석음을 수반하는 오염을 일으킨다.

그래서 붓다는 이러한 오염을 제거하기 위해 감관의 제어[214]에 관해 다음과 같이 설명하고 있다.

[붓다] "수행승들이여, 어떤 것이 감관의 제어인가? 수행승들이여, 여기 수행승들이 시각으로 형상을 보되 그 인상을 취하지 않고 그 특징을 취하지 않는다. 그 이유는 그 시각의 기관을 제어하지 않으면 탐욕와 근심과 악하고 불건전한 상태가 유입되기 때문이다. 그것을 막기 위해 수행하고 시각의 기관을 보호하고 시각의 기관을 제어하는 것이다."[215]

경전에서는 다른 모든 감각기관에 대해 동일한 설명이 반복된다. 그런데 여기서 '시각으로 형상을 보되 그 인상을 취하지 않고 그 특징을 취하지 않는다[216]'는 말은 감관의 제어가 무엇인지를

214) 根律儀 indriyasaṁvara
215) AN. II. 16 : katamañ ca bhikkhave saṁvarappadhānaṁ? idha bhikkhave bhikkhuno cakkhunā rūpaṁ disvā na nimittaggāhī hoti nānuvyañjanaggāhī hoti yatvādhikaraṇam enaṁ cakkhundriyaṁ asaṁvutaṁ viharantaṁ abhijjhādomanassā pāpakā akusalā dhammā anvassaveyyum ; tassa saṁvarāya patipajjati rakkhati cakkhundriyaṁ cakkhundriye saṁvaraṁ āpajjatī.

해결해주는 중요한 열쇠가 된다. 인상이란 말은 대상의 겉모습이고 특징은 사소한 특징을 의미한다. 정형화된 연기에 의하면 의식은 항상 감각영역에 수반되므로 감관이 잘 제어되지 못하면 의식은 무모하게 흐르면서 사물의 겉모습에 끄달려 탐욕·성냄·어리석음의 오염을 야기시키고 사소한 특징을 조작하여 희론에 의한 오염을 증폭시키며 악하고 불건전한 상태를 유발시키는 것이다. 따라서 감관의 제어는 필수적인 것이다.

② 버림에 의한 노력[217]은 이미 일어난 악하고 불건전한 상태를 버리는 것을 말한다.

[붓다] "이미 생겨난 악하고 불건전한 상태들을 제거하기 위하여 의욕을 일으키고 노력하고 정근하고 마음을 책려하여 정진한다."[218]

감관을 제어하고 아직 생겨나지 않은 장애들을 극복하였더라도 과거의 업으로부터 유래된 악하고 불건전한 사유가 남아 있게 마련이다. 이러한 것을 극복하기 위해 바로 이 두 번째의 정진이 필요한 것이다. 이 노력을 '버림에 의한 노력'이라고 한다. 경전은 이것이 무엇인가 좀 더 구체적으로 다음과 같이 설명하고 있다.

[붓다] "수행승들이여, 무엇이 버림에 의한 노력인가? 여기에 수행승들이여, 한 수행승이 있어 이미 생겨난 감각적 쾌락의 욕망에 대한 사유들, 이미 생겨난 분노에 대한 사유들, 모든 이미 생겨난 폭력적 사유들의 악하고 불건전한 상태들을 수용하지 않고 버리고 제거하고 파괴하고 없애는 것이다."[219]

---

216) AN. II. 16 : cakkhunā rūpaṁ disvā na nimittaggāhī hoti, nānuvyañjanaggāhī hoti
217) 斷勤 pahānappadhāna
218) AN. II. 15 : uppannānam pāpakānam akusalānaṁ dhammānam pahānāya chandaṁ janeti vāyamati viriyaṁ ārabhati cittaṁ paggaṇhāti padahati.

모든 이미 생겨난 악하고 불건전한 상태에는 앞서 언급한 다섯 가지의 정신적 장애가 포함된다. 경전에 의하면 이러한 장애에 대처하는 방법은 병에 맞게 약을 쓰는 것처럼 각각의 경우에 맞게 주어져야 한다. 다섯 가지 장애는 탐욕·성냄·어리석음에서 생겨난 것이므로 그 조건을 소멸시킴으로써 장애를 제거할 수 있다. 『맛지마니까야』에 따르면 악하고 불건전한 오염된 사유는 그와 대치되는 착하고 건전한 사유에 의해 제거될 수 있다.

[붓다] "그 악하고 불건전한 인상과는 다른, 착하고 건전한 어떤 인상에 관련된 정신활동을 일으키면, 탐욕과 관련되고, 성냄과 관련되고, 어리석음과 관련된, 악하고 불건전한 사유들이 버려지고 사라진다. 그것들이 버려지면 안으로 마음이 확립되고 가라앉고 통일되고 집중된다."220)

그러나 여기서 중요한 것은 악하고 불건전한 사유를 없애는 것은 착하고 건전한 것에 대한 숙고를 통해 없어지지만 궁극적으로는 착하고 건전한 것에 대한 사유마저 소멸되어야 한다는 사실이다. 그래서 착하고 건전한 것으로 악하고 불건전한 것을 대치하는 것은 마치 능숙한 미장이나 그 도제가 '작은 쐐기로 큰 쐐기를 제거하는 것221)'과 같다고 했다. 궁극적으로는 그 착하고 건전한 것도 소멸되어야 하는 것이다.

이러한 이미 생겨난 다섯 가지 장애의 극복을 위한 방법으로 다

219) AN. II. 16 : katamañ ca bhikkhave pahānappadhānaṁ? idha bhikkhave bhikkhu uppannaṁ kāmavitakkaṁ … uppannaṁ vyāpādavitakkaṁ … uppannaṁ vihiṁsāvitakkaṁ … uppannuppanne pāpake akusale dhamme nādhivāseti pajahati vinodeti vyantikaroti anabhāvaṁ gameti.

220) MN. II. 119 : tassa tamhā nimittā aññaṁ nimittaṁ manasikaroto kusalūpasaṁhitaṁ ye pāpakā akusalā vitakkā chandūpasamhitā pi dosūpasamhitā pi mohūpasaṁhitā pi te pahīyanti te abbhatthaṁ gacchanti, tesaṁ pahānā ajjhattam eva cittaṁ santiṭṭhati sannisīdati ekodihoti samādhiyati.

221) MN. II. 119 : sukhumāya āṇiyā olārikaṁ āṇiṁ abhinihaneyya.

음과 같은 방법이 있다. 탐욕과 성냄, 또는 감각적 쾌락의 욕망과 분노 등은 자비에 대한 명상을 통해 제거될 수 있다. 해태와 혼침은 빛나는 광명체에 대한 시각화, 활발한 행선(行禪)의 수행, 죽음에 대한 명상[222], 또는 단지 정진을 지속할 확고한 결심을 하는 것을 통해서 제거될 수 있다. 흥분과 회한은 마음을 전환해서 관심 있는 대상에 주의를 기울이고 산란한 마음을 가라앉힘으로써 제거되거나 숨을 들이쉬고 내쉬는 것에 주의를 기울임으로써 소멸될 수 있다. 매사의 의심은 질문이나 탐구나 학습을 통해 해결될 수 있다.[223]

이미 생겨난 악하고 불건전한 상태의 장애를 몰아내려면, 첫 번째로 위와 같이 일대일대응의 대치법(對治法)을 사용하고, 두 번째로 부끄러움(懺)과 창피함(愧)[224]이란 도덕적인 양심으로 바람직하지 못한 악하고 불건전한 생각을 포기하는 것이다. 세 번째 방법은 악하고 불건전한 생각이 일어날 때 관심의 방향을 바꾸어 버리는 것이다. 네 번째 방법은 관심의 방향을 바꾸는 것이 아니라 정면으로 돌파해서 그 상태의 속성과 그 원인을 조사해보는 것이다. 그러면 그러한 마음의 상태는 소멸한다. 다섯 번째 방법은 의지의 힘으로써 억제함으로써 악하고 불건전한 상태를 극복하는 것이다.[225] 이러한 다섯 가지 방법으로 우리는 마음의 노예가 아

---

222) maraṇānussati : 죽음에 대한 觀察을 말한다.

223) Nyanaponika, 『The Five Mental Hindrances and their Conquest』(Kanky : Buddhist Publication Society, 재연스님 옮김, 서울 : 고요한 소리, 1989. 참조

224) hirī-ottappa : 慚愧, 中村元 佛敎語大辭典 499에 따르면, 慚은 마음속으로 罪를 부끄러워하는 것이고 愧는 자신의 罪를 타인에게 告白하여 부끄러워하는 것이다. 또는 慚은 스스로 罪를 짓지 않는 것이고 愧는 타인을 가르쳐 罪를 짓지 않게 하는 것이라든가 慚은 자신의 觀察을 통해 罪를 부끄러워하는 것이고 愧는 타인의 觀察에 대하여 자신을 부끄럽게 생각하는 것이라든가, 그밖에 慚은 타인의 德을 敬慕하는 것이고 愧는 스스로의 罪를 두려워하는 것이라든가, 慚은 사람에 대하여 부끄러워하는 것이고 愧는 하늘에 대하여 부끄러워하는 것이라는 解釋들이 있다.

225) Bodhi Bhikkhu, 『The Noble Eightfold Path』 pp. 77~78

니라 그 주인이 될 수 있다. 이러한 상태는 악하고 불건전한 마음의 상태를 소멸시키는 과정에서 나타나는 자유라고 볼 수 있다. 우리는 그것을 적극적으로 실천함으로써 무엇이든지 생각하고자 하는 것을 생각할 수 있고 무엇이든지 생각하고 싶지 않은 것은 생각하지 않음으로써 악하고 불건전한 상태를 소멸시킬 수 있다.

③ 수행에 의한 노력[226]은 아직 일어나지 않은 착하고 건전한 상태를 일으키는 것을 말한다.

[붓다] "아직 일어나지 않은 착하고 건전한 상태를 일으키기 위하여 의욕을 일으키고 노력하고 정근하고 마음을 책려하여 정진한다."[227]

올바른 정진은 악하고 불건전한 상태의 제거를 통해서 아직 일어나지 않은 착하고 건전한 상태의 계발한다. 이것을 수행에 의한 노력이라고 한다. 수행은 다양한 측면을 가지지만 경전에서 특히 일곱 가지 깨달음의 고리[228]를 들고 있다.

[붓다] "수행승들이여, 무엇이 수행에 의한 노력인가? 수행승들이여, 이 세상에서 수행승은 멀리 여읨에 기초하고 사라짐에 기초하고 소멸에 기초하고 완전히 버림으로 열반으로 회향하는 새김의 깨달음 고리, 탐구의 깨달음 고리, 정진의 깨달음 고리, 희열의 깨달음 고리, 안온의 깨달음 고리, 집중의 깨달음 고리, 평정의 깨달음 고리를 수행한다."[229]

---

226) 修勤 bhāvanāppadhāna.

227) AN. II. 15 : anuppannānaṁ kusalānaṁ dhammānaṁ uppādāya chandaṁ janeti vāyamati viriyaṁ ārabhati cittaṁ paggaṇhāti padahati.

228) 七覺支 : satta bojjhaṅgā

229) AN. II. 16 : katamañ ca bhikkhave bhāvanappadhānam? idha bhikkhave bhikkhu satisambojjhaṅgaṁ … dhammavicayasambojjhaṅgaṁ … viriyasambojjhaṅgaṁ … pītisambojjhaṅgaṁ … passaddhisambojjhaṅgaṁ … samādhisambojjhaṅgaṁ … upekhā-

이 깨달음의 고리들은 깨달음의 조건이 되면서 궁극적으로 깨달음의 그 속성이 되는 것들이다. 깨달음의 길은 새김의 깨달음 고리를 출발로 해서 시작된다. 새김은 장애들이 제거되고 일체의 선입견이 소멸되어 현재의 시점, 지금 여기에서 사물에 대해 관찰하는 것을 의미하는 깨달음의 고리이다. 이 새김에 의한 사물의 관찰은 기본적으로 수동적인 인식의 측면을 강하게 갖고 있으며, 탐구의 깨달음 고리는 능동적인 인식의 측면을 강하게 갖고 있다. 그리하여 올바른 길을 알게 되면 정진력을 얻게 되는 정진의 깨달음 고리를 이룰 수 있게 된다. 정진이 진행되면, 기쁨이 등장하는데 이를 희열의 깨달음 고리라고 한다. 기쁨은 점차로 형성되어 정점에 달하면 지복의 파도가 몸과 마음을 감싸면서 안정되어 몸과 마음에 괴로움이 없고 평안한 안온의 깨달음 고리에 도달한다. 이러한 정신의 집중이 깊어지게 되면 결국 깨달음의 마지막 고리가 되는 마음의 평정을 의미하는 평정의 깨달음 고리에 이른다. 이러한 깨달음에 수반되는 요소들은 곧, 아직 일어나지 않은 착하고 건전한 가르침으로서 수행되어야 할 것들이다.

④ 수호에 의한 노력[230]은 이미 생겨난 착하고 건전한 상태를 유지하는 것을 말한다.

[붓다] "이미 생겨난 착하고 건전한 상태를 유지하여 잊어버리지 않고 증가시키고 성장하게 하며 충만하도록 의욕을 일으키고 정근하고 마음은 책려하여 정진한다."[231]

---

sambojjhaṅgaṁ bhāveti vivekanissitaṁ virāganissitaṁ nirodhanissitaṁ vossaggapariṇāmiṁ; ① 念覺分 satisambojjhaṅga, ② 擇法覺分 dhammavicayasambojjhaṅga, ③ 精進覺分 viriyasambojjhaṅga, ④ 喜覺分 pītisambojjhaṅga, ⑤ 輕安覺分 passaddhisambojjhaṅga, ⑥ 定覺分 samādhisambojjhaṅga, ⑦ 捨覺分 upekhāsambojjhaṅga.

230) 守護勤 anurakkhaṇāppadhāna.

231) AN. II. 15 : uppannānaṁ kusalānaṁ dhammānaṁ ṭhitiyā asammosāya bhiyyobhāvā-

이 수호에 의한 정진은 정신의 집중을 통해 나타나는 괴로움의 거룩한 진리를 상기시키는 지각의 인상(印象=現相)[232]을 수호함으로써 이루어진다.

[붓다] "수행승들이여, 무엇이 수호에 의한 정진인가? 수행승들이여, 이 세상에서 수행승은 이미 생겨난 착하고 건전한 삼매(三昧)의 특징, 즉 해골과 뼈로 구성된 시체에 대한 지각, 벌레들이 모여 우글거리는 시체에 대한 지각, 푸르게 멍든 어혈을 지닌 시체에 대한 지각, 고름이 가득 찬 시체에 대한 지각, 부패해서 갈라진 시체에 대한 지각, 부풀어 오른 시체에 대한 지각을 수호한다."[233]

경전에서 이미 생겨난 깨달음의 요소를 수호하기 위한 정진으로 이러한 존재의 궁극적인 괴로움, 즉 죽음에 수반되는 현실의 처참함을 강조하는 것은 불교가 염세적인 종교로서가 아니라 대자유의 종교로서 본질적으로 존재의 속박을 싫어하여 떠나 그것에서 벗어나 완전한 자유와 해탈을 도모하기 때문이다.

---

ya vepullāya bhāvanāya pāripūriyā chandaṁ janeti vāyamati viriyaṁ ārabhati cittaṁ paggaṇhāti padahati.

232) nimitta : 印象, 記號, 特徵, 겉모습, 根據, 理由, 原因 등의 뜻을 갖고 있다.

233) AN. II. 17 : katamañ ca bhikkhave anurakkhanappadhānaṁ? idha bhikkhave bhikkhu uppannaṁ bhaddakaṁ samādhinimittaṁ anurakkhati aṭṭhikasaññaṁ puḷavakasaññaṁ vinīlakasaññaṁ vipubbakasaññaṁ vicchiddakasaññaṁ uddhumātakasaññaṁ; ① 骨想 aṭṭhikasañña, ② 蟲啖想 puḷavakasañña, ③ 青瘀想 vinīlakasañña, ④ 膿爛想 vipubbakasañña, ⑤ 穿孔想 vicchiddakasañña, ⑥ 膨脹想 uddhumātakasañña.

8. 일곱 번째, 올바른 새김(正念)

올바른 새김은 마음이 지금 여기에 현존하는 것이며 분별적인 사유나 숙고에 휩싸이지 않고 일어나는 사건을 관찰하는 것이다. 그런데 이러한 상태는 무조건적으로 성립되는 것이 아니라 올바른 정진의 힘으로 가능한 것이다. 또한 올바른 정진은 팔정도에서 다른 선행하는 도덕적 계기들이 어느 정도 충족될 때에 이루어질 수 있는 것이다. 올바른 새김의 과정은 올바른 도덕적 관계로 열려진 마음을 통해 고요하고 민첩하게 현존하는 대상을 지각하는 것이다. 그때 모든 판단적인 사유나 해석적인 숙고는 인지되자마자 버려진다. 마음은 확고하게 지금 여기에 있어야 한다.

그러나 일반적인 생성과정에서의 의식은 현재의 주어진 지각현상과 더불어 인식과정이 시작되면서 단순히 거기에 머무는 것이 아니라 사유와 숙고에 의해 개념적으로 확산되어 간다. 원래의 대상은 개념적으로 확산된 희론적 지각현상에 의해 오염되어 버린다. 그렇게 되면 현존하는 대상은 희론의 구름 속에 비치는 희미한 달처럼 보이게 된다. 이러한 인식과정을 소멸시켜 청정하게 할 때에 비로소 올바른 새김이 성립하며 그것은 대상을 있는 그대로 개현시킨다.

새김을 실천함으로써 우리는 마음의 활동을 일으키게 하지 않고 평정하게 하는 멈춤(止 samatha)과 사물을 있는 그대로 곧바로 알고 또한 보는 통찰(觀 vipassana)을 촉진시킨다. 모든 의도나 사유는 직접적인 체험을 방해하는 장애로서 작용한다. 이러한 것이 소멸됨으로써 새김 속에서 대상은 있는 그대로 개현된다. 그렇다고 해서 새김은 그냥 수동적인 관찰로만 머무는 것이 아니다. 오히려 새김은 강력한 기능을 발휘한다. 그것은 우리를 현실 속에

닻을 내리게 하며 사유작용과 더불어 존재하지 않는 시간 속에 방황하지 않게 한다. 새김이 없는 마음은 호박에 비유되고 새김을 수반하는 마음은 돌에 비유된다. 호박은 수면 위를 떠다니지만 돌은 물 밑바닥에 이를 때까지 가라앉는다. 이처럼 강한 새김을 수반하는 마음은 대상의 인상이나 겉모습 속에서 떠돌지 않고 대상을 꿰뚫어서 있는 그대로의 대상을 통찰하는 기반을 제공한다.[234)]

『새김의 토대에 대한 대경[235)]』에서 올바른 새김에 대한 정의는 올바른 정진을 조건으로 하는 네 가지 새김의 토대[236)]와 함께 주어져 있다.

[붓다] "무엇이 네 가지 새김의 토대인가? 수행승들이여, 여기 한 수행승이 있어 열심히 노력하고 분명히 알아차리고 올바로 새겨 세상의 욕망과 근심을 버리며 신체에 대해 신체의 관찰한다. 열심히 노력하고 분명히 알아차리고 올바로 새겨 세상의 욕망과 근심을 버리며 느낌에 대해 느낌을 관찰한다. 열심히 노력하고 분명히 알아차리고 올바로 새겨 세상의 욕망과 근심을 버리며 마음에 대해 마음을 관찰한다. 열심히 노력하고 분명히 알아차리고 올바로 새겨 세상의 욕망과 근심을 버리며 사실에 대해 사실을 관찰한다."[237)]

이러한 네 가지 새김의 토대는 올바른 정진을 수반하며 분명히

---

234) Bodhi Bhikkhu,『The Noble Eightfold Path』p.86

235) 大念處經 Mahāsatipaṭṭhānāsutta : DN. II. 298

236) 四念處 cattaro satipaṭṭhānā : 念處의 處의 어원은 paṭṭhāna인데 '發趣, 出發'라는 뜻을 지니고 있다. 그래서 念處는 '새김의 出發'이라는 뜻인데, 그렇게 번역하면 그 構成內容을 분류할 때에 말이 어색해지므로 '새김의 土臺'라고 번역한다.

237) DN. II. 298 : katame cattāro? idha bhikkhave bhikkhu kāye kāyanupassī viharati ātāpī sampajāno satimā, vineyya loke abhijjhādomanassaṁ vedanāsu vedanānupassī viharati ātāpī sampajāno satimā, vineyya loke abhijjhādomanassaṁ citte cittānupassī viharati ātāpī sampajāno satimā, vineyya loke abhijjhādomanassaṁ dhammesu dhammānupassī viharati ātāpī sampajāno satīmā, vineyya loke abhijjhādomanassam.

알아차리고 올바로 새기는 것을 본질로 하고 있는데, 그것은 세상의 욕망과 근심을 버리고 열반을 깨닫는 길이다. 붓다는 이와 같이 말하고 있다.

[붓다] "새김의 토대는 곧 뭇삶을 청정하게 하고 슬픔과 비탄을 뛰어넘게 하고 고통과 근심을 소멸하고 올바른 길에 들어서게 하고 열반을 깨닫게 하는 하나의 길이다."[238)]

이러한 새김의 네 가지 가운데 첫 번째는 신체에 관한 것이고 나머지는 주로 정신과 관계되는 것이다. 신체에 대한 관찰이 순차적으로 다른 것에 우선하며 느낌을 비롯한 마음의 관찰의 조건을 형성하고 끝으로 사실에 대한 관찰을 통해 새김이 완성된다. 이 과정에서 관찰은 내적으로 외적으로 그리고 내외적으로, 즉 공간적으로 수행될 뿐만 아니라 생성적으로 소멸적으로 그리고 생멸적으로, 즉 시간적으로 수행된다.[239)]

1) 신체에 대한 관찰

신체에 대한 관찰[240)]을 행할 때 가장 직접적으로 주어지는 것은 호흡에 의한 몸의 움직임이다. 붓다는 호흡을 미세신(微細身)이라고 불렀다. 그래서 호흡새김[241)]이 신체에 대한 관찰의 기본적인 토대를 이룰 뿐만 아니라 명상의 근본적 토대[242)]라고 불린다. 호흡새김은 단지 신체적인 훈련이 아니라 완전한 깨달음의 상태

---

238) DN. II. 290 : ekāyano ayaṁ bhikkhave maggo sattānaṁ visuddhiyā sokapariddavānaṁ samatikkamāya dukkhadomanassānam atthagamāya ñāyassa adhigamāya nibbānassa sacchikiriyāya, yadidaṁ cattāro satipaṭṭhānā

239) 內外 ajjhattabahiddha, 生滅 samudayavaya은 각각 공간, 시간을 의미한다.

240) 身隨觀 : kāya-anupassanā

241) 安槃念 : ānāpānasati

242) 根本業處 mūlakammaṭṭhāna : 呼吸에 대한 새김이나 呼吸에 대한 觀察은 冥想에서 가장 重要한 要素이다.

를 이끄는 기반이다.

[붓다] "호흡에 관한 새김을 닦고 익히면, 네 가지 새김의 토대를 원만히 하고, 네 가지 새김의 토대를 닦고 익히면, 일곱 가지 깨달음의 고리를 원만히 하고, 일곱 가지 깨달음의 고리를 닦고 익히면, 명지(明智)에 의한 해탈을 원만하게 한다."[243]

호흡에 관한 관찰 내지 새김을 실천하려면 우선 숲 속의 나무 밑이나 한적한 곳에서 가부좌를 하고 몸을 곧게 세우고 새김을 현전하도록 해야 한다. 『맛지마니까야』의 「호흡새김의 경」에 의하면 호흡에 대한 새김은 네 가지의 기본적 단계를 갖고 있다.[244]

① 처음 두 가지는 긴 들숨과 날숨을 일어나는 대로 관찰하는 것과 짧은 들숨과 날숨을 일어나는 대로 관찰하는 것이다. 단지 숨이 들고나는 것을 그 길고 짧음을 알아채면서 관찰하는 것이다.

② 새김이 점점 깊어지면 들숨과 날숨의 시작에서 경과와 종말에 이르기까지의 전 과정을 관찰할 수 있다.

③ 전신을 분명히 지각하면서 호흡하게 되며

④ 육체적인 기능이 고요해지면서 호흡이 극도로 미세하고 청정하게 된다. 경전은 그밖에 정신적인 상태와 관련된 호흡새김의 수행에 관하여도 언급하고 있다. 호흡의 관찰은 육체적인 것에 국한되지 않고 모든 새김의 토대나 깨달음의 고리 등의 정신적 것과 함께 닦아야 한다.

그리고 또한 몸에 관한 관찰로서 잘 알려진 것은 몸의 정태적, 동태적 활동에 관한 것이다. 기본적으로 ① 걷거나 ② 서 있거나 ③ 앉거나 ④ 자거나 ⑤ 깨어 있거나 ⑥ 말하거나 ⑦ 침묵할 때나

243) MN. III. 82 : ānāpānasati, bhikkhave, bhāvitā bahulīkatā cattāro satipaṭṭhāne paripūr-eti ; cattāro satipaṭṭhānā bhāvitā bahulīkatā satta bojjhaṅge paripūrenti ; satta bojjhaṅgā bhāvitā bahulīkatā vijjāvimuttiṁ paripūrenti

244) 安槃念經 Ānāpānasatisutta : MN. no. 118., MN. III. 78~88.

어떠한 상태에 있을지라도 주의 깊게 세밀히 관찰하는 것이다.[245)]

걸을 때는 걷는다고 분명히 알고 서 있을 때는 서 있다고 분명히 알며 자세를 바꿀 때는 바꾼다고 분명히 안다. 이러한 관찰을 통해 몸은 자아나 자아의 소유가 아니며 단지 의도라는 조건에 따라 작용하는 존재인 것을 알게 된다. 그리고 가거나 오거나 앞을 보거나 옆을 보거나 굽히거나 펴거나 옷을 입거나 먹고 마시거나 대소변을 보거나 잠들거나 깨거나 말하거나 침묵하거나 그러한 과정에 대한 바른 알아차림[246)]을 통해 관찰하는 것이다.

또한 신체에 대한 관찰로 중요한 것은 몸의 실재적인 모습을 분석적으로 마음에 새기는 일이다. 그 가운데는 피부로 덮인 여러 더러운 것으로 가득 찬 신체의 각 부분이나 장기에 대한 관찰, 땅, 물, 불, 바람으로 구성된 신체에 대한 관찰 및 무덤에 버려진 사체에 대한 관찰이 있다. 이러한 더러운 것으로 가득 찬 신체에 대한 관찰은 갈애에 수반되는 육체적 쾌락이나 성적 충동을 제어하고 소멸시키는 데 중요한 역할을 한다. 이러한 부정관(不淨觀)은 몸을 매력적인 것이라 감각적으로 인식하는 지각의 토대를 무너뜨림으로써 육체적인 쾌락의 욕구를 소멸시킬 수 있다.

감각적 쾌락의 욕구는 지각을 조건으로 한다. 육체적인 매력은 피상적인 관점에서 유래하며 부정관은 사실에 대한 관찰을 토대로 한다. 경전에서는 마치 두 개의 구멍을 가진 부대자루에 여러 가지 곡물이 들어 있듯이 이 신체를 32가지의 부정물 — ① 머리카락 ② 몸털 ③ 손톱 ④ 이빨 ⑤ 피부 ⑥ 살 ⑦ 근육 ⑧ 뼈 ⑨ 골수 ⑩ 신장 ⑪ 심장 ⑫ 간장 ⑬ 늑막 ⑭ 비장 ⑮ 폐 ⑯ 창자 ⑰

---

245) DN. II. 292 참조 : ① gate, ② ṭhite, ③ nisinne, ④ sutte, ⑤ jāgarite, ⑥ bhāsite, ⑦ tuṇhibhāve.

246) 正知所作 sampajānakārī : 주의를 기울여 바르게 알아차리는 것을 말한다. 經典에서 vipassana와 함께 登場하는 말이다.

장간막 ⑱ 위물 ⑲ 배설물 ⑳ 뇌수 ㉑ 담즙 ㉒ 점액 ㉓ 고름 ㉔ 피 ㉕ 땀 ㉖ 지방 ㉗ 눈물 ㉘ 임파액 ㉙ 침 ㉚ 콧물 ㉛ 관절액 ㉜ 오줌 — 로 가득 차있는 부대자루처럼 하나하나씩 그 내용물을 열거하면서 분석적으로 그 더러움을 관찰할 것을 권하고 있다.[247] 이러한 수행의 과정은 혐오감을 함축하는 분노를 생성시키는 데 있는 것이 아니라 감각적인 쾌락으로부터 싫어하여 떠나 그 조건을 소멸시켜 마침내 존재의 속박에서 해탈하기 위한 것이다.

또 다른 신체에 대한 관찰방법으로는 네 가지의 비인격적인 원소인 땅, 물, 불, 바람(地水火風)의 사대로써 분석하여 관찰하는 것이다. 경전은 숙련된 도살자가 소를 도살해서 사거리에 부분 부분을 나누어놓는 것같이 신체의 부분을 지수화풍의 네 가지 요소로 분류해서 관찰하는 것이다. 『맛지마니까야』의 「코끼리 발자취의 비유에 대한 큰 경[248]」에서는 우리의 신체는 내부적인 지수화풍으로 구성되고 있고 일반적인 지수화풍은 외부적인 것으로 나눔으로써 순환적인 생태구조를 보여주고 있다.

[붓다] "① 내부에 각각 거칠고 견고한 것이나 그것에서 파생된 것으로 예를 들어 머리카락, 털, 손톱 등과 기타의 개체적이고 거칠고 견고한 것이나 그것에서 파생된 것 모두 내부적인 땅의 세계이며 ② 내부에 각각 액체나 액체적인 것이나 그것에서 파생된 것으로 예를 들어 담즙, 점액, 고름, 피 등의 각각 액체나 액체적인 것이나 그것에서 파생된 것은 모두 내부적인 물의 세계이며 ③ 내

247) DN. II. 294~295 : ① kesa, ② loma, ③ nakha, ④ danta, ⑤ taco, ⑥ maṃsaṃ, ⑦ nahāru, ⑧ aṭṭhi, ⑨ aṭṭhimiñja, ⑩ vakkaṃ, ⑪ hadayaṃ, ⑫ yakanaṃ, ⑬ kilomakaṃ, ⑭ pihakaṃ, ⑮ papphāsaṃ, ⑯ antaṃ, ⑰ antagunaṃ, ⑱ udariyaṃ, ⑲ karīsaṃ, ⑳ matthaluṅgaṃ, ㉑ pittaṃ, ㉒ semhaṃ, ㉓ pubba, ㉔ lohitaṃ, ㉕ seda, ㉖ medo, ㉗ assu, ㉘ vasā, ㉙ khelo, ㉚ siṅghānikā, ㉛ lasikā, ㉜ muttaṃ. 그런데 경장에서는 ⑳ 뇌수가 빠져있는데 그 이유는 ⑨ 골수에 포함되어 있기 때문이다.

248) 象跡喩大經 Mahāhatthipadopamasutta : MN. no. 28.

부에 각각 불이나 에너지적인 것이나 그것에서 파생된 것으로 예를 들어 열, 노쇠, 소화, 먹고 마시고 씹고 맛보는 현상 등을 수반하는 각각 불이나 에너지적인 것이나 그것에서 파생된 것은 모두 내부적인 불의 세계이며 ④ 내부에 각각 기체나 기체적인 것이나 그것에서 파생된 것으로 예를 들어 상향풍, 하향풍, 위주풍, 하복주풍, 지체순환풍, 입식풍, 출식풍 등의 각각 기체나 기체적인 것은 모두 내부적인 바람의 세계이다.[249]

이러한 내부적인 원소들은 무상한 외부적인 것에서 유래하였으며 신체가 죽은 뒤에 다시 흩어져 외부로 돌아간다. 이러한 신체에 대한 관찰은 다음과 같은 인식을 가져온다.

[붓다] "벗이여, 그 외부적인 땅의 세계가 위대할지라도 무상한 것이 틀림없으며 소멸하는 것이 틀림없으며 괴멸하는 것이 틀림없으며 변화하는 것이 틀림없는데, 하물며 이 갈애에 집착된 조그마한 육체에 '나' 또는 '나의 것' 또는 '나는 있다'고 말할 수 있는가? 결코 없는 것이다."[250]

---

249) MN. I. 185 ① katamā c'āvuso ajjhattikā paṭhavīdhātu: yaṃ ajjhattaṃ paccattaṃ kakkhaḷaṃ kharigataṃ upādiṇṇaṃ, seyyathīdaṃ kesā nakhā dantā … yaṃ vā pan' aññaṃ pi kiñci ajjhattaṃ paccattaṃ kakkhaḷaṃ kharigataṃ upādiṇṇaṃ, ayaṃ vucct'āvuso ajjhattikā paṭhavīdhātu. ② katamā c'āvuso ajjhattikā āpodhātu: yaṃ ajjhattaṃ paccattaṃ āpo āpogataṃ upādiṇṇaṃ, seyyathīdaṃ pittaṃ semhaṃ pubbo … yaṃ vā pan' aññaṃ pi kiñci ajjhattaṃ paccattaṃ āpo āpogataṃ upādiṇṇaṃ, ayaṃ vucct'āvuso ajjhattikā āpodhātu.① katamā c'āvuso ajjhattikā tejodhātu: yaṃ ajjhattaṃ paccattaṃ tejo tejogataṃ upādiṇṇaṃ, seyyathīdaṃ yena ca santappati yena ca jiriyati yena ca pariḍayhati yena ca asitapītakhāyitasāyitaṃ sammā pariṇāmaṃ gacchati, yaṃ vā pan' aññaṃ pi kiñci ajjhattaṃ paccattaṃ tejo tejogataṃ upādiṇṇaṃ, ayaṃ vucct' āvuso ajjhattikā tejodhātu.① katamā c'āvuso ajjhattikā vāyodhātu: yaṃ ajjhattaṃ paccattaṃ vāyo vāyogataṃ upādiṇṇaṃ, seyyathīdaṃ uddhaṃgamā vātā, adhogamā vātā, kucchisayā vātā, koṭṭhasayā vātā, aṅgamaṅgānusārino vātā, assāso passāso, iti vā, yaṃ vā pan' aññaṃ pi kiñci ajjhattaṃ paccattaṃ vāyo vāyogataṃ upādiṇṇaṃ, ayaṃ vucct'āvuso ajjhattikā vāyovīdhātu : 上向風 uddhaṃgamā vātā, 下向風 adhogamā vātā, 胃住風 kucchisayā vātā, 下腹住風 koṭṭhasayā vātā, 肢體循環風 aṅgamaṅgānusārino vātā, 入息風 assāso, 出息風 passāso (혹은 出息風 assāso, 入息風 passāso)

250) MN. I. 185 : tassā hi nāma āvuso bāhirāya paṭhavīdhātuyā tāva mahallikāya aniccatā

외부적인 원소의 무상하고 변화하는 것을 통해 그와 동일한 내부적인 원소의 끝없는 변화를 관찰하여 그 가운데 '나, 나의 것, 나는 있다.'라는 실체적 관념을 없앰으로써 육체에 대한 집착을 소멸시키는 것이 수행의 중요한 성과이다.

또 다른 육체에 관한 분석적인 관찰로는 죽은 후에 몸이 해체되는 사체에 대한 관찰이 있다. 사체가 묘지에 유기되어 며칠이 경과한 뒤에 시체가 팽창하고 푸르게 멍든 어혈이 있고 고름이 가득한 것을 관찰하는 것이다. 그리고 까마귀, 독수리, 개, 승냥이 등의 각종 생류가 잡아먹거나 뜯어먹고 남은 시체에 대한 관찰이 있으며 그밖에 사체에 살과 피가 있는 근육이 붙은 해골이나 살은 없지만 피가 있는 근육이 붙은 해골이나 살과 피가 없는 근육이 붙은 해골이나 관절이 풀어져서 여기저기 흩어져 있는 손뼈, 발뼈, 정강이뼈, 넓적다리뼈, 골반뼈, 척추뼈, 두개골과 사방팔방으로 흩어진 해골들을 관찰하는 수행법이 있다.[251]

이러한 관찰은 거기에서 끝나는 것이 아니라 자신의 몸을 그것과 비교하여 관찰하는 것을 수반한다.

[붓다] "이 신체도 역시 이와 같은 것이며 이와 같이 이루어진 것이며 이것을 벗어나기 어렵다."[252]

그런데 이러한 수행은 이미 올바른 정진 가운데 수호에 의한 노력과 동일한 내용을 함축하는 것이다. 단지 수호에 의한 노력은 해골과 뼈로 구성된 시체에 대한 지각, 벌레들이 모여 우글거리는 시체에 대한 지각, 푸르게 멍든 어혈을 지닌 시체에 대한 지각, 고

paññāyissati, khayadhammatā paññāyissati, vayadhammatā paññāyissati, vipariṇāma dhammatā paññāyissati, kim pan'imassa mattaṭṭhakassa kāyassa taṇhupādiṇṇassa a han ti vā maman ti vā asmīti vā, atha khvāssa no t'ev'ettha hoti.

251) 이 책 113쪽 참조

252) MN. I. 58 : ayam pi kho kāyo evaṁdhammo evaṁ bhāvī etaṁ anatīto.

름이 가득 찬 시체에 대한 지각, 부패해서 갈라진 시체에 대한 지각, 부풀어 오른 시체에 대한 지각 등의 특정한 지각현상을 수호하는 것이지만 이러한 것을 토대로 새김에서는 그러한 사체의 현상에 대한 지각이 자신의 살아 있는 신체에 대한 관찰과 병행하면서 진행된다.

2) 느낌에 대한 관찰

느낌에 대한 관찰[253]은 여섯 감관의 접촉의 계기마다 강하거나 약하거나 분명하거나 불분명하거나 쾌, 불쾌의 정서를 일으키므로 느낌에 대한 새김은 이러한 조건에 대한 관찰을 포함한다. 뿐만 아니라 즐거운 느낌은 탐욕을, 괴로운 느낌은 성냄을, 괴롭지도 즐겁지도 않은 중성적인 느낌은 어리석음을 수반한다. 이때의 탐욕, 성냄, 어리석음은 또한 무명을 조건으로 하는 것이다. 느낌에 대한 새김은 이러한 오염의 조건을 알아챘을 때 그 오염을 소멸시키고 궁극적으로 느낌마저 소멸시킴으로써 느낌 자체를 경험의 영역으로 되돌리는 역할을 한다.

「새김의 토대경」에 나타난 느낌에 의한 새김은 단순히 즐거움의 느낌을 느낄 경우 즐거운 느낌을 느낀다고 분명히 아는 것이다. 괴로운 느낌나 중성적인 느낌에 대해서도 마찬가지로 분명히 안다. 그리고 각각의 느낌은 다시 육체적인 것과 정신적[254]인 것으로 분석적으로 관찰된다.

[붓다] "수행승들이여, 수행승은 어떻게 느낌에 대해 느낌을 관

253) 受隨觀 : vedanānupassanā.

254) sāmisa, nirāmisa : 엄밀하게 正義하자면, 滋養分이 있는 것과, 滋養分이 없는 것으로 해석해야 된다. 滋養分이 없는 즐거움이란 涅槃의 즐거움을 의미한다. 滋養分에는 네 가지가 있다. 거기에는 ① 거칠거나 미세한 物質의 滋養分, ② 感觸의 滋養分, ③ 意識의 滋養分, ④ 意圖의 滋養分이 있다.

찰하는가? 수행승들이여, 한 수행승이 있어 즐거운 느낌을 느끼면 '나는 즐거운 느낌을 느낀다.'라고 분명히 아는 것이다 … 신체적인 즐거운 느낌을 느끼면 '나는 신체적인 즐거운 느낌을 느낀다.' 라고 분명히 아는 것이다. 정신적인 즐거운 느낌을 느끼면 '나는 정신적인 즐거운 느낌을 느낀다.'라고 분명히 아는 것이다."[255]

그리고 일반적인 새김의 원리에 따라 느낌도 공간적으로 내외(內外 : 자신과 타자)로 시간적으로 생멸을 통해 관찰된다. 여기서 시간적 관찰은 곧 전형적인 연기의 인과연쇄에 의한 고리로서 느낌을 파악함을 뜻한다. 그러나 이러한 관찰을 수반하는 새김은 단지 느낌의 속성에 대해 '분명히 아는 것[256]' 이상도 이하도 아니지만 그것이 느낌의 점차적인 소멸로 이끄는 길이 된다. 왜냐하면 무상하고 괴롭고 실체가 없는 느낌의 속성에 대한 통찰은 곧바로 그것으로부터 벗어나는 소멸로 이끌기 시작하기 때문이다.

3) 마음에 대한 관찰

마음에 대한 관찰[257]이 느낌에 대한 관찰 이후에 놓인 것은 정신적인 특수한 요소인 느낌에서 비롯하여 그것을 포괄하는 일반적인 마음에 대한 관찰로 명상이 진행되기 때문이다. 초기불교에서는 의식(識) 자체가 마음(心)[258]이라고 불린다. 마음은 사실상 모든 정신적 요소를 함축한다. 그 가운데 가장 일차적인 것이 의

255) DN. II. 298 ; MN. I. 59 : kathañ ca bhikkhave bhikkhu vedanāsu vedanānupassī viharati? idha bhikkhave bhikkhu sukhaṁ vedanaṁ vediyamāno sukhaṁ vedanaṁ vediyāmīti pajānāti … sāmisaṁ vā sukhaṁ vedanaṁ vediyamāno sāmisaṁ sukhaṁ vedanaṁ vediyāmīti pajānāti. nirāmisaṁ vā sukhaṁ vedanaṁ vediyamāno nirāmisaṁ sukhaṁ vedanaṁ vediyāmīti pajānāti

256) 了知 : pajānāna.

257) 心隨觀 : cittānupassanā.

258) 識 viññāṇa, 心 citta : 붓다고싸의 해석에 따르면, 의식과 마음은 정신(意 : mano)과 더불어 동일한 概念이다.

식이다. 의식은 전형적인 연기에서 보면 감각영역에 최초로 수반되는 정신적 요소이기 때문이다. 이것은 의식의 작용[259]을 수반한다. 여기에 느낌, 지각, 형성 등이 수반된다. 의식 자체는 순전히 대상과 감관 사이의 순수한 체험에 불과하다. 의식은 스스로 식별되지 않으며 오로지 수반하는 그 작용들에 의해 식별된다. 의식의 작용 즉 마음의 작용이 마음을 물들이며 마음에 분별하는 성격을 부여한다. 우리가 마음을 관찰의 대상으로 할 경우에 마음의 작용을 수반하는 의식을 관찰하여야 한다.

경전에서는 16가지의 마음의 작용을 수반하는 의식, 즉 마음에 관해서 분석적으로 관찰하는 것이 제시되고 있다.

[붓다] "수행승들이여, 어떻게 마음에 대해 마음을 관찰하는가? 여기에 수행승들이여, 한 수행승이 있어, 탐욕이 있는 마음을 탐욕이 있는 마음이라고 분명히 알고 탐욕이 없는 마음을 탐욕이 없는 마음이라고 분명히 아는 것이다."[260]

이 밖에 경전에서는 탐욕의 있고 없음 이외에 성냄의 있고 없음, 어리석음의 있고 없음, 과밀하거나 흩어짐, 계발되었거나 되지 않음, 열등하거나 최상임 집중되었거나 되지 않음, 해탈했거나 하지 않음의 도합 16가지의[261] 마음의 작용에 관해 언급하고 있다. 여기서 이러한 마음의 작용에 대한 관찰은 악하고 불건전한 마음의 상태가 있는지 없는지에 초점이 맞추어져 있다. 마음이 어떠한 작용을 수반하더라도 마음의 상태로서 단지 관찰할 뿐 거기에 '나'

---

259) 心所 cetasika : '마음에 속하는, 마음의 作用과 關係되는'이라는 듯을 지니고 있다.

260) DN. II. 298 ; MN. I. 59 : kathañ ca bhikkhave bhikkhu citte cittānupassī viharati ; idha bhikkhave bhikkhu sarāgaṁ vā cittaṁ sarāgaṁ cittan ti pajānāti, vītarāgaṁ vā cittaṁ vītarāgaṁ cittan ti pajānāti

261) DN. II. 298 ; MN. I. 59 : sadosam, vītadosam, samoham, vītamoham, saṅkhittaṁ, vikkhitaṁ, mahaggataṁ, amahaggataṁ, sauttaraṁ, anuttaraṁ, vimuttaṁ, avimuttaṁ, samāhitaṁ, asamāhitaṁ

또는 '내 것' 또는 '나는 있다.'라는 집착을 일으켜서는 안 된다.

새김은 순수한 마음이건 오염된 마음이건 간에, 최상의 마음이건 열등한 마음이건 간에 탐착하거나 증오하지 않고 오직 분명히 알아챌 뿐이다. 예를 들어 시끄러운 소리를 들었을 때 성내는 마음이 생겨났다면, 그러한 감정적으로 불안한 상태를 감정적이 아닌 마음의 관찰로 대체함으로써 혼란한 감정은 소멸된다. 이와 마찬가지로 새김이 깊어지면 악하고 불건전한 감정들은 점차 소멸된다. 거기에 수반하는 불필요한 사유의 확장도 막을 수 있다. 희론이나 과대망상이나 자학, 피해망상, 정신분열, 자기정당화, 위선 등의 악하고 불건전한 마음의 상태는 소멸된다. 이 과정에서 마음에 관한 더욱 많은 지식이 우리에게 알려진다.

더욱 마음의 관찰이 진행되면 어디에서부터 오지도 않고 어디로 가지도 않는 순수한 의식의 흐름 또는 마음의 지속만이 남게 된다.

[붓다] "악하고 불건전한 마음, 즉 탐욕, 성냄, 어리석음을 제거함으로써 마음은 잘 닦여져서 무한해지고 헤아려질 수 없게 된다."[262]

물론 이때의 잘 닦여진 마음은 궁극적으로 번뇌로부터 자유롭고 지혜를 갖추게 되며 따라서 열반의 성취를 가능하게 한다.

4) 사실[法]에 대한 관찰

사실에 대한 관찰[263]은 내적·외적인 사실에 대한 관찰을 의미한다. 내적인 사실이란 정신현상을 말하고 외적인 사실이란 외적

262) MN. II. 262 : tesaṁ pahānā aparittañ ca me cittaṁ bhavissati, appamānaṁ subhāvitaṁ

263) 法隨觀 : dhammānupassanā.

인 감각대상을 말한다. 그러나 경전에서 일반적으로는 그것들을 움직이는 궁극적인 진리로서의 사실 즉, 법(法)에 관한 관찰을 의미한다. 그 진리는 신비적이거나 비교적(秘敎的)인 것이 아니라 우리가 직접 보고 알 수 있는 것들이다.

[붓다] "사실[法]은 현세적이고 무시간적이고 와서 보라고 할 만한 것이며 최상의 목표로 이끄는 것이며 슬기로운 자라면 누구나 알 수 있는 것이다."[264)]

사실은 현세에서 실제적인 통찰에 의해 알려지는 것이다. 이러한 통찰을 가능하게 하는 토대가 되는 것이 새김(念 : sati)이다. 사실에 대한 관찰은 육체와 지각현상 그리고 의식이나 마음에 관한 관찰이 효과적으로 이루어질 때 계기적으로 따를 수 있는 보다 궁극적인 관찰이다. 『새김의 토대경(念處經)』에 의하면 사실에 대한 관찰은 주로 정신적 혹은 정신물리적 작용의 현상과 그것과 연관된 해탈론적인 가르침에 대한 것으로 이루어져 있다. 이들 모든 관찰은 정형화된 연기에 관한 관찰과 깊은 관련을 갖고 있는 것들이다. 그 경전에서는 사실에 관한 관찰을 다음과 같이 다섯 가지로 분류하고 있다.

① 다섯 가지 장애라는 사실[265)]에 대한 관찰은 무지의 원인이 되는 번뇌로 감각적 쾌락에 대한 욕망, 분노, 해태와 혼침, 흥분과 회환, 의심이 있다. 우선 감각적 쾌락에 대한 욕망의 관찰방법에 관해 논의해보자. 나머지는 그와 동일한 방식으로 이루어진다.

[붓다] "수행승들이여, 여기에 한 수행승이 있어 내적으로 감각적 쾌락에 대한 욕망이 존재하면 '나에게는 내적으로 감각적 쾌락

264) SN. V. 343 ; I. 9 ; IV. 41 ; 272 ; DN. II. 217 ; III. 5 ; 227 ; AN. I. 158 ; II. 198 : sandiṭṭ-hiko dhammo akāliko ehipassiko opanayika paccattaṁ veditabbo viññūhi

265) 五障法 : pañca nīvaraṇā dhammā

에 대한 욕망이 있다.'라고 분명히 아는 것이다. 내적으로 감각적 쾌락에 대한 욕망이 존재하지 않는다면 '나에게는 내적으로 감각적 쾌락에 대한 욕망이 없다.'라고 분명히 아는 것이다. 아직 생겨나지 않은 감각적 쾌락에 대한 욕망이 생겨난다면 생겨나는 대로 그것을 분명히 아는 것이며 이미 생겨난 감각적 쾌락에 대한 욕망을 버리면 버리는 대로 그것을 분명히 아는 것이며 이미 버려진 감각적 쾌락에 대한 욕망이 미래에 생겨나지 않는다면 생겨나지 않는 대로 그것을 분명히 아는 것이다."[266]

② 다섯 가지 존재의 집착다발이라는 사실[267]에 대한 관찰은 다음과 같다.

[붓다] "수행승들이여, 여기 한 수행승이 있어 물질은 이와 같고 물질의 발생은 이와 같고 물질의 소멸은 이와 같다 … 느낌 … 지각 … 형성 … 의식 … 이와 같이 내적 사실에 대해 사실을 관찰을 한다. 이와 같이 수행승들이여, 한 수행승이 있어서 다섯 가지 존재의 집착다발의 사실에 대해 사실을 관찰을 한다."[268]

역시 이 존재의 집착다발에 대한 관찰도 내적으로 자신에 대해, 외적으로 타자에 대해, 그리고 생성과 소멸의 차원에서 이루어진다. 이러한 관찰은 궁극적으로 존재의 집착다발의 소멸을 지향한다.

---

266) MN. I. 60 : idha bhikkhave bhikkhu santaṁ vā ajjhattaṁ kāmacchandaṁ ; atthi me ajjhattaṁ kāmacchando ti pajānāti. asantaṁ vā ajjhattaṁ kāmacchandaṁ ; natthi me ajjhattaṁ kāmacchando ti pajānāti, yathā ca anuppannassa kāmacchandassa uppādo hoti tañca pajānāti, yathā ca uppannassa kāmacchandassa pahānaṁ hoti tañca pajānāti. yathā ca pahīnassa kāmacchandassa āyatiṁ anuppādo hoti tañca pajānāti

267) 五取蘊法 pañca upādānakkhandhadhammā

268) MN. I. 60 : idha bhikkhave bhikkhu ; iti rūpam, iti rūpassa samudayo, iti rūpassa atthagamo … vedanā … saññā … saṅkhārā … viññāṇaṁ … iti ajjhattaṁ vā dhammesu dhammānupassī viharati … evaṁ kho bhikkhave bhikkhu dhammesu dhammānupassī viharati pañcas'upādānakkhandhesu

③ 여섯 가지 내외적 감역이라는 사실[269]에 대한 관찰은 다음과 같다.

[붓다] "수행승들이여, 여기 한 수행승이 있어 시각을 분명히 알고 형상을 분명히 알며 그 양자를 조건으로 결합이 생겨나면 그것을 분명히 아는 것이다. 아직 생겨나지 않은 결합이 생겨나면 생겨나는 대로 그것을 분명히 아는 것이며 이미 생겨난 결합을 버리게 되면 버리는 대로 그것을 분명히 안다. 이미 버려진 결합이 미래에 생겨나지 않는다면 생겨나지 않는 대로 그것을 분명히 아는 것이다."[270]

경전은 시각과 형상과 그 결합뿐만 아니라 청각과 소리와 그 결합, 후각과 냄새와 그 결합, 미각과 맛과 그 결합, 촉각과 감촉과 그 결합, 정신과 사실과 그 결합에 관해서도 동일하게 진술하고 있다. 이들 감각의 장들에 대한 관찰도 내적으로 자신에 대해, 외적으로 타자에 대해, 그리고 생성과 소멸의 차원에서 이루어지며 궁극적으로 감각의 장의 소멸을 지향한다.

④ 일곱 가지 깨달음 고리라는 사실[271]에 대한 관찰은 다음과 같다.

[붓다] "수행승들이여, 여기 한 수행승이 있어 내적으로 새김의 깨달음의 고리가 있다면 '나에게 내적으로 새김의 깨달음 고리가 있다'고 분명히 알며, 내적으로 새김의 깨달음 고리가 없다면 '나

---

269) 六內外處法 cha ajjhattikabāhirā āyatanadhammā : 시각(眼)과 형상(色), 청각(耳)과 소리(聲), 후각(鼻)과 냄새(香), 미각(舌)과 맛(味), 촉각(身)과 감촉(觸), 정신(意)과 대상(法)을 말한다.

270) MN. I. 61 : idha bhikkhave bhikkhu cakkhuñ ca pajānāti rūpe ca pajānāti, yañ ca tad ubhayaṁ paṭicca uppajjati saṁyojanaṁ tañ ca pajānāti, yathā ca anuppannassa saṁyojanassa uppādo hoti tañ ca pajānāti, yathā ca uppannassa saṁyojnassa pahānaṁ hoti tañca pajānāti, yathā ca pahīnassa saṁyojanassa āyatiṁ anuppādo hoti tañ ca pajānāti

271) 七覺支 : satta bojjhaṅgā.

에게 내적으로 새김의 깨달음의 고리가 없다'고 분명히 알며, 아직 생겨나지 않은 새김의 깨달음의 고리가 생겨난다면 생겨나는 대로 그것을 분명히 알며, 이미 생겨난 새김의 깨달음의 고리가 닦여져어 원만해지면 닦여져서 원만해지는 대로 그것을 분명히 안다."272)

이러한 설명은 이미 올바른 정진에서 언급한 깨달음의 다른 여섯 가지 요소에 관해서도 경전 상에서 반복될 뿐만 아니라 내적 외적으로 그 생성과 소멸에 관한 과정적 관찰도 동시에 언급된다.

⑤ 그리고 네 가지 거룩한 진리라는 사실273)에 대한 관찰은 다음과 같다.

[붓다] "수행승들이여, 여기 한 수행승이 있어 '이것이 괴로움이다.'라고 있는 그대로 분명히 안다. '이것이 괴로움의 발생이다.'라고 있는 그대로 분명히 안다. '이것이 괴로움의 소멸이다.'라고 있는 그대로 분명히 안다. '이것이 괴로움의 소멸로 이끄는 길이다.'라고 있는 그대로 안다."274)

이것은 네 가지 거룩한 진리에 대한 이해가 단순한 관념적 이해에서 벗어나 점점 더 깊은 새김의 차원으로까지 고양되고 있음을 보여주고 있다.

---

272) MN. I. 62 : idha bhikkhave bhikkhu santaṁ vā ajjhattaṁ satisambojjhaṅgaṁ ; atthi me ajjhattaṁ satisambojjhaṅgo ti pajānāti, asantaṁ vā ajjhattaṁ satisambojjhaṅgaṁ ; natthi me ajjhattaṁ satisambojjhaṅgo ti pajānāti, yathā ca anuppannassa satisambojjhaṅgassa uppādo hoti tañca pajānāti. yathā ca uppannassa satisambojjhaṅgassa bhāvanāpāripūrī hoti tañca pajānāti

273) 四聖諦 : cattāri ariyasaccāni

274) MN. I. 62 : idha bhikkhave bhikkhu ; idaṁ dukkhan ti yathābhūtaṁ pajānāti, ayaṁ dukkhasamudayo ti yathābhūtaṁ pajānāti, ayaṁ dukkhanirodho ti yathābhūtaṁ pa-jānāti, ayaṁ dukkhanirodhagāminī paṭipadā ti yathābhūtaṁ pajānāti

9. 여덟 번째, 올바른 집중(正定)

여덟 가지 고귀한 길 가운데 마지막이 올바른 집중 곧, 올바른 삼매이다. 그것은 마음을 한곳에 집중하는 과정[275]이긴 하지만 미식가가 음식을 생각하든가 음탕한 자가 여색을 생각하든가 군인이 전장에서 적을 죽인다든가 하는 것에 마음을 하나로 모우는 것과 같은 과정의 악하고 불건전한 집중은 집중이 아니라 집착이므로 제외된다. 그러므로 명상의 과정에서의 올바른 집중은 착하고 건전한 마음의 상태에서의 집중과정을 의미한다. 그것은 사물을 있는 그대로 분명히 아는 새김을 수반하며 해탈의 계기로서 작용한다.

삼매는 건전한 집중으로 일상적으로 흐트러진 마음의 흐름을 내적인 통일로 향하게 한다. 이러한 마음의 집중은 바람 없는 곳에서 타오르는 램프의 고요한 불꽃에 비유되는 안정된 마음의 과정이다. 집중되지 않은 마음은 마치 물이 말라 마른 땅에 버려진 물고기가 파닥거리는 것에 비유된다. 집중되지 않은 마음의 상태에서 우리의 의식은 이 생각에서 저 생각으로 치닫는다. 그리고 마음의 대상은 임의적인 생각의 파문에 왜곡되어 나타난다.

그러나 잘 집중된 마음은 명상의 주제인 대상에 초점을 맞추어 그 속에 침투하고 거기에 흡수되어 그것과 하나가 된다. 그래서 정신적 장애의 제거와 새김의 확립이라는 삼매의 과정에 수반되는 올바른 집중은 정신·신체적인 멈춤과 대상의 관찰이라는 두 가지 계기를 갖고 있다.[276] 이러한 멈춤과 관찰의 실천적 작업이 이루어지는 장소가 바로 명상수행의 토대[277]이다. 초기경전에서

275) 心一境性 citt'ekaggatā : 마음이 하나로 통일된 것을 말한다.
276) 여기서 멈춤과 관찰은 止와 觀을 말한다. 빠알리어로는 samatha와 vipassanā를 말한다.

는 이러한 명상의 장으로 101가지나 열거할 수 있지만 여기서는『청정도론[278]』에서 붓다고싸가 간추린 40가지만을 분류하여 설명해보기로 한다.[279]

1) 열 가지 두루 채움[280]에 대한 집중이 있다. 이 열 가지 두루 채움을 토대로 초보자들도 쉽게 삼매의 집중과정에 들어선다.

[붓다] "열 가지 두루 채움이 있는데 어떤 사람이 ① 땅의 두루 채움 ② 물의 두루 채움 ③ 불의 두루 채움 ④ 바람의 두루 채움 ⑤ 푸른색의 두루 채움 ⑥ 노란 색의 두루 채움 ⑦ 붉은 색의 두루 채움 ⑧ 흰색의 두루 채움 ⑨ 허공의 두루 채움 ⑩ 의식의 두루 채움이라는 명상수행의 토대를 위로 아래로 옆으로 하나로서 무한하게 지각하는 것이다."[281]

2) 열 가지 부정[282]에 대한 집중이 있다. 올바른 새김 가운데 신체에 대한 관찰, 특히 시체의 열 가지 특성에 대한 새김이 삼매의 차원으로 전이되면서 대상화된 것을 이른다.

여기에는『청정도론[283]』의 분류에 의하면 ① 부풀어 오른 시체에 대한 지각 ② 푸르게 멍든 어혈을 지닌 시체에 대한 지각 ③

---

277) kammaṭṭhāna : 業處라고 한역하는데 冥想의 土臺나 場을 말한다.

278) Visuddhimagga : Buddhaghosa가 著述한 테라바다 불교의 百科事典式 論書

279) Vism. 110~111

280) 十遍處 : dasa kasiṇā 여기서 역자가 地平이라고 번역한 이유는 우리말에서 地平이 大地의 平面이 아니라 어떤 分野의 發展可能性이란 의미로 쓰이기 때문이다.

281) DN. III. 286 : dasa kasiṇāyatanāni. paṭhavī-kasiṇam … āpo kasiṇam tejo-kasiṇam … vāyo-kasiṇam … nīla-kasiṇam … pīta-kasiṇam.. lohita-kasiṇam.. odāta-kasiṇam.. āk-āsa-kasiṇam … viññāṇa-kasiṇam eko sañjānāti uddhaṁ adho tiriyaṁ advayaṁ ap-pamāṇaṁ

282) 十不淨 : dasa asubha

283) Vism. : Visuddhimagga를 말하는데 Buddhaghosa가 저술한 것으로 초기불교의 배과사전적인 저술이다.

고름이 가득 찬 시체에 대한 지각 ④ 부패해서 갈라진 시체에 대한 지각 ⑤ 동물이 먹고 남은 시체에 대한 지각 ⑥ 흩어진 시체에 대한 지각 ⑦ 살해되어 사지가 흩어진 시체에 대한 지각 ⑧ 피로 물든 시체에 대한 지각 ⑨ 벌레들이 모여 우글거리는 시체에 대한 지각 ⑩ 해골과 뼈로 구성된 시체에 대한 지각의 열 가지가 거론된다.[284]

3) 열 가지 새김[285]에 대한 집중이 있는데, 새김은 새김의 구체적 항목들을 열거한 것이다. 올바른 새김은 보다 심층적인 삼매의 집중과정으로 전화되어 명상의 대상이 되는 것이 자연스러운 것이다. 『청정도론』에 열거된 새김의 종류는 통일성이 없지만 다음과 같은 것들이다.

① 부처님에 대한 새김
② 가르침에 대한 새김
③ 참모임에 대한 새김
④ 계행에 대한 새김
⑤ 보시에 대한 새김
⑥ 천신에 대한 새김
⑦ 죽음에 대한 새김
⑧ 신체에 대한 새김
⑨ 호흡에 대한 새김
⑩ 적정에 대한 새김[286]

---

284) Vism. 110 : 十不淨 dasa asubhā : 膨脹想 uddhumātaka, 靑瘀想 vinīlaka, 膿爛想 vipubbaka, 斷壞想 vicchiddaka, 食殘想 vikkhāyitaka, 散亂想 : vikkhittaka, 斬斫離散想 hatavikkhittaka, 血塗想 lohitaka, 蟲聚想 puḷuvaka, 骸骨想 aṭṭhika

285) 十隨念 : dasa anussatiyo

앞의 세 가지는 불·법·승 삼보에 대한 새김으로 부처님을 열 가지의 이름으로써 조명하여 관찰하든가 가르침을 적절히 분류하여 관찰하는 것이다. 참모임에 대해서는 예를 들어 네 쌍으로 여덟이 되는 참사람들[287]을 관찰하는 것이다. 이러한 것들은 초기경전에 잘 드러나 있다. 그 다음의 계행과 보시와 천신의 세 가지 새김은 주로 계행과 보시로 천상에 태어난다는 고대적인 도덕관에 입각한 것이다. 그리고 죽음에 대한 새김은 존재의 필연적인 사멸에 관해서 숙고하여 관찰하는 것이며, 신체에 대한 새김은 지수화풍의 사대로 구성된 몸을 관찰하거나 32가지의 구성부분으로 된 신체에 대해 관찰하는 것이다. 호흡에 대한 새김은 올바른 새김의 장에서 이미 언급한 대로 날숨과 들숨에 대한 것인데, 그 새김이 집중을 통해 깊어지면, 미세하게 되어 고요한 지복의 상태에까지 이르게 되고, 그것이 적정에 대한 새김을 가능하게 한다.

[붓다] "수행승들이여, 이 호흡새김에 대한 집중을 수행하고 익히면 고요해지고 승묘해지고 오염을 여의고 행복해져서 악하고 불건전한 법들이 생겨날 때마다 즉시 그것들을 사라지게 하여 소멸시킨다."[288]

---

286) Vism. 110 : dasa anussatiyo : ① 佛隨念 buddhānussati, ② 法隨念 dhammānussati, ③ 僧隨念 saṅghānussati, ④ 戒隨念 sīlānussati, ⑤ 捨隨念 cāgānussati, ⑥ 天隨念 de-vatānussati, ⑦ 死隨念 maraṇānussati, ⑧ 身至念 kāyagatāsati, ⑨ 按般念 ānāpānasa-ti, ⑩ 寂至隨念 upasamānussati.

287) 四雙八輩 cattāri purisayugāni aṭṭha purisapuggalā : 성스러운 진리의 흐름으로 가는 사람(預流向)과 진리의 흐름에 든 사람(預流果), 천상에 가서 열반에 들기 위해 다시 한번 욕계로 돌아오는 지위를 향하는 사람(一來向)과 그 지위를 얻은 사람(一來果) 천상에 가서 해탈하여 욕계로 돌아오지 않는 지위를 향하는 사람(不還向)과 그 지위를 얻은 사람(不還果), 그리고 최종적으로 이 생에서 열반을 얻는 지위로 향하는 사람(阿羅漢向)과 그 지위를 얻은 사람(阿羅漢果)의 네쌍으로 여덟이 되는 참사람들을 말한다.

288) SN. V. 321 : ayam pi kho bhikkhave ānāpānasatisamādhi bhāvito bahulīkato santo ceva paṇīto ca asecanako sukho ca vihāro uppannuppanne ca pāpake akusale dhamme ṭhānaso antaradhāpeti vūpasameti; 고요해지고 승묘해지고 오염을 여의고 행복해져서 : 寂靜 santo, 勝妙 paṇīto, 無染 asecanako, 至福 sukho

4) 네 가지 청정한 삶[289]에 대한 집중은 모든 중생에게까지 확대되는 자리이타적인 무량한 마음인 사무량심[290]에 대한 집중이라고도 한다. 자애, 동정, 기쁨, 평정[291]의 네 가지 청정한 삶이 그것이다. 이 가운데 자애는 올바른 사유 가운데 분노를 여읜 사유에서, 동정은 폭력을 여읜 사유에서, 희열이나 평정은 욕망을 여읜 사유에서 비롯한다.

① 자애의 청정한 삶에 대한 명상 : 자신보다 사랑스런 것이 없다는 사실을 인지하고 타인도 자신을 사랑하므로 자기를 사랑하는 자는 남을 해치지 않는다는 보편적인 사랑을 그 원리로 한다.

[붓다] '모든 방향으로 마음을 편력하더라도 어디에도 자신보다 사랑스러운 것은 얻을 수 없다. 이와 같이 다른 사람들에게도 각각의 자아는 사랑스럽다. 그러므로 자기를 사랑하는 자는 남을 해치지 않는다.'[292]

② 연민의 청정한 삶에 대한 명상 : 연민은 궁극적으로 사랑에 수반하는 것이지만 『분별론(分別論)』에 의하면 역경에 처한 사람에 대한 동정의 마음을 의미한다고 규정하고 있다.

[붓다] '수행승은 어떻게 연민을 갖춘 마음으로 한 방향을 가득 채우는가? 예를 들어 역경에 처한 사람을 보고 연민하는 것과 같이 모든 중생에 대하여 연민을 가득 채운다.'[293]

③ 기쁨의 청정한 삶에 대한 명상 : 기쁨은 괴로움의 윤회에서

289) 四梵住 cattāri brahmavihārā

290) 四無量心 : cattasso appamaññayo

291) 慈 mettā, 悲 karuṇa, 喜 muditā, 捨 upekkha

292) SN. I. 75 : sabbā disānuparigamma cetasā n-ev-ajjhagā piyataram attanā kvaci. ev-am piyo puthu attā paresaṁ tasmā na hiṁse param attakāmo ti

293) Vibh. 273 : kathañ ca bhikkhu karuṇāsahagatena cetasā ekaṁ disaṁ pharitvā vih-ar ati? seyyathā pi nāma ekaṁ puggalaṁ duggataṁ durūpetaṁ disvā karuṇāyeyya, eva m eva sabbasatte karuṇāya pharati

벗어나는데 수반되는 자유로서 『분별론』에 의하면 사랑하는 자를 보고 기뻐하는 것과 같이 모든 중생에게 가쁨을 일으키는 것이다.

[붓다] '수행승은 어떻게 기쁨을 갖추어 마음으로 한 방향을 가득 채우는가? 예를 들어 사랑스럽고 마음에 드는 사람을 보고 기쁨을 일으키는 것처럼 그와 같이 모든 중생에게 기쁨을 가득 채운다.'294)

④ 평정의 청정한 삶에 대한 명상 : 사랑, 동정, 희열은 애착의 경향을 가져오는 정신활동295)을 불러일으킬 수 있으므로 항상 그러한 집착을 소멸시키는 평정은 불가결한 것이다. 『분별론』에 나타난 평정의 범주의 수습은 다음과 같다.

[붓다] '수행승은 어떻게 평정을 갖춘 마음을 한 방향으로 가득 채우는가? 예를 들어 마음에 들지도 마음에 들지 않지도 않는 사람을 보고 평정하듯이 이와 같이 모든 중생에 대해서 평정한 마음을 가득 채운다.'296)

5) 네 가지 비물질적 세계(四無色)에 대한 집중은 이미 선정의 단계에 깊이 들어간 자에게 이루어질 수 있다. 이 상태는 또한 존재의 영역으로 하느님세계에 속하며 화생한 하느님들이 사는 곳이기도 하다.

① 공간이 무한한 세계 : 물질의 지각현상이 사라져 그 다양성

294) Vibh. 274 : kathañ ca bhikkhu muditāsahagatena cetasā ekaṁ disaṁ pharitvā vih-ar ati? seyyathā pi nāma ekaṁ puggalaṁ piyaṁ manāpaṁ disvā mudito assa, evam ev a sabbasatte muditāya pharati

295) 愛執作意 ālayanamanasikāra

296) Vibh. 275 : kathañ ca bhikkhu upekkhāsahagatena cetasā ekaṁ disaṁ pharitvā vi-ha rati? seyyathā pi nāma ekaṁ puggalaṁ neva manāpaṁ nāmanāpaṁ disvā upek-kha ko assa, evam eva sabbe satte upekkhāya pharati

이 소멸하고 공간만이 무한하게 현존하는 객관적 대상이 소멸된 경지를 말한다.

② 의식이 무한한 세계 : 공간이 무한하다는 지각의 상태가 대상 없는 의식의 무한성으로 주관적으로 환원된 상태이다.

③ 아무 것도 없는 세계 : 의식의 무한성마저 소멸되어 객관적이건 주관적이건 아무런 의식대상도 존재하지 않는 무소유의 상태이다.

④ 지각하는 것도 아니고 지각하지 않는 것도 아닌 세계 : 허공의 무한성에 대한 의식세계가 존재하지 않는 무소유에 대한 지각상태로서 미묘하여 지각이 소멸하여 남아 있다 또는 없다라고 말할 수 없는 상태이다.[297]

6) 수렴적 지각[298]에 대한 집중은 자양에 대하여 싫어하여 떠나는 지각[299]을 의미한다. 초기경전에 따르면, 그 본래의 의미는 네 가지의 존재를 구성하는 자양에 대한 지각을 뜻한다. 거기에는 물질의 자양[300]과 그밖에 정신적인 것으로 즐겁거나 괴롭거나 즐겁지도 괴롭지도 않은 세 가지의 느낌를 수반하는 접촉의 자양[301]과 감각적 쾌락에 대한 욕망의 세계, 미세한 물질적 세계, 비물질적 세계의 존재로 되고자하는 의도의 자양[302]과 태어남의 계기에 정신물리적 현상인 명색(名色)을 수반하는 의식의 자양[303]이 있

297) 空無邊處 ākāsānañcāyatana, 識無邊處 viññāṇāñcāyatana, 無所有處 akiñcaññāyatana非想非非想處, nevasaññānāsaññāyatana
298) 一想 eka saññā : 역자는 내용상 收斂的 知覺이라고 번역한다.
299) 食厭想 āhāre paṭikūlasañña
300) 摶食 kabaliṅkarāhāra
301) 觸食 phassāhāra
302) 意思食 : manosañcetanāhāra)
303) 識食 viññāṇāhāra

다. 이러한 자양에 대해 싫어하여 떠나는 것은 궁극적으로 그것에서 벗어나 해탈하기 위한 것이다.

① 물질의 자양에 대한 지각 : 물질의 자양은 외아들의 고기와 같다. 어떤 부부가 적은 양식을 가지고 황야로 여정을 떠났다. 그런데 중도에 양식이 다 떨어져서 하는 수 없이 사랑스럽고 귀여운 외아들을 죽여 그 살코기를 먹으면서 '외아들이 어디에 있느냐'고 외치면서 황야를 빠져나왔다면 그 아들의 고기를 즐겁게 먹을 수 없듯이[304] 모든 존재를 구성하는 물질적 자양은 유혹적인 대상으로 봄으로써 즐거운 것으로 오인돼서는 안 되며 위험한 대상으로 봄으로써 싫어하여 벗어나야 하는 대상으로 파악되어야 한다.

② 접촉의 자양에 대한 지각 : 접촉의 자양은 가죽이 찢겨진 소와 같다. 가죽이 찢겨진 소가 한 담벼락에 기대면 담벼락에 살고 있는 생물이 그를 먹어치울 것이고 나무 곁에 서면 그 나무에 살고 있는 생물들이 그를 먹어버릴 것이다. 물속에 있으면 그 물 속에 살고 있는 생물들이 그를 먹어버릴 것이다. 그리고 노지에 서 있으면 노지에 사는 생물들이 그를 먹어치울 것이다.[305] 존재의 다발 가운데 접촉의 자양은 이와 같이 가죽이 찢겨진 소처럼 위험해서 결국 생노병사의 윤회를 낳는 원인으로 작용한다. 따라서 접촉의 자양도 유혹적인 대상으로 봄으로써 즐거운 것으로 오인돼서는 안 되며 위험한 대상으로 봄으로써 싫어하여 벗어나야 하는 대상으로 파악되어야 한다.

③ 의도의 자양 대한 지각 : 의도의 자양은 석탄화로에 떨어지는 것과 같이 위험한 것이다. 작열하면서 연기도 내지 않고 타오

304) SN. II. 98
305) SN. II. 99

르는 석탄화로에 강제로 어떤 사람을 끌어넣는다면 그 사람은 죽음에 이르거나 죽음에 이를 정도의 괴로움을 겪게 된다.306) 의도의 자양도 이와 같아서 유혹적인 대상으로 봄으로써 즐거운 것으로 오인돼서는 안 되며 위험한 대상으로 봄으로써 싫어하여 벗어나야 하는 대상으로 파악되어야 한다.

④ 의식의 자양에 대한 지각 : 의식의 자양은 아침, 점심, 저녁마다 찌르는 백 개의 창에 비유된다. 사로잡힌 흉악한 도둑에게 왕이 명령하며 아침에 백 개의 창으로 그를 찌르도록 했다. 저녁 때에도 아직 그가 살아있으므로 다시 백 개의 창으로 찌르도록 했다.307) 의식의 자양도 이와 같아서 유혹적인 대상으로 봄으로써 즐거운 것으로 오인돼서는 안 되며 위험한 대상으로 봄으로써 싫어하여 벗어나야 하는 대상으로 파악되어야 한다.

7) 분석적 지각308)에 대한 집중은 육체에 대한 분석적인 지각을 통해서 그 실체에 대한 관념을 소멸시키는 것이다. 그것은 곧 네 가지 세계에 대한 분별309)을 뜻한다. 이것은 물질적으로 구성된 우리 육신을 네 가지 세계, 즉 땅, 물, 불, 바람의 세계로 분석하는 것이다.

[붓다] "예를 들어 수행승들이여, 숙련된 도살자나 도살자의 제자가 소를 죽여서 조각으로 나누어 사거리에 내놓고 앉아 있듯이, 이와 같이 수행승들이여, 수행승은 바로 이 몸을 있는 그대로 주어진 세계를 따라 '이 몸에는 땅의 세계, 물의 세계, 불의 세계, 바람의 세계가 있다.'라고 관찰한다."310)

---

306) SN. II. 99~100
307) SN. II. 100
308) 一差別 ekavavaṭṭhāna : 역자는 分析的 知覺이라고 표현한다.
309) 四界差別 catunnaṁ dhātūnaṁ vavaṭṭhāna

붓다고싸에 의하면 소가 도살되어 죽어서 조각으로 나누어지는 동안에 소 도살자에게는 소에 대한 지각이 소멸하고 쇠고기에 대한 지각이 일어나듯이 수행승에게도 이 몸을 있는 그대로 분석하여 관찰하면 중생이나 사람이나 개인이라는[311] 지각은 소멸하고 요소로 분해된다. 이 분석방법에 관해서는 앞에서도 언급한 「코끼리 비유의 큰 경」에 따르면 다음과 같다.[312]

① 내부의 땅의 세계 : 견고한 것으로 머리카락, 몸털, 손발톱, 이빨, 피부, 살, 근육, 뼈, 골수, 신장, 심장, 간장, 늑막, 비장, 폐, 창자, 장간막, 위장, 배설물 등.

② 내부의 물의 세계 : 습윤한 것으로 담즙, 가래, 고름, 피, 땀, 지방, 눈물, 임파액, 침, 점액, 관절액, 오줌 등.

③ 내부의 불의 세계 : 온난한 것으로 열을 내는 것, 늙게 하는 것, 연소시키는 것, 먹고 마시고 삼키고 맛본 것을 잘 소화시키는 것 등.

④ 내부의 바람의 세계 : 동적인 것으로 상향풍, 하향풍, 위주풍, 하복주풍, 지체순환풍, 출식풍, 입식풍 등

올바른 명상에 들어 집중하기 위해서는 명상수행의 토대를 선정한 뒤에 올바른 명상의 자세를 취해야 한다. 다리를 편하게 결가부좌하고 상체를 곧게 세운 뒤에 손을 포개고 머리를 곧추세우고 입을 다물고 눈은 반쯤 감고 숨을 고르게 하여 마음을 집중시

---

310) DN. II. 294 : seyyathāpi bhikkhave dakkho goghātako vā goghātakantevāsī vā gāviṁ vadhitvā cātummahāpathe bilaso paṭivibhajitvā nisinno assa, evam eva kho bhikkhave bhikkhu imam eva kayaṁ yathāṭhitaṁ yathāpaṇihitaṁ dhātuso paccavekkhati : atthi imasmiṁ kāye paṭhavī-dhātu āpo-dhātu tejo-dhātu vāyo-dhātūti.

311) 有情, 衆生 : satta, 人 : posa, 個人 : puggala

312) MN. I. 184 : 內地界 paṭhavīdhātu ajjhattikā, 內水界 āpodhātu ajjhattikā, 內火界 tejo-dhātu ajjhattikā, 內風界 vāyodhātu ajjhattikā.

키며 흐트러지면 알아채고 다시 집중시킨다. 이러한 단계를 예비삼매[313]라고 하며, 이때 명상수행의 토대가 되는 현상(現相)을 예비현상[314]이라고 한다.

이렇게 예비현상을 취해서 올바른 집중을 닦다 보면, 다섯 가지의 마음의 장애가 소멸되면서 다섯 가지 선정의 고리[315]가 나타난다.

마음의 장애(五障)		선정의 요소(五支)
① 해태와 혼침	→	사유
② 매사의 의심	→	숙고
③ 분노	→	희열
④ 흥분과 회한	→	행복
⑤ 감각적 쾌락의 욕망	→	마음의 통일[心一境性]

『청정도론』에 따르면 사유는 명상의 토대가 되는 대상이라는 종을 치는 것과 같으며, 숙고는 그 종의 반향을 관찰하는 것과 같고,[316] 희열은 명상의 대상에 대한 관심과 흥미에 따르는 기쁨으로 사막을 여행하는 자가 멀리서 오아시스를 발견한 기쁨에 해당하며, 행복은 오아시스에 도착하여 물을 마시고 쉬는 것과 같다.[317] 그리고 마음의 통일은 마음과 대상을 통일시키는 역할을

313) 遍作定 parikammasamādhi

314) 遍作相 parikammanimitta

315) 五障 : 昏沈睡眠 thīnamiddha, 疑 vīcikicchā, 瞋恚 byāpāda, 掉擧惡作 uddhaccakukucca 愛貪 kāmacchanda 五禪支 : 尋 vitakka, 伺 vicāra, 喜 pīti, 樂 sukha, 心一境性 ekaggata

316) Vism. 142 : 그밖에 다음과 같은 비유가 있다. 사유(尋) : 새가 날개짓을 해서 날아오르는 것. 향기에 취한 꿀벌이 연꽃을 향해 내닫는 것. 청동그릇을 닦으려 손으로 붙잡는 것. 숙고(伺) : 공중에서 새가 조용히 나는 것. 꿀벌이 연꽃 위에서 기어가는 것. 청동그릇을 마분(磨粉)이나 기름으로 닦는 것.

317) Vism. 145 : 희열(喜)는 형성(行蘊)에 속하고 행복(樂)은 느낌(受蘊)에 속한다. 사막에서 지친 자가 숲이나 물에 관해 보거나 듣고 생각하는 것이 희열(喜)이고 그 숲이나 물의 그늘에 가서 물을 맛보는 것이 행복(樂)이다.

한다.

명상의 토대로서의 대상은 거친 물질적 감각자료들이거나 거친 정신적 인상이었으나 집중이 심화될수록 실제적 대상이 없이도 마음에 분명히 보이는 정신적 대상인 습득인상으로 바뀌고 습득인상은 다시 청정하고 밝은 대응인상으로 바뀐다. 습득인상은 『청정도론』에 의하면 구름 낀 달에 비유되고 대응인상은 구름이 사라진 달에 비유된다.318) 왜냐하면 대응인상이 나타나면서 선정의 고리들이 등장하기 때문이다. 이러한 과정에서 마음은 근접삼매319)에 이른다. 더욱 깊이 마음의 집중과정에 들어서면 근접삼매는 근본삼매320)에 들어간다. 이때 두 삼매 사이에 질적 차이가 있는 것은 아니고 근접삼매는 선정의 요소들의 정신적 힘이나 견고성이 약해서 자주 넘어지는 어린 아이에 비유되고 근본삼매는 힘과 강도를 지녀 안정적으로 걸어가는 어른에 비유된다.

이렇게 해서 선정의 고리들이 갖추어진 근본적인 삼매는 여덟 단계내지 아홉 단계로 이끌어진다. 이 가운데 다섯 번째에서 여덟 번째까지는 네 가지 비물질계의 선정에 관하여는 이미 언급했으므로 여기서는 불교에만 고유한 첫 네 가지 선정과 마지막 단계의 멸진정(滅盡定)에 관해서만 언급한다.

① 첫 번째 선정(初禪)의 과정에서는 앞서 언급한 다섯 가지 선정의 고리가 기본적으로 모두 갖추어지면서 성립한다.

[붓다] "수행승들이여, 나는 내가 원하는 대로 감각적 욕망을 떠

---

318) Vism. 125~126 : 現相은 nimitta를 말하고 取相은 viggahanimitta, 似相은 paṭibhāgan-imitta를 말한다.

319) 近行定 upacārasamādhi

320) 根本定 appanāsamādhi

나고 악하고 불건전한 것을 떠나서 사유와 숙고를 갖추고 멀리 여읨에서 생겨나는 희열과 행복을 갖춘 첫 번째 선정에 도달한다."[321]

경전의 다른 곳에서는 '초선에 도달한 자에게는 언어가 소멸하게 된다.[322]'라고 또 다른 과정상의 속성이 부가되어 있으나 그것은 대상 지향적인 감각적 욕망을 떠나는 과정에 수반되는 지칭적 언어표현의 소멸을 뜻한다. 그러나 개념화된 언어로 대상을 이해하는 사유나 숙고는 아직 제거되지 않는다.

② 두 번째 선정(二禪)의 과정에서는 사유와 숙고가 다른 요소보다 다듬어지지 않은 존재로서 제거된다. 더욱 깊은 마음의 통일을 속성으로 하는 집중에서 생겨나는 더욱 커다란 희열과 행복을 수반한다.

[붓다] "수행승들이여, 나는 내가 원하는 대로 사유과 숙고를 멈춘 뒤에 내적인 평온과 마음의 통일에 도달하여, 사유를 뛰어넘고, 숙고를 뛰어넘어, 집중에서 생겨나는 희열과 행복을 갖춘 두 번째 선정에 도달한다."[323]

③ 세 번째 선정(三禪)의 과정에서 희열은 거친 것으로 제거되고 다섯 가지 선정의 고리 가운데 더욱 심화된 행복과 마음의 통일만이 남는다. 이때에 평정함이 심화되고 주의 깊은 새김의 활동이 두드러지게 나타난다.

[붓다] "수행승들이여, 나는 내가 원하는 대로 희열이 사라진 뒤에 평정하고 새김있고 올바로 알아채고 육체적으로 행복을 느낀

321) SN. II. p.210 aham bhikkhave yāvadeva ākaṅkhāmi vivicceva kāmehi vivicca akus-alehi dhammehi savitakkam savicāraṁ vivekajaṁ pītisukhaṁ pathamaṁ jhānam upasampajja viharāmi

322) pathamaṁ jhānaṁ samapannassa vācā niruddhā hoti

323) SN. II. 211 : aham bhikkhave yavadeva ākaṅkhāmi vitakkavicārānaṁ vūpasamā ajjhattam sampasādanaṁ cetaso ekodibhāvaṁ avitakkam avicāraṁ samādhijaṁ pī-tisukhaṁ dutiyaṁ jhānam upasampajja viharāmi

다. 바로 고귀한 이들이 '평정하고 새김 있고 행복하다.'고 하는 세 번째 선정(三禪)에 도달한다."[324]

④ 네 번째 선정(四禪)에서 거칠게 지각되는 육체적인 행복이 제거되고 평정하고 새김 있고 청정한 상태에 도달한다.

[붓다] "수행승들이여, 나는 내가 원하는 대로 행복을 버리고 고통을 버리고 이전의 희열과 근심이 사라진 뒤에, 행복도 없고 고통도 없는 평정하고 새김 있고 청정한 네 번째 선정에 도달한다."[325]

여기서 삼선에서의 행복의 상태마저 제거되는 순수한 선정의 집중 상태만이 남지만 거기에 주의 깊은 바른 새김이 수반된다. 그런데 경전의 다른 곳에서는 '네 번째 선정에 도달한 자에게는 호흡이 소멸하게 된다.[326]'라고 또 다른 과정상의 속성이 부가되어 있다. 이렇게 해서 첫 번째와 두 번째 선정에서 언어적 형성이 세 번째와 네 번째의 선정을 통해 육체적인 행복과 날숨과 들숨이라고 하는 육체적 형성이 소멸된다.

이렇게 해서 나타나는 마음의 통일은 마음에 의한 해탈이라고 불리며, 이 마음에 의한 해탈은 세속적이지만 곧바른 정신적 능력[327]의 구사를 가능하게 한다. 이 곧바른 정신적 능력이란 다음과 같은 다섯 가지 곧바른 앎 즉, 초월지[328]를 의미한다. 그러나

---

324) SN. II. 211 : aham bhikkhave yavadeva ākaṅkhāmi pītiyā ca virāgā upekkhako ca viharāmi sato ca sampajāno sukhañ ca kāyena paṭisamvedemi. yan tam ariyā ācik-khanti upekkhako satimā sukhavihārīti. tatiyaṁ jhānaṁ upāsampajja viharāmi

325) SN. II. 211 : aham bhikkhave yāvadeva ākaṅkhāmi sukhassa ca pahānā dukkhassa ca pahānā pubbeva somanassadomanassānam atthagamā adukkham asukham upe-kkhā sati parisuddhiṁ catutthaṁ jhānam upasampajja viharāmi

326) catuttham jhānaṁ samapannassa assasapassasa niruddhā honti

327) lokiya abhiñña : 世間神通으로 번역되며 世俗的인(lokiya) 殊勝한(abhi) 精神的 能力(aññā)을 말한다. abhiññā는 神通이나 超越智로 번역되기도 한다.

328) 超越智 abhiññā : 超凡智라고도 한다. 수승하고 탁월한 앎의 능력을 말한다.

이러한 초월지는 결코 일반적 개념으로 설명할 수 없는 신비적인 지식을 의미하지 않는다. 그것들은 누구나 수행을 통해 도달할 수 있는 것으로 우리의 체험적 구조 속에서 인과적으로 설명 가능한 것이다. 우빠니샤드의 사상가들은 요가체험의 기초 위에 이러한 지식을 신비적 직관으로 여겼고 그것이 아트만이나 브라흐만과 같은 형이상학적인 실체를 계시하는 것으로 여겼다. 여기에 비해 붓다는 이러한 지식의 생성을 조건적 발생과정으로 해체시켰다. 쁘레마씨리에 의하면 "초월적인 인식능력은 결코 불교에서 플라톤의 초월적인 이데아에 대한 지적인 직관과 비교될 수가 없는 것이다. 플라톤에 따르면 감각체험과 지적 직관은 상호배타적인 인식론적인 범주에 소속되는 것이다. 그러나 불교에 따르면 초월지는 초감각적 실재에 대한 신비적 직관이 아니고 단지 조건적으로 발생되는 감각적 능력의 확장과 정제의 결과이다."[329]

여기에는 감관적 대상과 기억과 같은 정신적 내용을 초월하는 실체에 관한 인식은 없다.

① 신족통[330]은 정신적 능력이 정제되고 확장된 것이다.

[붓다] "수행승들이여, 나는 이와 같이 알고 이와 같이 보며 여러 가지 초월적인 능력들을 즐긴다. 나는 하나에서 여럿이 되고 여럿에서 하나가 되고, 나타나기도 하고 사라지기도 하고, 자유로운 공간처럼 장애 없이 담을 통과하고 성벽을 통과하고 산을 통과하고, 물 속처럼 땅 속을 드나들고, 땅 위에서처럼 물 위에서도 빠지지 않고 걷고, 날개 달린 새처럼 공중에서 앉은 채 날아다니고, 나는 손으로 이처럼 큰 신비를 지니고 이처럼 큰 능력을 지닌 달

329) Premasiri, P. D., 『Early Buddhist Analysis of Varieties of Cognition』 SJBS. vol.I(1987)

330) 神足通 iddhi

과 해를 만지고 쓰다듬고, 하느님의 세계에 이르기까지 육신으로 영향력을 미친다."331)

이 신족통에 대한 서술은 실제로 가능하지 않은 불사의한 것으로서 우리가 어떻게 이해해야 할 것인가 하는 난해한 문제이다. 그러나 일체의 존재가 여기서 언급되고 있는 공간, 담, 성벽, 물, 땅, 새, 달, 해, 하느님, 육신에 이르기까지 모두 유위법적으로 조건적으로 발생된 연생이라고 한다면 무상하고 실체가 없으므로 어떠한 물질적 장애도 실제로 성립하지 않으므로 이러한 사사무애적(事事無碍的) 자유가 가능해진다고 볼 수 있다. 물론 그런 이유에서 쁘레마씨리처럼 신족통을 염력과 같은 정신적 힘을 수행하는 능력으로 해석하는 것도 가능할 것이다.

② 천이통332)은 청각능력이 정제되고 확장된 것이다.

[붓다] "수행승들이여, 나는 내가 원하는 대로 청정하여 인간을 뛰어넘는 하늘 귀로 멀고 가까운 신들과 인간의 두 소리를 듣는다."333)

이 능력은 별반 이해할 수 없는 불가사의한 것은 아니다. 감각기관이 지극히 청정해지면 멀고 가까운 소리를 들을 수 있게 된다. 오늘날 우리는 텔레파시나 전파매체를 통해 얼마든지 멀고 가까운 소리를 들을 수 있다는 것을 알고 있다. 그러나 여전히 신들

331) SN. II. 210 : aham bhikkhave yāvadeva ākaṅkhāmi anekavidham iddhividham pac-ca nubhomi. eko pi hutvā bahudhāhomi. bahudhā pi hutvā eko homi. āvibhāvaṁ tirobhā vaṁ tirokuḍḍaṁ tiropākāraṁ tiropabbatam asajjamāno gacchāmi seyyathāpi ā-kāse, pathaviyāpi ummujja nimujjam kāromi seyyathāpi udake, udake pi abhijja- māne ga cchāmi seyyathāpi pathaviyaṁ. ākāse pi pallaṅkena caṅkamāmi seyyathāpi pakkhisa kuṇo. ime pi candimasuriye eva mahiddhike evam mahānubhāve pāṇinā parimasāmi, parimajjāmi. yāva brahmalokā pi kāyena vasaṁ vattemi.

332) 天耳通 dibbasota

333) SN. II. 211 : aham bhikkhave yāvadeva ākaṅkhāmi dibbāya sotadhātuyā visuddhā-y a atikkantamānusakena ubho sadde suṇāmi dibbe ca mānuse ca ye dūre santike ca

의 소리를 듣는다는 것은 문제가 될 수 있다. 그런데 신들은 우리의 정신에서 생겨나는 일종의 화생(化生)으로서 마음에서 조건적으로 생겨나는 것에 불과하다면 얼마든지 청정한 마음으로 그 신의 소리에 귀를 기울일 수 있다. 또한 궁극적으로 모든 장애의 소멸이 어떠한 소리도 민감하게 수용하는 자유를 가능하게 한다면 천이통은 불가능한 것이 아니다.

③ 타심통334)은 타인의 마음의 상태를 헤아리는 능력이 정제되고 확장된 것이다.

[붓다] "수행승들이여, 나는 내가 원하는 대로 나 자신의 마음으로 미루어 다른 뭇삶이나 다른 사람들의 마음을 안다. 나는 탐욕으로 가득 찬 마음을 탐욕으로 가득 찬 마음이라고 알고, 탐욕에서 벗어난 마음을 탐욕에서 벗어난 마음이라고 안다. 나는 분노로 가득 찬 마음을 분노로 가득 찬 마음이라고 알고, 분노에서 벗어난 마음을 분노에서 벗어난 마음이라고 안다. 나는 어리석음으로 가득 찬 마음을 어리석음으로 가득 찬 마음이라고 알고, 어리석음에서 벗어난 마음을 어리석음에서 벗어난 마음이라고 안다. 나는 통일된 마음을 통일된 마음이라고 알고, 흐트러진 마음을 흐트러진 마음이라고 안다. 나는 최상으로 노력하는 마음을 최상으로 노력하는 마음이라고 알고, 최상으로 노력하지 않는 마음을 최상으로 노력하지 않는 마음이라고 안다. 나는 보다 높은 목표를 지향하는 마음을 보다 높은 목표를 지향하는 마음이라고 알고, 보다 높은 목표를 지향하지 않는 마음을 보다 높은 목표를 지향하지 않는 마음이라고 안다. 나는 삼매에 든 마음을 삼매에 든 마음이라고 알고, 삼매에 들지 못한 마음을 삼매에 들지 못한 마음이라고

---

334) 他心通 parassa cetopariyañāṇa

안다. 나는 해탈한 마음을 해탈한 마음이라고 알고, 해탈하지 못한 마음을 해탈하지 못한 마음이라고 안다."[335]

이 타심통은 나 자신의 마음을 미루어 다른 사람이나 중생들의 마음을 헤아릴 수 있다는 것으로 여기에 언급된 타심통의 대상은 언제나 일정한 타자의 마음 상태, 특히 그들의 조건지어진 것에 대한 속박과 그것의 소멸에 따르는 자유의 상태에 관한 것이다.

④ 숙명통[336]은 자신의 행위와 업보에 대한 기억이 정제되고 확장된 것이다.

[붓다] "수행승들이여, 나는 이와 같이 알고 이와 같이 보며 전생의 여러 가지 삶의 형태를 기억한다. 예를 들어 '한 번 태어나고 두 번 태어나고 세 번 태어나고 네 번 태어나고 다섯 번 태어나고 열 번 태어나고 스무 번 태어나고 서른 번 태어나고 마흔 번 태어나고 쉰 번 태어나고 백 번 태어나고 천 번 태어나고 십만 번 태어나고 수많은 세계 파괴의 겁을 지나고 수많은 세계 발생의 겁을 지나고 수많은 세계 파괴와 세계 발생의 겁을[337] 지나면서, 당시에 나는 이러한 이름과 이러한 성을 지니고 이러한 용모를 지니고 이러한 음식을 먹고 이러한 괴로움과 즐거움을 맛보고 이러한 목

---

335) SN. II. 211 : aham bhikkhave yāvadeva ākaṅkhāmi parasattānam parapuggalānam cetasā ceto paricca pajānāmi sarāgaṁ vā cittaṁ sarāgaṁ cittanti pajānā vītarāgaṁ vā cittaṁ vītarāgaṁ cittanti pajānāmi. sadosaṁ vā cittaṁ … vītadosaṁ vā cittaṁ … samohaṁ vā cittaṁ … vītamohaṁ vā cittaṁ … saṅkhittaṁ vā cittaṁ.. vikkhittaṁ vā cittaṁ … mahaggataṁ vā cittaṁ … amahaggataṁ vā cittaṁ … sauttaraṁ vā cittaṁ … anuttaraṁ vā cittaṁ … samāhitaṁ vā cittaṁ … asamāhitaṁ vā cittaṁ … vimuttaṁ vā cittaṁ … avimuttaṁ vā cittaṁ avimuttaṁ cittanti pajānāmi

336) 宿命通 pubbenivasānussati

337) vivaṭṭakappa는 世界生成의 時期인 成劫을 말하며, saṃvaṭṭakappa는 世界消滅의 時期인 壞劫을 말한다. 이것은 네 가지 宇宙의 循環過程 가운데 두 단계를 나타낸 것이다. 이것에 관해서는 AN. IV. 156와 VII. 62에 상세히 등장한다. 네 宇宙期는 아래와 같다. ① 宇宙消滅期(壞劫 : saṃvaṭṭakappa) ② 宇宙混沌期(空劫 : saṃvaṭṭaṭṭhāyikappa) ③ 宇宙維持期(住劫 : vivaṭṭaṭṭhāyikappa) ④ 宇宙生成期(成劫 : vivaṭṭakappa).

숨을 지녔고, 나는 그 곳에서 죽은 뒤에 나는 다른 곳에 태어났는데, 거기서 나는 이러한 이름과 이러한 성을 지니고 이러한 용모를 지니고 이러한 음식을 먹고 이러한 괴로움과 즐거움을 맛보고 이러한 목숨을 지녔었다. 그 곳에서 죽은 뒤에 여기에 태어났다.' 라고 이와 같이 나는 나의 전생의 여러 가지 삶의 형태를 구체적으로 상세히 기억한다."[338]

여기서 숙명통에 관해 언급되고 있는 내용은 거의 무한이지만 특정한 시간에 한정되어 소급되는 자신의 전생에 관한 초월지이다. 왜냐하면 윤회의 시작은 알려지지 않기 때문이다. 그럼에도 불구하고 특정한 시간적 계기에 따라 조건지어진 존재의 계기가 흔적으로 남는다는 사실을 조건의 소멸에 수반되는 여실지견에 의해 전생으로 기억하는 것이 가능하다고 볼 수 있다. 그러나 이것은 결코 전생의 사건에 대한 인과론적으로 가능하지 않은 직접지각이 아니며 다중적인 전생의 삶을 회상할 수 있는 능력[339]에 불과한 것이다.

⑤ 천안통[340]은 자신의 행위와 업보에 미루어 타자의 행위와 업보에 대해 파악하는 능력이 정제되고 확장된 것이다.

[붓다] "수행승들이여, 나는 이와 같이 알고 이와 같이 보며 청

---

338) SN. II. 212 : aham bhikkhave yāvadeva ākaṅkhāmi anekavihitam pubbenivāsam an-ussarāmi. seyyathīdam, ekam pi jātiṁ dve pi jātiyo tisso pi jātiyo catasso pi jātiyo pañca pi jātiyo dasa pi jātiyo vīsam pi jātiyo tiṁsam pi jatiyo cattārīsam pi jātiyo paññāsam pi jātiyo jātisatam pi jātisahassam pi jatisatasahassam pi. aneke pi saṁva ṭṭakappe aneke pi vivaṭṭakappe aneke pi saṁvaṭṭavivaṭṭakappe, amutrāsim evaṁnā mo evaṁgotto evaṁvaṇṇo evamāhāro evaṁsukhadukkhapaṭisamvedī evamāyupariya nto, so tato cuto amutra udapādi, tatrāvāsim evaṁnāmo evaṁgotto evaṁ-vaṇṇo eva māhāro evaṁsukhadukkhapaṭisamvedī evamāyupariyanto so tato cuto idhupapanno ti, iti sākāraṁ sauddesam anekavihitam pubbenivāsam anussarāmi

339) SN. II. 212 : anekavihitam pubbenivāsam anussarāmi

340) 天眼通 : dibbacakkhu

정해서 인간을 뛰어넘는 하늘눈으로 뭇삶을 본다. 죽거나 다시 태어나거나 천하거나 귀하거나 아름답거나 추하거나 행복하거나 불행하거나 업보에 따라서 뭇삶을 본다. 예를 들어 '이 뭇삶들은 신체적으로 악행을 갖추고 언어적으로 악행을 갖추고 정신적으로 악행을 갖추었다. 그들은 고귀한 님들을 비난하고 잘못된 견해를 갖추고 잘못된 견해에 따른 행동을 갖추었다. 그래서 이들은 육체가 파괴된 뒤 죽어서 괴로운 곳, 나쁜 곳, 즐거움 없는 곳, 지옥에 태어났다. 그러나 이 뭇삶들은 신체적으로 선행을 갖추고 언어적으로 선행을 갖추고 정신적으로 선행을 갖추었다. 그들은 고귀한 님들을 비난하지 않고 올바른 견해를 지니고 올바른 견해에 따른 행동을 갖추었다. 그래서 이들은 육체가 파괴된 뒤 죽어서 좋은 곳, 하늘나라에 태어났다.'라고 이와 같이 나는 청정해서 인간을 뛰어넘는 하늘눈으로 뭇삶을 관찰하여 죽거나 다시 태어나거나 천하거나 귀하거나 불행하거나 업보에 따라서 뭇삶을 본다."[341]

천이통처럼 천안통이 멀고 가까운 대상에 대한 지각을 의미하는 것이 아니라 여기서 언급되고 있는 것은 현재의 중생들의 다양성을 그들의 업보의 다양성에 따른 인과응보의 관계로 파악하는 것을 의미하고 있다. 앞서의 숙명통은 자신에 관련된 것이고 지금 논의되고 있는 천안통은 타자의 다양한 업보에 따라 등장하는 숙

341) SN. II. 213~214 : aham bhikkhave yāvadeva ākaṅkhāmi dibbena cakkkunā visuddhe na atikkantamānusakena satte passāmi. cavamāne uppajjamāne hīne paṇīte suva-ṇṇ e dubbaṇṇe sugate duggate yathākammupage satte pajānāmi. ime vata bhonto sattā kāyaduccaritena samannāgatā vacī duccaritena samannāgatā manoduccarite-na sam annāgatā ariyānam upavādakā micchādiṭṭhikā micchādiṭṭhikammasamādānā te kāyas sa bhedā paraṁ maraṇā apāyaṁ duggatiṁ vinipātaṁ nirayam upapannā. ime vā pan a bhonto sattā kāyasucaritena samannāgatā vacīsucaritena samannāga-tā manosuca ritena samannāgatā ariyānaṁ anupavādakā sammādiṭṭhikā sammādiṭ-ṭhikammasam ādānā, te kāyassa bhedā paraṁ maraṇā sugatiṁ saggaṁ lokam upa-pannā ti. iti dib bena cakkhunā visuddhena atikkantamānusakena satte passāmi. ca-vamāne upajjam āne hīne paṇīte suvaṇṇe dubbaṇṇe sugate duggate yathākammup-age satte pajānāmi

명에 관한 것이다.[342] 이것은 타자의 현재적 사건을 일반적인 시각능력의 범주를 넘어서 지각하는 것이다. 또한 타심통이 자신의 마음을 미루어 타자의 마음을 알듯이 천안통은 자신의 숙명을 미루어 타자의 숙명에 관해 아는 것이다. 천안의 계발은 초감각적 초시간적 실재를 토대로 하는 것이 아니라 육안을 토대로 한다. 따라서 천안통은 현재적 사건을 보는 목적을 위해서만 수행될 수 있는 것이지 그것을 통해 과거와 미래를 직접 지각할 수 있는 것은 아니다.

위와 같은 곧바른 앎 또는 초월지는 조건적으로 발생되는 감각능력의 확장에 기초를 두고 있는 것인데 후각, 미각, 촉각 등의 능력을 제외한 시각능력과 청각능력 그리고 정신력의 확장에 관해서만 언급하고 있는 것이 특기할 만하다. 이러한 초월지는 연기론의 인식론적 토대를 제공해왔다. 그러나 여기서 과거와 미래를 직접 지각하는 초인식적 능력은 허용되지 않고 있다. 과거는 오직 기억을 수반하여 관찰함으로써 식별된다.[343] 그리고 미래는 아직 생성되지 않았으므로 직접적으로 지각될 수 없다. 그러므로 붓다는 이러한 명상수행에 따른 미래에 관한 가장 확실한 지식으로 미래에 다시는 태어나지 않으리라는 깨달음에서 오는 지혜만을 언급했다.[344] 불교의 초월지는 동시대인들이 주장한 '이것만이 진리이고 다른 것은 거짓이다.'라는 전지(全知)에 대해서는 극단적인 결정론과 관계된 것으로 부정한다.[345] 초월지의 체험내용은 나중

---

342) Vism. 434 : 초기경전상의 天眼通에는 未來에 관한 예측이 없으나『청정도론』이나 阿毘達磨論書에서는 '그 자는 色界에 태어날 것이다.'라든가 '나는 某處에 태어날 것이다' '未來에 彌勒世尊이 나타날 것이다' 등의 예언적인 未來分智를 인정한다. 緣起論的 입장에서 볼 때 이러한 豫測可能性은 因果性에 필수적인 것이 아니다.

343) satānusārī viññāṇaṁ hoti

344) DN. III. 134 : tathāgatassa bodhijaṁ ñāṇam uppajjati ayam antimā jāti n'atthi dāni punabbhavo ti

에 언급할 누진통을 제외하고는 일반적 감각내용과 다른 질적 특성을 지닌 것이 아무 것도 없으며 위와 같은 능력을 지니지 않은 누구라도 검증할 수 있는 것이다.

비물질계의 선정에서 가장 초월적인 존재의 상태는 지각하지도 않고 지각하지 않는 것도 아닌 경지는 인데, 지각과 느낌이 소멸한 세계의 선정은 그러한 비물질계[無色界]의 최상의 단계마저 초월하는 선정의 결과이다.

[붓다] "수행승들이여, 나는 내가 원하는 대로 지각하는 것도 아니고 지각하지 않는 것도 아닌 경지를 완전히 뛰어넘어 지각과 느낌이 소멸한 선정에 든다."[346]

이러한 지각과 느낌이 소멸한 멸진정[347]이 붓다가 성취한 가장 높은 형태의 명상이지만 궁극적인 열반의 성취와는 다른 것이다. 깔루빠하나에 의하면 붓다는 요가 수행자의 선정에 의해 도달하는 초감각적 지각의 타당성을 수용했지만 그것이 궁극적인 실제에 대한 지식을 제공한다고는 생각하지 않았기 때문에 이러한 지각과 감각이 모두 중지되는 멸진정과 같은 최고단계의 법열도 열반의 일시적 측면으로 취급되었다.[348] 그러므로 다른 경전에서 이러한 상태에 도달한 싸리뿟따에게 '지혜로써 관찰되어 번뇌들이 소멸한다.'[349] 그리고 '그는 그 입정(入定)으로부터 새김을 갖추어 출정(出定)한다.'[350]라는 진술을 발견할 수 있는데, 이는 지각과 느낌이 소멸한 멸진정이 곧 선정의 최상 단계로서 모든 선정을 대

345) MN. I. 485; MN. III. 171 이 책의 「진리의 수호」의 장을 보라.
346) SM. II. 211 : aham bhikkhave yāvadeva ākaṅkkāmi. sabbaso nevasaññānāsaññāy-atanaṁ samatikkamma saññāvedayitanirodham upasampajja viharāmi.
347) 想受滅 saññāvedayitanirodham, 滅盡定 nirodhasamapatti
348) Kalupahana, D. J., 『Buddhist Philosophy』 76
349) paññāya c'assa disvā āsavā parikkhīṇā honti
350) so tāya samāpattiyā sato vuṭṭhahati

변하지만 그것이 곧 최종적 해탈이 아니라는 것을 말한다.

[붓다] "지혜가 없는 자에게는 선정도 없다. 선정과 지혜를 갖춘 자, 그는 참으로 열반에 가까이에 있다."351)

지혜는 바로 여덟 가지 고귀한 길 가운데, 네 가지 거룩한 진리이나 연기법에 대한 완전한 통찰을 의미하는 올바른 견해의 완성과 더불어 나타난다.

351) Dhp. 372 natthi jhānam apaññassa paññā natthi ajjhāyato, yamhi jhānaṁ ca paññā ca sa ve nibbānasantike

제7장 연기(緣起)와 무아(無我)

1.이것이 있을 때 저것이 있다.

일반적으로 범어에서 아트만이라고 불리는 영혼이나 자아라는 것은 인간 속에 있는 영원하고 지속적이고 절대적인 실체이며 무상한 현상세계의 배후에 있는 불변의 본질을 나타낸다. 어떤 종교의 견해에 따르면, 각 개인은 신이 부여한 개별적인 영혼을 갖고 있으며 그것은 죽은 후에 영원히 지옥이나 천국에 살게 되며 그의 운명은 창조주인 신에게 달려있다고 한다. 또 다른 견해에 따르면 영혼은 많은 윤회를 거쳐서야 비로소 완전히 깨끗해져서 마침내 창조주인 신이나 브라흐만, 우주적 자아 또는 아트만과 결합하게 된다고 한다. 그러한 관념을 불교에서는 극단적 견해인 영원주의(常見)라고 한다.

불교는 영혼이나 자아라는 관념을 부정한다는 측면에서 사상사적으로 독특한 위치를 점유하고 있다. 붓다의 가르침에 따르면, 자아라는 관념은 실재와 일치하지 않는 환상이고 거짓된 신념이고 그것은 '나의 것', '나', '이기적인 욕심', '갈애', '집착', '증오', '악의', '속임수', '교만', '이기주의', '더러움', '오염'의 문제를 낳게 되는 해로운 생각이다. 다시 말해서 이러한 해로운 견해로 인해서 세상의 모든 악이 생겨난다.

인간 내부에 심리적으로 깊이 뿌리박힌 두 가지의 관념, 곧 자기보호와 자기보존이라는 것이 있다. 자기보호를 위해서 인간은 신을 창조하고 어린 아이가 부모에 의존하듯이 그에게 자기의 보호와 안전과 안녕을 위탁하는 것이다. 또한 인간은 자기보존을 위해서 영원히 살 수 있는 불멸의 영혼인 아트만이라는 사상을 만들어냈다. 무지와 나약함과 두려움과 욕망 속에서 인간은 자기를 위로할 그러한 두 가지를 필요로 했던 것이다. 그리고는 인간은 그 두 가지에 깊이 빠져드는 것이다.

붓다의 가르침은 이러한 무지와 나약함과 두려움과 욕망 등을 조장하려는 것이 아니라 그것들을 제거하고 파괴하고 그 뿌리를 잘라서 인간으로 하여금 깨닫게 하는데 있다. 붓다에 의하면 신이나 영혼이라는 우리의 관념은 환상이며 공허한 것이다. 이론적으로 고도로 발달되어 있다고 하더라도 그것들은 복잡한 형이상학이나 철학의 옷을 입고 있는 극도의 미묘한 정신적 투영에 불과하다. 이러한 관념은 인간 속에 너무 깊게 뿌리박혀 있고 소중하게 여겨지고 가까이에 있기 때문에 그것과 어긋나는 가르침에 귀를 기울이거나 그것을 이해하려고 하지 않는다.

붓다는 이러한 사실을 너무나도 잘 알고 있었다. 사실상 그는 자신의 가르침이 인간의 이기적인 욕망을 거스르는 역류문(逆流門)이라고 말했다. 그는 위없는 바른 깨달음을 얻은 후에 사주 째되는 날 보리수 아래서 명상에 잠겨 이와 같이 생각했다.

[붓다] “나는 깊고 보기 어렵고 깨치기 어렵고 고요하고 탁월하고 심오하고 섬세해서 지혜로운 자만이 알 수 있는 진리를 성취했다 … 갈애에 물들고 어둠에 가린 사람들은 그 흐름을 거슬러 미

묘하고 깊고 섬세한 진리를 보지 못한다."[352]

이러한 명상과 함께 붓다는 자기가 깨달은 진리를 세상에 설명하려한다면 헛된 일이 되지 않을까 하는 생각을 하며 잠시 망설였다. 그런 다음에 그는 세계를 연못에 비유하며 명상에 잠겼다. 연못에는 아직 물밑에 있는 연꽃도 있고, 수면 위에 거의 올라와 있는 연꽃도 있으며, 물위로 올라와서 수면에 닿지 않는 연꽃도 있다. 마찬가지로 이 세계의 인간은 수행정도에 따라 수준의 차이가 있다. 어떤 사람은 진리를 깨달을 수 있을 것이다. 그래서 붓다는 가르침을 펴기로 했다.

무아의 교리는 다섯 가지 존재의 다발[五蘊]의 분석이나 인과성의 원리인 연기법(緣起法)[353]의 관찰을 통해서 필연적으로 또는 자연적으로 드러나는 것이다. 앞에서 네 가지 거룩한 진리 가운데 괴로움의 진리에 관해 논의하면서 존재 또는 개체라고 부르는 것은 다섯 가지의 요소로 구성되어 있지만, 그것을 분석해보면 '나', '자아' 또는 '아트만'이나 '어떤 불변의 본질'은 없는 사실을 살펴보았다. 그것이 분석적인 방법이다.

뿐만 아니라 종합적인 연기법의 관찰을 통해서도 동일한 결론에 도달할 수 있다. 그리고 그러한 결론에 따르면 세상에 아무것도 절대적인 것은 없다. 모든 것은 조건지어지고 상대적이고 상호의존적이다. 무아의 가르침에 들어가기 전에 연기의 법칙을 살펴볼 필요가 있다. 이 원리는 사행시로 간단하게 표시되어 있다.

[붓다] "이것이 있을 때 저것이 있으며,

---

352) MN. I. 167~168 : adhigato kho me ayaṃ dhammo gambhīro duddaso duranubodho santo paṇīto atakkāvacaro nipuṇo paṇḍitavedanīyo … paṭisotagāmiṃ nipunaṃ gambhīraṃ duddasaṃ aṇuṃ rāgarattā na dakkhinti tamokkhandhena āvaṭā ti.

353) paṭiccasamuppāda : 아래에서 설명함.

이것이 생겨나므로 저것이 생겨난다.
이것이 없을 때 저것이 없으며,
이것이 소멸하므로 저것이 소멸한다."[354)]

여기서 먼저 언급해야 할 것은 '이것'이라고 하는 것은 실체적이며 자기동일적인 '이것'이 아니라 인과적으로 얽혀있는 '사건'을 말한다. 그래서 『잡아함경(雜阿含經)』에서는 '이것'을 시사(是事)로 번역하고 있는 곳이 발견된다.

[구나발다라] "이러한 사건이 있으므로 이러한 사건이 있다. 이러한 사건이 일어남으로 이러한 사건이 생겨난다."[355)]

이러한 구나발다라(求那跋陀羅)의 해석은 '이것'이 어떤 실체라기보다는 사태나 사건임을 통찰한 예리한 해석이라고 할 수 있다.[356)]

---

354) SN. II. 28 ; 65 ; 70 ; 96 ; Ud. 2 ; MN. I. 262 ; 264 : ① imasmiṁ sati idaṁ hoti, ② imassuppadā idam uppajjati. ③ imasmim asati idaṁ na hoti, ④ imassa nirodhā idaṁ nirujjhati

355) 大正 2. 245b 是事有故是事有 是事起故是事生

356) 現代科學의 입장에서 物質은 본질적으로 事件으로서 變化의 主體이지 어떤 事物이 그것으로부터 나와서 存在하게 되는 어떤 것이 아니다. 따라서 고전적으로 아리스토텔레스가 제시한 네 가지 種類의 原因은 다시 고려되어야 한다. 아리스토텔레스에 의하면 한 종류의 원인만 가지고는 결과를 산출할 수 없고 대신에 네 가지 종류의 원인이 필요하다. ① 質料因(causa materialis) : 事物이 만들어지는 材料, ② 形狀因(causa formlis) : 事物의 形狀, 本質, 觀念을 提供하는 것, ③ 作用因(causa efficiens) : 事物이 따르지 않을 수 없는 外的인 强要, ④ 目的因(causa finalis) : 事物이 갖고 있는 目的. 여기서 처음 두개는 存在의 原因이고 나머지는 生成의 原因이다. 近代科學이 등장하면서 形狀因과 目的因은 經驗의 領域을 넘어서는 것으로 제쳐두게 되었으며, 質料因은 현대과학의 등장과 함께 物質을 變化하는 事件으로 파악함에 따라 原因으로서의 價值를 喪失하게 되었다. 그런데 變化하는 事件으로서의 관점을 더욱 강력하게 적용시킨다면 作用因을 제외한 다른 原因들은 진정한 의미에서의 原因으로서 妥當하지 않다는 사실을 알 수 있다. 왜냐하면 形狀因과 質料因은 운동하지 않는 不變의 實體이며, 目的因은 스스로 움직이지 않고 誘引에 의해서만 作用하는 論理的으로 矛盾되는 不動의 運動者인 神이기 때문이다. 그리고 變化하는 事件과 관련시켜 현대과학적으로 굳이 作用因을 정의하자면 '變化를 產出하는 外的인 影響'을 말한다. 그러나 佛敎的으로 볼 때 엄밀하게 原因의 複數性을 고려한다면 內部原因이나 外部原因도 효과적으로 因果的으로 작용할 수 없다는 사실을 筆者의 『初期佛敎의 緣起思想』 가운데 「自他中道의 緣起」 항목에서 살펴볼 수 있을 것이다. 따라서 불교적 입장에서 본다면 원인은 근대과학적으로 그러했듯이 아리스토텔레스적인 作用因으로 환원될 수 없다. 참고 : Macy, J., 『Mutual Causality in Bud

러셀은 다음과 같이 말한다.

[러셀] "세상의 모든 것은 '사건들'로 구성되어 있다. 하나의 '사건'은 하나의 작은 시공적 한계를 차지하고 있는 어떤 것이다 … 사건들은 물체가 존재한다고 가정하는 것처럼 불투과적인 것이 아니다. 이와는 반대로 시공적 모든 사건은 다른 사건들에 의해서 겹쳐진다."357)

이 연기법의 일반적인 조건성의 원리에 관하여 가장 잘 번역한 것은 동진(東晉)의 승가제파(僧伽提婆)가 『중아함경』의 「설처경(說處經)」에서 한 번역이다.

[승가제파] "만약 이것이 있으면 곧 저것이 있고, 만약 이것이 생겨나면 곧 저것이 생겨난다. 만약 이것이 없으면 곧 저것이 없으며, 만약 이것이 소멸하면 곧 저것이 소멸한다."358)

우리의 삶과 삶의 지속과 소멸에 관하여 우리는 조건성, 상대성, 상호의존성을 나타내는 십이연기(十二緣起)의 법칙 속에서 상세히 설명할 수 있다.

무명(①無明)을 조건으로 의도적인 행위와 업을 구성하는 형성(②行)이 생겨난다. 형성을 조건으로 의식(③識)이 생겨난다. 의식을 조건으로 정신물리적인 현상인 명색(④名色)이 생겨난다. 명색을 조건으로 여섯 가지의 감역(⑤六入)이 생겨난다. 감역을 조건으로 감각적, 정신적 접촉(⑥觸)이 이루어진다. 접촉을 조건으로 느낌(⑦受)이 생겨난다. 느낌을 조건으로 갈애(⑧愛)가 일어난다. 갈애를 조건으로 집착(⑨取)이 일어난다. 집착을 조건으로 존재

---

dhism and General Systems Theory』(New York : State University of New York Press, 1992. p.11

357) Russell, 『An Outline of Philosophy』 3rd impression(London : Allen and Urwin, 1941. p.287

358) 中阿含經 86(大正 1. 562c) : 若有此則有彼, 若生此則生彼, 若無此則無彼, 若滅此則滅彼

(⑩有)가 생겨난다. 존재를 조건으로 태어남(⑪生)이 생겨난다. 태어남을 조건으로 늙고 죽음(⑫老死)가 생겨난다.[359]

이것은 생명이 어떻게 태어나고 살다가 죽는가 하는 실상을 나타내고 있다. 반대로 이러한 과정을 역관(逆觀)하면 모든 것들은 사라져가는 것을 알 수 있다. 무명이 사라지면 의도적인 행위나 업이 사라지고 마침내 태어남이 없으면 늙고 죽음과 온갖 괴로움이 사라진다.

이러한 각 연기의 고리들은 연기되는 것일 뿐만 아니라 연기하는 것이다.[360] 그러므로 그들은 서로 상대적이고 상호의존적이고 서로 연관되어 있다. 어떠한 것도 독립적이나 절대적일 수 없다. 그러므로 어떤 제일원인도 불교에서는 찾아 볼 수 없다.[361] 연기

---

359) 이 十二緣起에 대한 원래의 經典句節(SN. II. 4, III. 1)은 다음과 같다. '수행승들이여, 緣起라는 것은 무엇인가? 수행승들이여, 無明을 조건으로 形成이 생겨나고 形成을 조건으로 意識이 생겨나고 意識을 조건으로 名色이 생겨나고 名色을 조건으로 여섯 感域이 생겨나고 여섯 感域을 조건으로 接觸이 생겨나고 接觸을 조건으로 느낌이 생겨나고 느낌을 조건으로 渴愛가 생겨나고 渴愛를 조건으로 執着이 생겨나고 執着을 조건으로 存在이 생겨나고 存在을 조건으로 태어남이 생겨나고 태어남을 조건으로 늙고 죽음, 憂鬱, 슬픔, 不安, 不快, 切望이 생겨난다. 이와 같이 해서 모든 괴로움의 다발들이 생겨난다.(katamo ca bhikkhave paṭiccasam uppādo. avijjāpaccayā bhikkhave saṅkhārā, saṅkhārapaccayā viññānaṁ, viññāṇapacc ayā nāmarūpaṁ, nāmarūpapaccayā saḷāyatanaṁ, saḷāyatanapaccayā phasso, phassap accayā vedanā, vedanāpaccayā taṇhā, taṇhāpaccayā upādānam, upādānapaccayā bha vo, bhavapaccayā jāti, jātipaccayā jarāmaraṇaṁ soka-parideva-dukkha-domanassup āyasā sambhavanti, evam etassa kevalassa dukkhakkhandhassa samudayo hoti)' 이 연기를 해석하는 전통적인 방법에는 ① 찰나연기(刹那緣起 : kṣaṇikapratītyasamutpāda) ② 연박연기(連縛緣起 : sāṁbandhikapratītyasamutpāda) ③ 원속연기(遠續緣起 : prākarṣ ikapratītyasamutpāda) ④ 분위연기(分位緣起 : āvasthikapratītyasamutpāda)가 있다. 이것에 대한 상세한 설명은 필자의 저술『初期佛教의 緣起思想』248쪽을 보라.

360) Vism. 517 : 연기되는 것(paṭiccasamuppanna)은 緣生이라고 하고 연기하는 것(paṭic-casa muppāda)은 緣起라고 한다.

361) Bunge, M.,『Causality and Modern Science』p.135 : 서양의 말레브랑쉐(Malebran-che)가 機會原因說(the doctrine of occasional cause)을 통해 絶對的 神만이 第一原因으로서의 因果的 効能을 가지며 自然的인 原因들은 動因을 낳는 原因이 아니라 第一原因이 介入하기 위한 機會原因들이라고 한 것은 絶對的인 有의 理論이 빠지기 쉬운 함정을 잘 대변하는 것이다. 그렇다고 위와 같은 두 가지의 原理的 代案을 토대로 最初의 絶對的 始作이 인정되지 않는다고 해서 相對的인 原因과 結果의 無限遡及을 요청할 수는 없다. 그렇게 해서 因果律의 無制限的 妥當性을 구할 수는 있지만, 그것은 不幸하게도 存在論的으로 虛構이고 認識

의 법칙은 하나의 원환이지 사슬이 아니다.

자유의지의 문제는 서구의 사상과 철학에서 매우 중요한 의미를 차지하고 있다. 그러나 그것은 불교철학에서 문제시될 수 없는 것이다. 모든 존재는 상대적, 조건적, 상호의존적이기 때문에 홀로 자유로울 수가 없는 것이다. 다른 사유와 마찬가지로 의지도 조건지어져 있다. 자유 자체도 조건적이고 상대적이다. 모든 것은 상호의존적이고 상대적이기 때문에 물질적으로나 정신적으로 절대적 자유는 있을 수 없다. 자유의지란 조건에서 독립된 의지 또는 원인과 결과의 법칙과는 무관한 의지를 말한다. 모든 존재가 조건적이고 상대적이고 인과의 법칙에 제약되어 있는데, 자유의지라고 해서 무조건적으로 인과법칙에서 벗어날 수가 있겠는가? 우리는 자유의지의 이념이 기본적으로 신, 자아, 정의, 은총, 처벌 등의 개념과 연관되어 있는 것을 지적하지 않을 수 없다. 자유의지란 것은 결코 자유로울 수 없을 뿐만 아니라 조건성에서 벗어날 수가 없는 것이다.

2. 방편적 진리와 궁극적 진리

연기의 법칙뿐만 아니라 다섯 가지 존재의 다발(五蘊)에 대한 분석에 따르면, 아트만 혹은 영혼, 자아, 자기라는 인간의 안팎에 상주하는 불멸의 본질이 있다는 사상은 거짓된 신념이고, 단지 정신적인 투영일 뿐이다. 이것이 불교의 무아의 가르침이다.

論的으로 效力이 없다. 存在論的으로 虛構인 것은 無限遡及(regressus ad infinitum)이 原因과 結果의 線形的 系列의 지나친 單純化라는 것 때문이며, 認識論的으로 效力이 없는 理由는 알려지지 않은 것으로 알려진 것을 說明하기 때문이다.

여기서 혼란을 방지하기 위해서 두 가지 종류의 진리에 관하여 언급해두어야겠다. 하나는 방편적 진리[俗諦]이고 다른 하나는 궁극적 진리[眞諦]이다.[362] 우리가 일상 생활에서 '나' 또는 '너', '존재', '개인'과 같은 표현을 사용할 때에 우리는 세상의 관례대로 방편적인 진리를 말하고 있는 것이다. 그러나 궁극적인 진리에는 '나' 또는 '너', '존재', '개인'이란 것은 있을 수가 없다. 대승장엄경론(大乘莊嚴經論)에서는 "개인은 가명(假名)에 의해서 있는 것이지 실체로서 존재하는 것은 아니다."[363]라고 말하고 있다.

불멸하는 자아 또는 아트만을 부정하는 것은 대승불교나 테라바다불교의 일반적인 특징이다. 그러므로 이러한 점에서 완전히 일치하는 불교의 전통을 붓다의 근본 가르침에서 벗어난 것이라고 생각할 아무런 근거도 없다.[364]

그러나 최근에 불교의 정신과는 아주 모순되게, 붓다의 가르침 속으로 자아의 관념을 끌어들이려는 몇몇 학자들의 헛된 시도가 있다는 것은 이상한 일이 아닐 수 없다.[365] 이들 학자들은 붓다의 가르침을 존중하고 찬양하고 숭앙하는 사람들이다. 그들은 불교를 높이 평가한다. 그러나 그들은 가장 명철하고 심오한 사상가라고 생각한 붓다가 그들이 바라마지 않았던 아트만, 곧 '자아'의 존재를 부정했다는 사실을 믿을 수가 없는 것이다. 그들은 무의식적

---

362) Srp. II. 77 : 俗諦는 sammutisacca, sk. saṃvṛtisatya이고, 眞諦는 paramatthasacca, *sk.* paramārthasatya이다.

363) Mahāyānasūtrālaṅkāra : XVIII 92. 여기서 개인은 pudgala를, 실체는 dravya를, 가명은 prajñapti를 번역한 것이다.

364) Helmut von Glasenapp, 「Vedanta and Buddhism on the Question of Anatta」. T-he Middle Way, February, 1957, p. 154.

365) 영국에는 Mrs. Rhys Davids와 같은 학자가 있다. 그녀의 Gotama the Man, Sākya or Buddhist Origins, A Manual of Buddhism, What was the Original Buddhism 등을 보라. 독일에서는 간트와 쇼펜하우어의 영향을 받았던 Georg Grimm과 같은 학자가 있다. 그의 Die Lehre des Buddha, die Religion des Vernunft, 1915를 보라. 일본에는 나까무라 하지메(中村元)와 같은 학자가 있다.

으로 영원한 존재 — 소아로서의 작은 자아가 아니라 대아로서의 커다란 자아 — 에 대한 필요나 요청 때문에 붓다의 가르침에서 도움을 구하려고 하는 것이다.

일반적으로 사람들이 자아 또는 아트만의 존재를 믿는다고 솔직히 말하는 것이 좋을 것이다. 그런 관점에서 붓다가 사람들이 자아나 아트만의 존재를 믿는다는 사실을 부정했다고 주장하는 것은 틀린 것이라고 말해도 좋다. 그러나 확실히 광범위한 원전에서 알 수 있는 것처럼, 붓다가 결코 받아들이려고 하지 않았던 사상을 누구도 불교 속으로 끌어들일 수는 없는 것이다. 물론 신이나 불멸의 영혼을 믿는 종교들은 이 두 가지 관념에 대하여 의심의 여지를 갖고 있지 않다. 반대로 그러한 종교들은 가장 웅변적으로 그리고 끊임없이 반복적으로 신이나 영혼의 존재를 천명하고 있다. 만약 붓다가 다른 종교에서처럼 이러한 관념을 받아들였다면 다른 사물들에 관하여 언급했던 것처럼 공적으로 그것을 선언했을 것이다. 그런데 그것들이 그가 열반에 든 후에 25세기가 지나서야 발견되도록 숨겨져 있을 리가 만무한 것이다.

사람들은 붓다가 시설한 무아의 가르침을 통해서 그들이 상상하고 신중하게 생각했던 소중한 자아의 관념이 무너지려한다는 생각에 신경을 곤두세우게 된 것이다. 붓다는 이러한 사실을 모른 체 하지는 않았다. 한 수행승이 그에게 "세존이시여, 자아 속에 영원한 것이 발견되지 않는다면 사람들은 고민하지 않겠습니까?"라고 물었다. 붓다는 여기에 대하여 이와 같이 대답했다.

[붓다] "수행승이여, 그렇다. 어떤 사람이 '세계는 아트만 바로 그것이다. 나는 죽은 후에 영원하고 상주하고 불변하는 그것이 될 것이며 거기서 영원한 것으로 지속할 것이다.'라고 생각한다. 그는 여래와 그 제자들로부터 사변적인 견해와 선입관, 편견, 집착과

경향을 근절시키고 일체의 형성을 그치고 일체의 집착을 버리고 갈애를 소진시켜 탐욕을 끊고 소멸하는 열반에 이르기 위해서 법을 설하는 것을 듣는다. 그래서 그는 '나는 전멸될 것이다. 나는 파괴될 것이다. 나는 더 이상 존재하지 않을 것이다.'라고 생각하면서 괴로워하고 고통스러워하며 통곡하며 가슴을 쥐어뜯고 방황한다. 이와 같이 수행승이여, 그는 자아 가운데 어떤 영원한 것이 발견되지 않으면 두려워한다."366)

그밖에 붓다는 "내가 존재하지 않을지도 모르며, 내가 아무 것도 갖고 있지 않다는 생각이 이 세상 사람들에게는 두려운 것이다."367)라고 말했다. 불교에서 자아의 관념을 찾으려는 사람들은 다음과 같이 "붓다는 물질[色], 느낌[受], 지각[想], 형성[行], 의식[識]이라는 존재를 구성하는 다섯 가지 요소의 분석을 통해 그러한 존재 속에서 자아를 찾아 볼 수 없다고 한 것은 사실이다. 그러나 이러한 다섯 가지의 존재의 다발을 떠나서 인간 내부의 어떤 곳에서든지 전혀 자기를 찾아 볼 수 없다고 말하지는 않았다."라고 주장한다. 이러한 입장은 다음 두 가지의 이유에서 성립하지 않는다. 하나는 붓다의 가르침에 따르면 존재는 다섯 가지 존재의 다발로 이루어져 있으며 더 이상 아무 것도 아니기 때문이다. 어떠한 경전에서도 붓다는 존재는 다섯 가지의 존재의 다발 이외에

---

366) MN. I. 136-137 : siyā bhikkhūti bhagavā avoca. idha bhikkhu ekaccassa evaṃ diṭṭ-hi hoti : so loko so attā, so pecca bhavissāmi nicco dhuvo sassato avipariṇāmadh- ammo, sassatisamaṃ tath'eva ṭhassāmiti. so suṇāti tathāgatassa vā tathāgatasāv-akassa vā sabbesaṃ diṭṭhiṭṭhānādhiṭṭhāna-pariyuṭṭhānābhinivesānusyānaṃ samu-gghātāya sabbasaṅkhārasamathāya nibbānāya dhammaṃ desentassa. tassa evaṃ hoti: ucchijjissāmi nāma su, vinassissāmi nāma su, na su nāma bhavissāmīti. so socati kilamati paridevati, urattāḷiṃ kandati, sammohaṃ āpajjati. evaṃ kho bhikk-hu ajjhattaṃ asati paritassanā hotīti.

367) Pps. II. 112 : tāso h'eso, bhikkhave, assutavato puthujjanassa, yadidaṃ no c'assaṃ no ca me siyā.

는 아무 것도 아니다라고 주장했다. 또 하나는 붓다는 언제나 우주의 어디에서든지 인간의 안이든 밖이든 간에 아트만, 영혼, 자아, 자기가 존재한다는 사실을 명백히 부정했다는 사실 때문이다.

붓다의 가르침 가운데 극히 중요한 세 가지 경구(三法印)가 있다. 그것은 『법구경』 277, 278, 279의 경구이다. 첫 두 경구는 '일체의 형성된 것들은 무상하다. 일체의 형성된 것들은 괴롭다.'[368] 라는 것이며, 세 번째 경구는 '일체의 사실(法)들은 무아이다.' 또는 '일체의 사실(法)들은 실체가 없다.'[369]라는 말이다. 여기서 첫 두 경구에 '형성된 것들'이란 빠알리어로 쌍카라[370]를 말하는데 여기에 주의를 기울여 보자. 그리고 세 번째에는 사실(法)이란 말이 사용되었는데 그것은 빠알리어로 '담마', 범어로는 '다르마'를 가르킨다. 왜 세 개의 경구 가운데 앞의 두 개는 '쌍카라'가 사용되었고 세 번째에서는 '담마'가 사용되었는가? 여기에 모든 문제의 해결의 실마리가 있다고 생각된다. '쌍카라'라는 말은 다섯 가지 존재의 다발, 모든 조건지어진 것, 상호연관적인 것, 상대적인 것, 정신적·신체적인 사상(事像)이나 상태를 의미한다. 만약 세 번째 경구가 '일체의 형성된 것들은 무아이다.' 또는 '일체의 형성된 것들은 실체가 없다.'라고 되어 있다면 사람들은 쌍카라, 즉 조건지어진 것이 무아이고 실체가 없으니까 조건지어지지 않은 것, 곧 다섯 가지 존재의 다발 이외의 것은 '자아'이고 '실체'일 것이라고 생각할 것이다. 사실(法), 즉 담마라는 말을 세 번째 구절에서 사용한 것은 이러한 오해를 피하기 위해서였다. 불교에서 '담마'란

---

368) 諸行無常 sabbe saṃkhārā aniccā. 諸行皆苦 sabbe saṃkhārā dukkhā.

369) 諸法無我 sabbe dhammā anattā

370) saṅkhārā : 다섯 가지 존재의 다발(五蘊) 가운데 쌍카라(行)는 업보를 가져오는 '活動'을 뜻한다. 그러나 여기서는 모든 存在를 포함하는 條件지어진 것 또는 結合되어진 것을 뜻한다. 쌍카라라는 말은 다른 狀況에서는 다른 意味로 含蓄的으로 쓰인다.

말은 '쌍카라'라는 말보다 넓은 의미로 쓰인다. 불교용어 가운데 '담마'란 말처럼 넓은 의미로 쓰이는 말은 없다. 그것은 조건지어진 것뿐만 아니라 무조건적이고 절대적인 열반이란 말까지 포함하고 있다. 그 말속에는 우주 안팎에서의 상대적인 것이나 절대적인 것이나, 좋은 것이나 나쁜 것이나, 조건지어진 것이나 조건지어지지 않은 것이나, 어떠한 것이든 포함되지 않는 것이 없다. 그러므로 '일체의 사실(法)들은 무아이다.' 또는 '모든 사실(法)은 실체가 없다.'라는 진술은 분명한 것이다. 다섯 가지 존재의 다발 뿐만 아니라 그것에서 벗어난 어떠한 곳에서도 자아 또는 아트만은 있을 수 없다는 것이 명백해진다.[371]

테라바다불교의 가르침에 의하면 중생이나 담마 속에서 자아를 찾을 수가 없다. 대승불교의 경우도 역시 법은 실체가 없다는 사실[法無我] 뿐만 아니라 자아도 실체가 없다는 사실[我無我]을 강조한다는 점에서 테라바다불교와 조금도 차이가 없다. 붓다는 『맛지마니까야』에서 제자에게 계속 이와 같이 말했다.

[붓다] "수행승이여, 그것을 받아들여 슬픔, 고통, 좌절, 재난을 일으키지 않는 영혼설이 있다면 그것을 받아들여라. 그러나 수행승이여, 그것을 받아들여 슬픔, 고통, 좌절, 재난을 일으키지 않는 영혼설을 보았는가?"[372]

[수행승] "세존이시여, 보지 못했습니다."[373]

[붓다] "수행승이여, 그러하다. 나도 그것을 받아들여 슬픔, 고통, 좌절, 재난을 일으키지 않는 영혼설을 보지 못했다."[374]

---

371) MN. I. 228; SN. III. 132, 133

372) MN. I. 137 : taṃ bhikkhave attavādupādānaṃ upādiyetha yaṃ sa attavādupāda-naṃ upādiyato na uppajjeyyuṃ sokaparidevadukkhadomanassupāyāsā. passatha no tumhe bhikkhave taṃ attavādupādānaṃ yaṃ sa attavādupādanaṃ upādiyato na uppajjeyyuṃ sokaparidevadukkhadomanassupāyāsā ti

373) MN. I. 137 : no h'etaṃ bhante.

붓다가 받아들인 영혼설[我論]이 있다면, 확실히 그는 여기서 그것을 설명했을 것이다. 왜냐하면 고통을 일으키지 않는 영혼설이 있다면 그것을 받아들이라고 수행자에게 권했기 때문이다. 그러나 붓다의 견해로는 그러한 영혼설은 없으며 그것이 아무리 미묘하고 숭고하더라도 슬픔, 고통, 좌절, 재난을 일으키고 모든 문제를 야기시키는 거짓이고 환상이었던 것이다. 붓다는 그 『맛지마니까야』에서 이어서 설법을 계속했다.

[붓다] "수행승이여, 자아나 자아를 유지하는 어떤 것을 진실로 확실히 찾을 수 없을 때 '세계는 아트만 바로 그것이다. 나는 죽은 후에 영원하고 상주하고 불변하는 그것이 될 것이며 거기서 영원한 것으로 지속할 것이다.'라고 생각하는 견해는 완전히 어리석은 견해가 아닌가?"[375]

이와 같이 붓다는 아트만, 영혼, 자아는 진실로 어디에서든 발견할 수 없을 뿐만 아니라 그러한 것이 있다고 믿는 것은 어리석은 환상에 불과하다고 말하고 있는 것이다.

붓다의 가르침에서 '자아'를 찾으려고 하는 사람들은 또한 잘못 해석되거나 번역된 몇 가지 경구를 인용하고 있다. 그러한 예들 가운데 하나가 법구경에 등장하는 '앗따 히 아따노 나토.[376]'란 말이 있는데 '자기가 자기 자신의 피난처이다.'라는 뜻이다. 어느 학

---

374) MN. I. 137 : sādhu bhikkhave, ahaṃ pi kho taṃ attavādupādānaṃ na samanupassām i yaṃ sa attavādupādanaṃ upādiyato na uppajjeyyuṃ sokaparidevadukkhadomanass upāyāsā

375) MN. I. 138 : attani ca bhikkhave attaniye ca saccato thetato anupalabbhamāne yam p'idaṃ diṭṭhiṭṭhānaṃ so loko so attā, so pecca bhavissāmi nicco dhuvo sassato av-ip arināmadhammo, sassatisamaṃ tath'eva ṭhassāmīti, nanāyaṃ bhikkhave kevalo pari pūro bāladhammo ti. 이 문장과 관련해서 S. Radhakrishnan은 Indian Philosophy vol. I, London, 1940. p. 485에서 "부처님이 비난한 小我의 永遠한 持續을 固執하는 것은 邪見이다."라고 註釋을 달고 있다. 우리는 이러한 見解에 贊同할 수 없다. 반대로 붓다는 宇宙的인 自我를 否定한 것이다. 붓다의 見解로는 아트만 이론은 거짓이고 精神的인 透寫에 불과하다.

376) Dhp. 160 : attā hi attano nātho.

자는 '대아(大我)는 소아(小我)의 주인이다.'라고 이것을 번역했다. 무엇보다도 이 번역 자체가 잘못되었다. 여기서 앗따 — 범어에서는 아트만 — 라는 말은 영혼이라는 의미를 지닌 자아를 뜻하는 말이 아니다. 빠알리어에서 자아는 일반적으로 위에 설명한 것처럼 특별히 철학적으로 영혼설과 관련된 것을 제외하고는 단지 재귀대명사나 부정(不定) 대명사처럼 사용되고 있다. 이 경구가 있는 법구경이나 다른 많은 경전에서 일반적으로 그 말은 '나 자신' '너 자신' '그 사람' '사람' '우리 자신' 등[377]의 뜻으로 쓰인다. 다음에 '나타'란 말은 '주인'을 뜻하는 것이 아니라 '피난처', '보호처', '도움', '보호'등[378]의 의미를 지닌 것이다. 그러므로 '앗따 히 앗따노 나토'란 말은 '자기는 자기 자신의 피난처이다.'라는 말이다. 또는 '자기가 자기 자신의 피난처이다.'라는 말이다. 여기에 형이상학적인 영혼이나 자아는 언급되어 있지 않다. 단지 너 자신은 너 자신에게 의지할 것이지 다른 어떠한 것에도 의지하지 말라는 뜻이다.

3. 진리를 깨닫도록 도와준 붓다

붓다의 가르침 속으로 '자아'의 관념을 끌어들이기 쉽게 되어 있는 또 다른 예로 유명한 「대반열반경(大般涅槃經)」 속의 '그대 자

377) Helmut von Glasenapp, 「Vedanta and Buddhism on the Question of Anatta」. The Middle Way, February, 1957 참조

378) DhpA. 148에 따르면, '나토는 依支處이다(nātho'ti patiṭṭhā).' Dhammapada Purāṇa-sannaya, Colombo 1926. 77에서는 '依支, 도움(pihiṭa vanneya)'의 의미로 설명하고 있다. 이 단어의 부정형태인 anātha는 '주인 없음'을 뜻하는 것이 아니라 '도움이 없는, 守護가 없는, 依支處가 없는'의 뜻을 지닌다. PTS. 사전도 마찬가지이다. 그러므로 Lo-kanātho를 '世界의 救援者'라고 飜譯하는 것도 잘못된 것이다. 붓다는 救援者가 아니기 때문이다. 이 單語의 比喩的 意味는 '世界의 依支處'라는 말이다.

신을 그대의 섬으로 하고 그 대 자신을 그대의 피난처로 하지 다른 누구도 그대의 피난처로 하지 말라.'는 경구가 있다. 이 경구를 불교에서 자아를 찾아내려는 사람들은 '자아를 등불[379]로 하고 자아를 피난처로 삼으라.'라고 번역했다. 붓다가 아난다[380]에게 남긴 이 유언은 충분한 배경과 문맥을 이해하지 않으면 바르게 이해하기 어렵다.

한 때에 붓다는 벨루바나라는 한 마을에 머물고 있었다. 붓다가 열반에 들기 3개월 전이었다. 붓다가 80세가 되던 해였다. 그는 심한 병에 걸려 완전한 열반을 목전에 두게 되었다. 그러나 그는 가까이에 있는 헌신적인 제자를 위하여 자신의 질병을 극복하지 않

379) 여기서 이 단어는 등불이 아니라 명백히 섬을 의미한다. 『디가니까야』의 주석서는 이 단어를 이와 같이 설명했다. "큰 바다의 섬처럼 안전한 곳인 섬을 네 자신의 安息處로 하여 안주하라.(mahāsamuddagataṃ dīpaṃ viya attānaṃ dīpaṃ patiṭṭhaṃ katvā viharatha)" 윤회는 보통 큰 바다, 輪廻의 바다(saṃsārasāgara)로 譬喩된다. 이 바다의 航海에서 만약의 安全을 위해서 必要한 것은 섬이지 등불이나 등대가 아니다.

380) Ānanda : 부처님의 제자 수행승 가운데 '많이 배운 자 가운데 제일(多聞第一 : bahussutānaṃ aggo)'이고, '새김 있는 님 가운데 제일(satimantānaṃ aggo)'이고, '행동거취가 분명한 님 가운데 제일(gatimantānaṃ aggo)'이고, '의지가 확고한 님 가운데 제일(dhitimantānaṃ aggo)'이고, '시중드는 님 가운데 제일(upaṭṭhākānaṃ aggo)'이었다. 그는 싸끼야무니 부처님의 사촌으로 같은 날에 태어났으며, 나중에 부처님의 시자가 되었다. 그의 아버지는 싸끼야 족의 Suddhodana 왕의 형제인 Amitodana였다. 아난다의 형제로는 이복형제인지 분명하지 않지만 Mahānāma, Anuruddha가 있었다. 그는 부처님께서 깨달은 지 2년 뒤에 Sākya 족의 왕자 Bhaddiya, Anuruddha, Bhagu, Kimbila, Devadatta와 함께 敎團에 들어갔다. 그의 親敎師는 Belaṭṭhasīsa였고 Puṇṇa Mantāniputta의 설법을 듣고 豫流者(sotāpaṇṇa)의 경지에 이르렀다. 깨달은 뒤 20년간 부처님에게는 侍者가 없었다. 그러나 20년 뒤 모든 위대한 제자들이 부처님을 시봉하길 원했을 때 부처님은 말없이 앉아 있던 Ānanda를 侍者로 택했다. Ānanda는 가사나 필요한 일용품이나 잠자리를 마련하고 방문객을 맞거나 여행을 준비하는 등의 일을 맡기로 하고 마지막으로 자신의 부재중에 한 설법을 자신에게 반복해주길 요청해서 허락을 받았다. 그후 25년간 Ānanda는 부처님을 그림자처럼 따라다니며 씻을 물을 준비하고 발을 씻어드리고 방청소를 하고 모든 곳으로 따라다녔다. 그는 언제나 스승의 손이 닿는 곳에 있다가 스승의 작은 소망까지도 미연에 알아서 조치했다. 밤에는 단단한 지팡이와 커다란 등불을 들고 부처님의 香室(Gandhakuṭi) 주변을 9번이나 돌았다. 그 이유는 필요하면 부처님을 깨우고 때로는 주무시는 데 장애가 되는 요소를 제거하기 위해서였다. 그는 부처님이 열반에 드신 이후에 阿羅漢의 경지를 얻어 七葉窟(Sattapaṇṇaguhā)에서 經典을 結集할 당시에 참여할 수 있었다. 그때 Ānanda가 대부분의 經을 송출하여 후대에 大藏經으로 남게 되었다.

고 완전한 열반에 드는 것은 적절하지 않다고 생각했다. 그래서 그는 용기와 결단으로 모든 고통을 이기고 병을 회복시켰다. 그러나 붓다의 몸은 여전히 허약했다. 회복된 후에 거처의 그늘에 앉아 있었다. 그 때에 붓다의 가장 헌신적인 제자 아난다는 존경하는 스승에게 다가가 그 곁에 앉아서 이렇게 말했다.

[아난다] "세존이시여, 세존께서 견디어내셨으니 더없이 기쁩니다. 세존이시여, 세존께서 회복하셨으니 더없이 기쁩니다. 세존이시여, 세존께서 병이 드셨기 때문에 실로 저의 몸은 마비된 듯했고 저는 분별력을 잃어버렸고, 가르침도 제게 아무런 소용이 없었습니다. 그러나 세존이시여, 저는 이와 같이 '세존께서는 수행승들의 승단을 위해 어떠한 공표도 없이 궁극의 열반에 들지 않을 것이다.'라고 생각하고 어느 정도 안심을 얻었습니다."381)

그 때에 붓다는 자비와 인간적인 감정에 가득 차서 그 헌신적이고 사랑스런 제자에게 말했다.

[붓다] "그런데 아난다여, 수행승의 승단이 나에게 바라는 것은 무엇인가? 아난다여, 나는 안팎의 차별을 두지 않고382) 가르침을

---

381) DN. II. 99 : diṭṭhā me bhante bhagavato phāsu, diṭṭhaṃ me bhante bhagavato khamanīyaṃ. api hi me bhante madhurakajato viya kāyo, disā pi me na pakkhāyanti, dhammā pi maṃ na paṭibhanti bhagavato gelaññena, api ca me bhante ahosi kacid eva assāsamattā, "na tāva bhagavā parinibbāyissati na yāva bhaga-vā bhikkhusaṃghaṃ ārabbha kiñcid eva udāharatīti."

382) anantaraṁ abāhiraṁ katvā : Srp. II. 203에 따르면, "'나는 法(客觀)이나 人(主觀)과 관련해서 兩者를 구별하여 이러한 법을 남에게 가르치지는 않을 것이다.'라고 생각하고 법을 내부적으로 內面化한다던가 '나는 이와 같은 것을 남에게 가르칠 것이다.'라고 생각하여 법을 外面化한다거나 아니면 '나는 이와 같은 자에게 가르칠 것이다.'라고 생각하여 그는 사람을 內面化(인정)한다거나 '나는 이와 같은 자에게 가르치지 않을 것이다.'라고 생각하여 그는 사람을 外面化(축출)하거나 [스승께서는] 이와 같이 하지 않고 가르쳤다는 뜻이다.(dhammā-vasena vā puggala-vasena vā ubhayam akatvā ettakaṁ dhammaṁ parassa na desissāmī ti cintento dhammaṁ antaraṁ abbhantaraṁ karoti nāma. ettakaṁ parassa desissāmī ti cintento dhammaṁ bāhiraṁ karoti nāma. imassa puggalassa desissāmī ti cintento pana puggalaṁ abbhantaraṁ karoti nāma, imassa na dessissāmī ti cintento puggalaṁ bāhiraṁ karoti nāma, evaṁ akatvā desito ti attho)'

다 설했다. 아난다여, 여래의 가르침에 감추어진 사권(師拳)은 없다. 아난다여, 어떤 사람이 '내가 수행승의 승단을 이끌어간다.'라든가, '수행승의 승단이 나에게 지시를 받는다.'라고 생각한다면, 그는 수행승의 승단에 관하여 어떠한 공표를 해야 할 것이다. 아난다여, 그러나 여래는 이와 같이 '내가 수행승의 승단을 이끌어간다.'라든가, '수행승의 승단이 나에게 지시를 받는다.'라고 생각하지 않는다. 그러니 무엇 때문에 여래가 수행승의 승단과 관련하여 어떤 공표를 하겠는가? 아난다여, 나는 지금 늙고, 나이 먹고, 해가 갈수록 쇠약해지고, 노인이 되고, 만년에 이르렀다. 내 나이는 여든을 넘어서고 있다. 아난다여, 마치 낡은 수레가 밧줄에 의지해서 계속 유지하듯이, 아난다여, 그와 같이 여래의 몸은 가죽끈에 의지해서 계속 유지하는 것과 같다. … 그러므로 아난다여, 자신을 섬으로 삼고 자신을 피난처로 삼지 남을 피난처로 삼지 말고, 가르침을 섬으로 삼고 가르침을 피난처로 삼지 다른 것을 피난처로 삼지 말라."383)

붓다가 아난다에게 전하려고 했던 가르침은 아주 명백하다. 아난다는 슬프고 괴로워했다. 그는 위대한 스승이 완전한 열반에 든 후에는 그의 가르침을 따르던 무리들은 고독하고 의지할 곳이 없어 그들에게 피난처도 없고 지도자도 없다고 생각했다. 그래서 붓

---

383) DN. II. 100 : kiṃ pan'ānanda bhikkhu-saṃgho mayi paccāsiṃsati? desito ānanda mayā dhammo anantaraṃ abāhiraṃ karitvā, na tatth'ānanda tathāgatassa dhammesu ācariyamuṭṭhi. yassa nūna ānanda evaṃ assa "ahaṃ bhikkhusaṃghaṃ pariha-rissāmī ti" vā "mam' uddesiko bhikkhu-saṃgho" ti vā, so nūna ānanda bhikkhusaṃghaṃ ārabbha kiñcid eva udāhareyya. tathāgatassa kho ānanda na evaṃ hoti "ahaṃ bhikkhu-saṃghaṃ pariharissāmīti" vā "mam' uddesiko bhikkhusaṃgho" ti vā. kiṃ ānanda bhikkhu-saṃghaṃ ārabbha kiñcid eva udāharissati? ahaṃ kho pan' ānanda etarahi jiṇṇo vuddho mahallako addhagato vayo anuppatto, asītiko me vayo vattati. seyyathā pi ānanda jarasakaṭaṃ veghamissakena maññe tathāgatassa kayo yāpeti … tasmāt ih' ānanda attadīpā viharatha attasaraṇā anaññasaraṇā, dha-mmadīpā dhammasaraṇā anaññasaraṇā.

다는 그를 위로하고 용기와 자신을 불어 넣어주면서 그들이 그들 자신에게 자신이 가르친 가르침(法)에 귀의하지 다른 어떤 것에도 의지하지 말라고 가르쳤다. 여기서 형이상학적인 자아나 아트만을 찾아 나선다면 그것은 요점에서 아주 벗어난 것이 되고 만다. 붓다는 계속해서 네 가지 새김의 토대를 새기면서 어떻게 하면 자신이 자기 자신의 피난처가 될 수 있을까, 어떻게 하면 가르침이 자기 자신의 섬이나 피난처가 될 수 있을까 하는 것을 설명하는데 여기서도 결코 자아나 아트만에 관하여 언급하고 있지 않다.

가끔 인용되지만 붓다의 가르침에서 아트만을 찾으려는 또 다른 시도로서 사용되는 이야기가 있다. 붓다는 베나레스 근처의 우루벨라로 가는 길목 숲 속 나무 아래에 앉아 있었다. 어느 날 젊은 왕자 30여명이 젊은 아내들을 데리고 그 숲 속을 산책하고 있었다. 그 중에 결혼하지 않은 한 왕자는 창녀를 데리고 왔다. 다른 사람들이 즐기는 동안 그녀는 귀중품을 훔쳐서 달아났다. 그들은 숲 속에서 그녀를 찾아 헤매다 나무 밑에 앉아 있는 붓다를 보고는 그 여인을 보았느냐고 물었다. 붓다는 무슨 일이냐고 물었다. 그들이 자초지종을 이야기했을 때에 붓다는 젊은이들에게 이렇게 물었다.

[붓다] "젊은이들이여, 무엇을 생각하는가? 어느 것이 그대들에게 유익한 것인가? 여자를 찾는 것인가 아니면, 자기 자신을 찾는 것인가?"384)

여기에 극히 자연스럽고 단순한 문제가 제기되고 있다. 이 대화에 억지로 꾸며낸 형이상학적 자아 또는 아트만을 정당화하려는 생각이 개입될 여지는 추호도 없다. 그들은 자신들이 자기 자신을

---

384) Vin. I. 23 : taṃ kiṃ maññatha vo kumārā, - katamaṃ nu kho tumhākaṃ varaṃ, yaṃ vā tumhe itthiṃ gaveseyyātha, yaṃ vā attānaṃ gaveseyyāthā?

찾는 것이 더욱 중요하다고 대답했다. 그러자 붓다는 그들을 풀밭에 앉게 하고는 가르침을 베풀었다. 이 이야기는 초기경전에 있는데 거기서 붓다는 자아나 아트만에 관해서는 사실상 한마디도 하지 않았다.

4. 고귀한 침묵

한 때에 밧차곳따라고 하는 유행자가 붓다에게 자아 또는 아트만이 있는가 없는가 하는 것을 물었을 때에 붓다가 침묵을 지켰다는 것은 많이 인용되는 내용이다. 그 이야기는 다음과 같다.

유행자 밧차곳따는 붓다에게 물었다.

[밧차곳따] "존자 고따마여, 자아는 있습니까?"

붓다는 침묵했다.

[밧차곳따] "그러면 고따마여, 자아는 없습니까?"

다시 붓다는 침묵했다. 그러자 유행자 밧차곳따는 자리에서 일어나서 가버렸다.[385]

아난다는 세존께서 왜 밧차곳따의 질문에 대답하지 않았는가를 물었다. 붓다는 자신의 입장을 설명했다.

[붓다] "아난다여, 유행자 밧차곳따가 '자아는 있습니까?'라고 물었을 때에 만약 내가 똑같이 '자아는 있다.'라고 대답했다면 영원주의적 견해[有論]를 가진 수행자나 성직자에 동조하는 것이다. 아난다여, 유행자 밧차곳따가 '자아는 없습니까?'라고 물었을 때에

---

385) SN. IV. 400 : vacchagotto paribbājako bhagavantam etad avoca: kiṃ nu bho Gotama atthattā ti. evaṃ vutte bhagavā tuṇhī ahosi. kiṃ pana bho gotama natthattā ti. dutiyaṃ pi kho bhagavā tuṇhī ahosi. atha kho Vacchagotto paribbājako uṭṭhāyāsanā pakkāmi.

만약 내가 똑같이 '자아는 없다.'라고 대답했다면 허무주의적 견해[無論]를 가진 수행자나 성직자에 동조하는 것이다."[386]

[붓다] "아난다여, 내가 유행자 밧차곳따의 '자아는 있는가?'라는 질문을 받고 똑같이 '자아가 있다.'라고 대답하면 아난다여, '일체의 사실(法)은 무아이다.'라는 지혜의 발현에 순응하는 것인가?

[아난다] "세존이시여, 그렇지 않습니다.

[붓다] "아난다여, 내가 유행자 밧차곳따의 '자아는 없는가?'라는 질문을 받고 똑같이 '자아가 없다.'라고 대답하면 아난다여, '예전에 나에게 자아가 있었는데 지금은 그 자아가 더 이상 없다.'라고 혼미한 밧차곳따[387]는 더욱 미혹에 빠질 것이다."[388]

이제 붓다가 왜 침묵을 지켰는지 명백히 드러났다. 이런 문제를 논의할 때에 붓다가 질문이나 질문자를 다룰 때에 그 배경이나 문맥을 숙고해본다면 더욱 분명하게 그 의미를 살필 수가 있다. 붓다는 어떤 질문이 들어오면 숙고하지 않고 자동적으로 대답하는 컴퓨터가 아니었다. 그는 자신의 지식과 지성을 보여주려고 하지 않았다. 단지 질문자를 깨달음으로 이끌어 그에게 도움을 주기 위

---

386) SN. IV. 400 : ahañ c'ānanda vacchagottassa paribbājakassa atthattā ti puṭṭho sam-āno atthatā ti vyākareyyaṃ, ye te ānanda samaṇabrahmaṇā sassatavādā tesaṃ etaṃ saddhiṃ abhavissa. ahañ c'ānanda vacchagottassa paribbājakassa natthattā ti puṭṭho samāno natthatā ti vyākareyyaṃ, ye te ānanda samaṇabrahmaṇā ucchedavādā tesaṃ etaṃ saddhiṃ abhavissa.

387) 밧차곳따가 붓다와 아라한의 사후에 존재하는가라는 질문등에 대하여 보다 미묘하고 심도있는 대화(MN. I. 487)를 나누었는데, 그때에 밧차곳따는 붓다에게 이와 같이 말했다. "세존이신 고따마시여, 저는 무지에 빠졌고 혼란에 빠졌습니다. 세존이신 고따마와 대화를 시작할 때만해도 저게 믿음만이라도 있었는데, 이제는 그것마저 사라졌습니다.(etthā' haṃ bho Gotama aññāṇaṃ āpādiṃ, ettha sammoham āpādiṃ. yā pi me esā bhoto gotamassa purimena kathāsallāpena ahu pasādamattā sā pi me etarahi antarahitā ti).

388) SN. IV. 400 : ahañ c'ānanda vacchagottassa paribbājakassa atthattā ti puṭṭho samāno atthatā ti vyākareyyaṃ, api nu me tam anulomam abhavissa ñāṇassa upādāya sabbe dhammā anattāti. no hetaṃ bhante. ahañ c'ānanda vacchagottassa paribbājakassa natthattā ti puṭṭho samāno natthatā ti vyākareyyaṃ, sammmuḷhassa ānanda vacchagottassa bhīyyo sammohāya abhavissa ahu vā me nūna pubbe attā, so etarahi natthīti.

해 질문에 대답하지 않은 것이다. 그는 언제나 사람들에게 그들의 발전단계, 경향, 정신적 성숙, 성격, 특수한 질문을 이해하는 능력 등에 따라서 가르침을 폈다.[389)]

붓다에 의하면 질문을 다루는 방법에는 네 가지가 있을 수 있다. 첫째, 어떤 이에게는 즉시 대답해주어야 한다. 둘째, 어떤 이에게는 질문의 화살을 되돌려 주어야 한다. 셋째, 어떤 이에게는 질문을 제쳐두어야 한다. 넷째, 어떤 이에게는 분석적으로 대답해주어야 한다.[390)]

그리고 질문을 제쳐두는 방법에는 여러 가지가 있다. 하나는 우주는 영원한가 아닌가와 같은 잘 알려진 문제가 제기되었을 때에 붓다가 밧차곳따에게 침묵으로 대답했듯이 특수한 질문에 대해 대답하지 않거나 설명하지 않는 방법이 있다.[391)] 그런 방법으로 붓다는 말룽끼야뿟따를 비롯한 여러 사람에게 대답했다. 그러나 자아나 아트만이 있는가 없는가에 대해서는 그렇게 응답하지 않았다. 왜냐하면 이미 그것에 관해서는 늘 거론했고 설명했기 때문이다. '자아는 있다.'라고 결코 말하지 않았다. 왜냐하면 '모든 사실(法)은 무아이다.'는 지혜와 모순이 되기 때문이다. 붓다는 또한 '자아가 없다.'라고 말하는 것도 바라지 않았다. 왜냐하면 자기 속에 있는 의문에 관해 엇갈린 생각을 갖고 있는 가엾은 밧차곳따를 마구 혼란시킬 필요가 없기 때문이다. 그는 아직 '무아'의 이념을 이해할 만한 능력이 없었다. 그러므로 이러한 특별한 경우에는 질

389) 이러한 붓다의 智慧를 '能力의 높고 낮음을 아는 智慧(Indiyaparopariyattañāṇa)'라고 한다. MN. I. 70 참조.

390) AN. II. 46 : atthi bhikkhave pañho ekaṃsavyākaraṇīyo, atthi bhikkhave pañho paṭipucchāvyākaraṇīyo, atthi bhikkhave pañho ṭhapaṇīyo, atthi bhikkhave pañho vibhaj-ja vyākaraṇīyo; 應一向記問 pañho ekaṃsavyākaraṇīyo, 應反詰記問 pañho paṭipucch-āvy ākaraṇīyo, 應捨置記問 pañho ṭhapaṇīyo, 應分別記問 pañho vibhajjavyākaraṇīyo.

391) SN. IV. 393~395.

문을 고귀한 침묵으로 제쳐두는 것이 현명하다. 붓다는 오래 전부터 밧차곳따를 잘 알고 있었던 사실을 잊어서는 안 된다. 밧차곳따의 경우가 궁극적인 의문을 품은 구도자로서 붓다를 찾아온 첫 번째의 사람은 아니었다. 지혜롭고 자비로운 스승은 이러한 방황하는 구도자를 위해 많은 가르침을 폈고 깊은 사색에 잠기곤 했다. 빠알리 경전에는 유행자들이 밧차곳따와 같은 문제에 사로잡혀 방황하다가 붓다와 그의 제자들을 만나서 밧차곳따와 유사한 질문을 하는 경우를 많이 볼 수가 있다.[392] 붓다의 고귀한 침묵은 어떠한 웅변적인 대답보다도 밧차곳따와 같은 사람에게 더욱 효과적이다.[393]

5. '나는 존재한다'는 것은 꽃향기와 같은 느낌에 불과하다.

어떤 사람들은 자아가 '마음'이나 '의식'이라고 알려진 것과 같은 의미이라고 주장한다. 그러나 붓다는 '마음'이나 '생각'이나 '의식'을 자기라고 여기는 것보다 차라리 '몸'이나 '육체'를 자기라고 여기는 쪽이 더욱 낫다고 말했다. 왜냐하면 몸은 '마음'이나 '생각'이나 '의식' 보다 견고하기 때문이다. '마음'이나 '생각'이나 '의식'은 몸보다도 더 밤낮으로 끊임없이 변화하기 때문이다.[394]

---

392) SN. III. 257~263; IV. 391, 395, 398, 400; MN. 481, 483, 489. AN. V. 193.

393) MN. I. 489 : 얼마 후 밧차곳따는 붓다를 다시 만나러 왔다. 그러나 이때에는 그가 하던 버릇대로 質問을 하지는 않았지만 "세존이신 고따마와 이야기한지가 오래 되었습니다. 존자 고따마께서는 善과 惡(kusalākusalaṃ)에 대하여 설명해주시면 좋겠습니다."라고 말했다. 붓다는 그에게 간단하게 善과 惡에 관하여 설명하리라고 말하고는 그렇게 했다. 결국 밧차곳따는 붓다의 弟子가 되었다. 그도 붓다의 가르침에 따라 眞理를 깨닫고 涅槃에 이르렀다. 더 이상 自我나 아트만에 관한 문제들이 그를 괴롭히지 않았다.

394) SN. II. 94 참조. 어떤 사람들은 大乘佛教의 아뢰야식(藏識 : ālayavijñāna)이나 如來藏(tathāgatagarbha)이 自我와 같은 것이라고 主張하지만, Laṅkāvatārasūtra. 78~79는 그것이

실재와 일치하지 않는 '자아'라는 관념을 만들어 내는 것은 '나는 존재한다.'라는 애매한 느낌이다. 실재와 일치하는 진리를 안다는 것은 결코 쉽지 않은 것인데, 그것은 열반을 성취한다는 것을 의미하기 때문이다.

『쌍윳따니까야』에는 이러한 문제를 둘러싸고 케마카라고 부르는 수행승과 일단의 수행승들 사이에 담론하는 장면이 있다.[395] 수행승들은 케마카에게 다섯 가지 존재의 다발[五蘊] 속에 어떤 자아나 자아를 지탱하는 어떤 것을 볼 수 있는가라고 묻는다. 케마까는 '없다.'라고 대답한다. 그 때 수행승들은 '그렇다면, 그대가 모든 번뇌에서 벗어난 아라한이다.'라고 말한다. 그러나 케마까는 자기는 비록 다섯 가지 존재의 다발 속에서 자아나 자아를 지탱하는 어떤 것을 발견하지 못했지만 '벗들이여, 나는 다섯 가지 존재의 다발과 관련해서 '나는 존재한다.'는 것을 완전히 제거하지 못했습니다만, 다섯 가지 존재의 다발과 관련해서 어느 것 하나라도 '나'라고는 여기지 않습니다."라고 고백했다.

케마까가 말하는 '나는 존재한다.'라는 것은 물질도 느낌도 지각도 형성도 의식도 그 이외의 다른 것도 아니다. 그러나 그가 비록 다섯 가지 존재의 집착다발과 관련해서 어느 것 하나라도 '나'라고는 여기지 않지만, '나는 존재한다.'는 애매한 느낌은 가지고 있었다.[396] 그것은 꽃잎의 색깔이나 꽃가루의 향기가 아니라 꽃향기와 같은 것이라고 그는 말한다. 케마까는 깨달음의 초기 단계에 도달한 사람에게도 '나는 존재한다.'라는 느낌이 남는다고 설명했다. 그러나 새로 세탁한 옷의 약 냄새가 시간이 지나면 사라지듯

아트만이 아니라고 決定的으로 진술하고 있다.

395) Khemaka : 부처님 당시에 阿羅漢에 도달한 長老의 이름. SN. III. 126 참조.

396) 오늘날에도 모든 사람들이 自我라고 말하는 것은 바로 이러한 느낌에 불과하다.

이 '나는 존재한다.'는 느낌은 수행이 깊어지고 깨달음이 깊어지면서 사라진다. 이러한 논의는 그들에게 매우 유용하고 계몽적인 것이어서, 그러한 논의 끝에 케마까를 포함하여 모든 수행승들이 최종적으로는 '나는 존재한다.'는 느낌에서 벗어나 모든 번뇌를 부순 아라한이 되었다고 경전은 기록하고 있다.

붓다의 가르침에 따르면, '나는 자아를 갖고 있다.'는 영원주의적 견해[常見]는 '나는 자아를 갖고 있지 않다.'는 허무주의적 견해[斷見]와 마찬가지로 그릇된 것이다. 왜냐하면 이러한 생각들은 모두 '나는 존재한다.'라는 그릇된 견해에서 일어나는 속박이기 때문이다. 무아에 관한 올바른 입장은 어떤 견해나 관점을 가지는 것이 아니라 정신적인 투영 없이 객관적으로 사물을 보려고 노력하는 것이다. 또한 그것은 '나' 또는 '존재'라는 것이 인과법칙에 따라 끊임없는 변화의 흐름을 타고 상호작용하는 정신적 신체적인 결합이라는 사실을 아는 것이다. 그리고 당연히 영원하고 지속적이면서 항구적인 존재는 없다는 것을 아는 것이다.

그렇다면 저절로 다음과 같은 의문이 일어날 것이다. 자아나 아트만이 없다면 누가 업의 결과를 받을 것인가? 붓다보다도 이 문제에 관하여 적절하게 대답한 사람은 없다. 어떤 수행승이 이러한 질문을 던졌을 때 붓다는 대답했다.

[붓다] "수행승이여, 나는 모든 것 속에서 연기의 법칙을 보라고 가르쳤다."397)

무아에 관한 붓다의 가르침은 부정적으로 또는 허무적으로 인식되어서는 안 된다. 열반처럼 그것은 진리이며 사실이다. 사실이 부정적일 수는 없다. 부정적이라고 여기는 것은 존재하지 않는 상상적 자아 속에 있는 거짓된 신념이다. 무아의 가르침은 거짓된

---

397) MN. III. 19 : SN. III. 103 참조.

신념의 어둠을 몰아내고 지혜의 광명을 비추어준다. 그것은 부정적인 것이 아니다. 이것을 두고 아쌍가(無着)는 이와 같이 적절하게 표현했다.

[아쌍가] "무아라는 사실이 있다."398)

398) Abhis. 31 : nairātmyāstitā

제8장 불교와 명상

1. 명상에 대한 오해.

붓다는 이와 같이 말했다.

[붓다] "수행승들이여, 병에는 두 가지가 있다. 그것은 무엇인가? 육신의 병과 마음의 병이다. 수행승들이여, 일년, 이년, 삼년, 사년, 오년, 십년, 이십년, 삼십년, 사십년, 오십년, 심지어 백년 동안 육신의 병을 앓지 않는다고 하는 사람을 본다. 그러나 수행승들이여, 마음에 번뇌가 없는 거룩한 이 이외에는 한시라도 마음의 병이 없이 지낸다고 하는 사람은 세상에 극히 드물다."399)

붓다의 가르침, 특히 명상하는 법은 마음을 완전히 건강하게 하여 평형을 이룬 고요한 상태에 도달하는 것을 목표로 한다. 붓다의 가르침 중에 명상만큼 불교도나 비불교도들에게 오해되고 있는 것도 없다는 사실은 불행하다고 하지 않을 수 없다.

---

399) AN. II. 143 : dve'me bhikkhave rogā. katame dve. kāyiko ca rogo cetasiko ca rogo. dissanti bhikkhave sattā kāyikena rogena ekaṃ pi vassaṃ ārogyaṃ paṭijānamānā, dve pi vassāni ārogyaṃ paṭijānamānā. tīṇi pi, cattāri pi, pañca pi, dasa pi, vīsatim pi, tiṃsam pi, cattārisam pi, paññāsam pi, vassāni ārogyaṃ paṭijānamānā, vassas-atam pi ārogyaṃ paṭijānamānā te bhikkhave sattā dullabhā lokasmiṃ ye cetasike-na rogena muhuttam pi ārogyaṃ paṭijānanti aññatra khīṇāsavehi.

명상이라는 말을 들으면 누구나 생활의 일상적인 삶에서 벗어나는 것을 연상하게 된다. 곧 명상이란 사회에서 격리된 어떤 궁벽한 곳에서, 절의 토굴이나 암자에 있는 석상처럼 특별한 자세를 취하는 것이며, 또는 어떤 불가사의하고 신비스러운 생각이나 몽환상태에 잠기거나 빠져있는 상태로 일반인은 오해하고 있다. 그러나 진정한 의미에서의 불교의 명상은 절대로 이러한 도피를 뜻하는 것이 아니다. 이 문제에 관한 한 붓다의 가르침이 너무 그릇되게 잘못 이해된 나머지, 붓다 이후에 와서는 명상법이 거의 기술적인 면에서의 종교의식이나 격식의 일종으로 가치가 낮아지고 변질되어 버렸다.400)

그럼에도 일반사람들이 명상이나 요가에 관심을 갖는 이유는 대부분 다른 보통 사람이 지니지 못한 제삼의 눈과 같은 영적인 어떤 불가사의한 힘을 얻으려는데 있다. 무엇이든 완전하게 볼 수 있는 천안통을 갖고 있었는데도 완전히 들을 수 있는 천이통을 깨우치려고 노력하는 여승이 있었다. 그녀의 이와 같은 생각은 정신도착에 지나지 않는다. 그녀의 문제는 초능력에 대한 열망과 갈망의 문제인 것이다. 명상이나 말은 그 어원을 '바바나'로 하는데 그 어원적인 의미를 충분히 살리지 못하고 있다. '바바나'란 수행이라는 의미인데 정확히 발하자면 정신 · 신체적인 명상수행을 뜻한다.

이 명상수행의 목표는 탐욕, 증오, 악의, 게으름, 근심, 불안, 회의와 같은 불결하고 어지러운 마음을 깨끗이 하고, 마음의 집중, 직관, 총명, 의지, 활력, 분석력, 확신, 희열, 부동과 같은 것을 닦아서 마침내 사물의 본성을 있는 그대로 보고 그 궁극적인 진리인

---

400) *The Yogāvacara's Manual*(edited by T. W. Rhys Davids, London, 1896) : 18세기경 실론에서 스여진 명상서인데 얼마나 주문을 외거나 촛불을 밝히는 형식적인 의례 속으로 퇴락했는가를 보여준다. 이 장에 대한 참조 : *History of Buddhism in Ceylon* by Walpola Rahula, Colombo, 1956, p. 199.

열반을 깨닫는 가장 높은 지혜를 얻는데 있다.

불교의 명상수행에는 두 가지가 있다. 그 하나는 선정을 비롯해서 공간이 무한한 경지나 지각하는 것도 아니고 지각하지 않는 것도 아닌 경지와 같은 불가사의한 상태에[401] 오르도록 삼매에 들거나 마음의 통일을 계발하는 것이다. 그러나 이러한 모든 불가사의한 경지들도 붓다에 의하면 마음에서 창조되고 마음에서 산출되고 마음에서 연기되는 것이다. 그것은 실제, 진리, 열반과는 상관이 없다. 이러한 형태의 명상은 인도 이전부터 있었던 것이다. 따라서 이러한 명상은 순수한 불교적인 것은 아니다. 그렇다고 불교 명상의 영역에서 배제되지는 않는다. 그러한 불가사의한 명상은 열반의 경지를 깨닫는데 꼭 필수적인 것이 아니다. 붓다는 깨닫기 전에 이러한 요가수행을 다른 스승들 밑에서 공부하고서 극히 신비로운 경지에까지 이르렀다. 그러나 붓다는 그 경지가 완전한 해탈도 궁극적인 실제에 대한 통찰도 주지 못했기 때문에 거기에 결코 만족할 수 없었다. 붓다는 이 신비스러운 상태를 '현세에서의 즐거운 삶' 또는 '평화로운 삶' 이상의 아무 것도 아니라고 했다.[402]

불교 명상수행의 또 다른 하나는 다음과 같다. 그래서 붓다는

401) 四無色 cattaro aruppā의 世界에 대한 명상을 말한다. 네 가지의 非物質的인 상태는 根本定의 深層的인 수준에 대한 대상적 토대가 되는 것으로 이미 禪定의 단계에 깊이 들어간 자에게 對象으로 접근될 수 있는 네 가지가 있다. 이 상태는 또한 존재의 영역으로 梵天의 世界에 속하며 化生한 神들이 사는 곳이기도 하다.① 空無邊處 ākāsānañcāyatana : 물질의 지각현상이 사라져 그 다양성이 소멸하고 空間만이 無限하게 현존하는 객관적 대상이 소멸된 경지를 말한다. ② 識無邊處 viññāṇāñcāyatana : 공간이 무한하다는 지각의 상태가 대상 없는 意識의 無限性으로 주관적으로 환원된 상태이다. ③ 無所有處 akiñcaññāyatana : 의식의 무한성마저 소멸되어 객관적이건 주관적이건 아무런 意識對象도 存在하지 않는 無所有의 상태이다. ④ 非想非非想處 nevasaññānāsaññāyatana : 허공의 무한성에 대한 의식세계가 존재하지 않는 無所有에 대한 知覺狀態로서 미묘하여 지각이 소멸하여 남아 있다 또는 없다라고 말할 수 없는 상태이다.

402) MN. no. 8 : 現法樂住 diṭṭhadhammasukhvihāra, 寂靜住 santavihāra

사물의 본성에 대한 관찰 또는 통찰, 곧 비빳싸나(毘鉢舍那, 觀法[403])라는 다른 형태의 명상법을 발견하였는데 그것이 그를 완전한 해탈로, 궁극적인 진리인 열반을 깨닫도록 이끌어주었다. 이 명상이 본질적으로 불교적인 명상이다. 그것은 유념, 알아차림, 세밀한 주의력, 관찰에 바탕을 둔 분석적인 방법이다.

2. 명상의 실제적인 측면

이와 같이 광범위한 주제에 대해서는 비교적 상세하게 여덟 가지 고귀한 길의 올바른 집중의 항목에서 다루었으므로 여기서는 불교의 정신수행의 실제적인 측면을 간결하게 서술해 보고자 한다. 명상 곧 정신수행에 대한 붓다의 가르침 가운데 가장 중요한 것은 경을 암송한다는 의미의 「새김의 토대에 대한 경」[404]이다. 이것은 경전을 암송하는 것인데 전통적으로 너무 숭상된 나머지 절뿐만 아니라 재가 신자의 가정에서도 가족들이 둘러앉아 아주 경건하게 귀를 기울이는 가운데 행해진다. 죽어 가는 사람의 영혼을 마지막으로 순화시키기 위해서도 경전을 암송한다.

붓다의 가르침 속에 주어져 있는 명상법은 실생활과 단절된 것도 아니고 실생활에서 도피하고자 하는 것도 아니다. 그와는 반대로 우리 일상생활의 슬픔과 기쁨, 말과 생각, 도덕적, 지적인 일과 모두 관계되는 것이다.

이러한 명상과정은 네 가지로 분류되고 있다. 첫째는 몸 즉 신

403) vipassanā, *sk.* vipaśyanā, vidarśanā : vi에는 '나눈다'와 '貫通한다'는 두 가지 뜻이 있다. 그러므로 '了別과 洞察'이라는 의미를 지니다고 보아야 한다.

404) 念住經 Satipaṭṭhānasutta : DN. no. 22와 MN. no. 10에 있다.

체에 관한 것이고, 둘째는 느낌 즉 느낌에 관한 것이고, 셋째는 마음에 관한 것이고, 넷째는 사물이나 사물의 원리나 도덕적 지적인 문제인 사실[法]에 관한 것이다. 어떤 형태의 명상이든 간에 근본적인 것은 유념, 알아차림을 포함하는 새김[405]과 주의를 기울이는 관찰[406]이라는 점을 명심해야 한다.

신체에 관련된 명상 가운데 가장 잘 알려진 일반적 실제적인 명상의 예로, 호흡새김[407]을 들 수 있다. 경전에서 지시하는 특별히 한정된 자세를 취하는 것은 이 호흡새김이다. 다른 명상에서는 앉거나 서거나 누워서나 편한 대로하면 된다. 숨쉬는 것을 헤아리려면 경전에 있는 것처럼 바로 앉아서 몸을 똑바로 세우고 정신을 바싹 가다듬어야 한다. 그러나 이런 자세는 어느 사람에게나 쉬운 것은 아니므로 발을 포개어 앉는 것이 어려우면 의자에 앉아서 몸을 똑바로 하고 정신을 가다듬고 있어도 무방하다. 명상하는 사람은 몸을 똑바로 하고 앉되 몸이 굳어져서는 안 된다. 손을 편안히 자신의 무릎에 놓는다. 이렇게 앉아서 눈을 감거나 코를 주시하거나 편안한 대로 해도 좋을 것이다.

사람은 언제나 호흡을 하고 있지만 그것을 알아채지 못하고 있으며 잠시도 숨을 쉬는 것에 정신을 집중하지 못한다. 이제는 오로지 여기에만 정신을 집중하자. 긴장을 풀고 평소와 같이 숨을 쉬어라. 숨을 들이시고 내쉬는데 온 정신을 기울이자. 그대의 마음은 호흡을 주시하고 관찰하도록 하라. 숨을 들이쉴 때는 어떤 때는 깊이 들이쉬고 어떤 때에는 그렇지 않은데 이런 점은 그리 중요하지 않다. 정상적으로 자연스럽게 숨을 쉬어라. 깊은 숨을

---

405) 念 sati : '記憶'이라는 一次的인 意味와 '알아차림', '주의깊음'이라는 二次的인 意味를 갖고 있다.

406) 隨觀 anupassanā : '개별적인 것에 대한 관찰이나 응시'를 의미한다.

407) 安般念 ānāpānasati : 出入息에 대한 새김으로 數息觀이라고도 한다.

쉴 때에 그것은 깊은숨이라고 알아차리기만 하면 된다. 온 정신을 숨쉬기에만 열중하여 숨의 움직임, 변화를 알 수 있어야 한다. 다른 모든 것, 주위, 주변을 잊어라. 눈을 뜨지도 말며 아무 것도 보지 말라. 이렇게 5분 내지 10분간씩 해보라.

처음에는 숨 쉬는데 온 정신을 기울이는 것이 무척 어려울 것이며 또한 정신이 잘 흐트러지는 데 놀랄 것이다. 그러나 그것은 오래가지 않는다. 온갖 생각을 하기 시작하고, 밖에서 나는 잡음들이 귀에 들리면 당신은 정신이 혼란되고 흐트러진다. 그렇게 되면 아마도 당황하고 실망하겠지만, 이것을 아침저녁으로 매일 2회, 한번에 5내지 10분간 연습을 계속한다면 점차로 숨쉬는 것에 정신이 집중될 것이다. 얼마간의 기간이 지나가면 정신이 오로지 호흡에만 집중되고 가까이 들리는 소리도 듣지 못하고, 어느 외부세계도 당신에게 존재하지 않는 것과 같은 그러한 순간이 당신에게 닥칠 것이다.

이 때 경험하는 짧은 순간은 실로 엄청난 것이다. 기쁨과 행복, 평온이 가득 찬 것으로 당신에게 놀라운 경험이 되어 그 순간을 지속하고자 할 것이나 그렇게 되지는 않는다. 그렇지만 이러한 훈련을 규칙적으로 계속 연습하면 점점 오랜 시간동안 이러한 경험을 지속시킬 수 있을 것이다. 바로 이때가 자신을 숨쉬기에 완전히 몰입시키는 순간이다. 자신을 의식하는 한 무엇이든 간에 그것에 결코 정신을 집중할 수 없는 것이다. 호흡에 정신을 집중한다는 것은 제일 간단하고 쉬운 수련의 하나인데, 매우 신비스러운 경지에 이르게 하는 집중력을 계발하는 것을 목적으로 한다. 더욱이 정신을 집중한다는 것은 열반의 체득이나 사물의 본질에 대한 이해와 통찰에 꼭 필요한 일이다. 뿐만 아니라 이렇게 호흡에 정신을 집중함으로써 즉각적인 결과, 곧 신체의 건강, 휴식, 숙면, 일상 업무에서의 능률 등이 나타난다. 또한 신경이 날카롭거나 흥분되어 있을 때에도 마찬가지로 잠시 이런 수행을 하면 마치 충분히 휴식을 취한 후 원기 왕성한 것처럼 마음이 평온하고 평정해짐을 느낄 것이다.

명상수행에서 또 다른 중요한 실용적인 형태는 사적 공적인 생활에서 그날그날의 진부한 일을 하는 동안 신체적으로나 언어적으로나 어떠한 행위를 하던 간에 그것을 올바로 알아차리고 새기는 것이다. 걷거나 앉거나 눕거나 자거나, 손발을 펴고 굽히거나 주위를 둘러본다든가 옷을 입는다든가, 말을 하거나 침묵을 지키거나, 먹고 마시고 대소변을 볼 때까지도 그 순간 당신이 하고 있는 행동을 철저히 유의하고 마음을 집중시켜야 한다. 다시 말해서 현재의 순간, 현재의 행동 속에 살아야 한다. 그렇다고 과거와 미래에 대하여 하나도 생각하지 말아야 한다는 것은 아니다. 그와는 반대로 과거나 미래와 관련된 시간이나 장소를 현재의 순간, 현재의 행동에 연관시켜 생각하면 된다. 사람들은 일반적으로 현재의 이 순간의 행위 속에 살고 있지 않다. 그들은 과거나 미래에 살고 있는 것이다. 지금 여기서 그들이 무엇인가 하고 있는 것처럼 보여도 쓸데없는 생각, 망상이나 걱정거리, 또는 과거의 추억이나 미래에 대한 열망과 사색 속에 살고 있는 것이다. 그러므로 사람들은 현재의 행위 속에 사는 것도 아니며, 현재의 행위를 향유하는 것도 아니다. 그래서 사람들은 불행해지고 현재의 순간, 현재의 일에 불만족해진다. 따라서 당연히 그들이 하는 것처럼 보이는 행동에 전념하지 못하게 되는 것이다. 아주 흔한 광경이지만 가끔 식당에서 식사를 하면서 책을 읽는 사람을 본다. 그런 사람을 보면 식사할 시간조차 없이 바쁜 사람이라는 생각이 들 것이다. 또 그가 식사를 하는지 독서를 하는지 궁금하게 여기게 된다. 어떤 사람은 이 사람이 둘 다를 하고 있다고 생각할지 모른다. 그러나 실상은 그 사람은 아무 것도 하지 않고 아무 것도 향유하지 않는 것이다. 그는 마음이 긴장되고 혼란스러워 자기가 하고 있는 것을 바로 그때에 즐기지 못하고 현재의 순간을 놓치고 있는 것이다. 그는 무의식적으로 어리석게도 생활에서 벗어나려고 애쓰는 것이다. 그렇다고 친구와 함께 점심이나 저녁을 하면서 이야기하지 말라는 것은 아니다. 아무리 애써 보아도 삶은 도피할 수가 없는 것이다. 동굴에서 살든 마을에서 살든 삶과 대면하지 않으면 안 되고 또 삶을 영위하지 않으면 안 된다. 참된 삶은 사라져버린 과거에의 추억도 아니요 아직 일어나지 않은 미래에 대한 꿈도 아니고 현재의 순간 속에 사는 것이다. 현재의 순간을 사는 사람은 참된 삶을 영위하는 제일 행복한 사람이다.

[천신] "한적한 숲 속에서 살면서 고요하고 청정한 수행자들은 하루 한 끼만 들면서도 어떻게 얼굴빛이 맑고 깨끗합니까?"

천신의 질문을 받고 붓다는 이와 같이 말했다.

[붓다] "그들은 지나간 일을 슬퍼하지 않고 오지 않은 일에 애태우지 않으며 현재의 삶을 산다. 그러므로 그들의 얼굴빛은 맑고 깨끗하다. 오지 않은 일에 애태우며 지나간 일을 슬퍼하는 어리석은 사람들은 낫에 잘린 푸른 갈대처럼 그 때문에 시든다."408)

올바른 새김이나 올바른 집중이란, '내가 이것을 지금하고 있다.' 또는 '내가 그것을 하고 있다.'라고 생각하거나 의식하라는 뜻이 아니라 그와는 오히려 정반대이다. '내가 이것을 하고 있다'고 생각하는 순간에는 자의식이 강하게 되어 그 행위 속에 살고 있지

408) SN. I. 5 : araññe viharantānaṃ santānaṃ brahmacārinaṃ, ekabhattaṃ bhuñjamān-ānaṃ kena vaṇṇo pasīdatīti. atītaṃ nānusocanti nappajappanti nāgataṃ paccuppa-nne na yāpenti, tena vaṇṇo pasīdati. anāgatappajappāya atītassānucocanā, etena bā-lā su ssanti, naḷo va harito luto ti.

않게 된다. 오히려 자기 존재 속에 빠지게 되어 자신의 노력을 그르치고 만다. 자신이 하는 일에 몰아일체(沒我一體)가 되어야 한다. 연사가 자의식이 강하게 되어 '자신이 청중에게 말하고 있다'고 생각하면 그의 말은 혼란스러워지고 갈피를 잡을 수 없게 된다. 그러나 연사가 자기 말에 몰두하게 되면 그는 최상의 상태에서 유창하게 사물을 설명할 수 있을 것이다.

모든 위대한 성취 — 예술적, 정신적, 지적, 정신적 — 는 그 성취를 이룩한 사람들이 자신의 행동에 완전히 빠져들었을 때, 자신을 망각하게 되는 순간, 곧 자의식이 없는 상태에서 이루어진다. 붓다가 가르침으로 보여준 행위에 관한 정신집중이나 새김의 방법은 지금 여기 현재의 행동 속에 사는 것을 말한다. 이것은 참선의 수행과도 통하는 것인데 주로 참선도 이러한 방법에 근거를 두고 있기 때문이다. 이러한 명상법을 닦는데 마음의 집중을 계발하고 어떤 특별한 수행을 할 필요는 없다. 단지 자신이 하는 일이 무엇이든지 마음을 집중하고 주의를 기울이기만 하면 된다. 이 각별한 명상에 시간을 촌각이라도 낭비할 필요는 없다. 다시 말해서 일상생활의 모든 활동에 대하여 밤낮으로 항상 마음의 집중과 주의력을 기울이기만 하면 된다. 위에서 논의한 것은 모두 신체와 관계된 것이다.

그리고 인간의 모든 느낌 — 그것이 행복한 것이건 불행한 것이건 — 에 관해 명상하는 방법이 있다. 한 가지 예를 들어보자. 인간은 불행하고 슬프다는 느낌을 경험한다. 이런 상태에서 그는 침울하고 답답하다는 것을 경험한다. 어떤 경우에는 왜 이렇게 불행하다는 기분이 드는지 명확히 모를 때가 있다. 무엇보다도 먼저 불행하다고 느끼는 불행, 걱정이 된다고 느끼는 근심에 젖지 않는 것을 배워야 한다. 이 불행한 느낌이 어떻게 일어나고 있는지 왜 일어나고 있는지 또 어떻게 없어지고 그치게 되는가를 면밀히 살펴보라. 과학자가 어떤 사물을 관찰할 때처럼 모든 주관을 배격하고 마치 그것을 외부에서 관찰하듯이 주의 깊게 관찰하라. 다시 말해서 주관적인 으로서가 아니라 객관적인 응시를 통해 관찰하는 것이다. 무엇보다도 '자아'의 거짓된 관념을 잊어야 한다. 불행하다고 느끼는 것의 본질, 그것의 발생, 소멸의 과정을 살펴봄으로서 마음은 그 느낌에 대하여 냉정을 찾게 되고 분리되어 자유로워진다. 이것은 모든 느낌에 대하여도 마찬가지이다.

다음은 인간의 마음에 관한 명상법을 논의해보자. 마음이 열정적이거나 초연해 있을 때에, 또는 마음이 증오, 악의, 질투에 사로잡히거나 사랑과 연민의 정으로 가득 차 있을 때에, 또는 마음이 현혹 당해 있거나 순수하고 올바른 이해심을 지키고 있을 때에 어느 때든지 그 사실을 철저히 알아차리고 있어야 한다. 우리는 자신의 마음을 비추어보는 것을 두려워하거나 부끄럽게 여기는 일이 아주 흔하다는 사실을 인정하지 않으면 안 된다. 그래서 우리 인간은 그것을 회피하기를 즐겨한다. 거울에 얼굴을 비추어보듯이 담대하고 진실하게 자신의 마음을 비추어 보아야 한다.409)

옳고 그름과 선과 악 사이에 비판하거나 심판하거나 차별하는 태도가 개입되어서는 안 된다. 그저 관찰하고 지켜보고 살펴보는 것만이 있을 뿐이다. 여러분은 심판관이 아니라 과학자이다. 자신의 마음을 관찰하고 그 참된 본질을 명확하게 보게 될 때, 비로소 감정, 정서, 흥분 등을 조절하게 된다. 이렇게 해서 마음이 홀가분해지면 사물의 본질을 보게 되는 것이다. 예를 하나 들어 보자. 가령 당신이 화가 나서 분노, 악의, 증오에 사로잡혀 있다고 하자. 화가 나있는 사람이 자신이 화내고 있다는 사실을 알아차리지 못

409) MN. I. 100 :

하고 마음을 쓰지 않는다는 사실은 이상하고 역설적으로 보인다. 그가 자기 마음이 화가 나있는 것을 알고 주의를 기울여 자신의 성냄을 알아차리게 되었을 때, 비로소 그것을 부끄럽고 수치스럽게 생각하게 되는 것이다. 여러분은 이 성냄의 본질, 그 발생과 소멸의 과정을 살펴보아야 한다. 또한 알아두어야 할 것은 '나는 화가 나있다.' 또는 '나는 분노에 차있다.'고 생각하지 말고 단지 화가 나 있거나 분노에 차있는 마음의 상태만 알아차리고 새기기만 하면 된다. 곧 화난 마음을 객관적으로 알아차리기만 하면 된다. 이러한 태도는 모든 정서, 감정, 마음의 상태에 적용되어야 한다.

그리고 끝으로 내적, 외적인 사실에 대한 관찰이나 도덕적 정신적, 지적인 사실에 관한 명상법이 있다. 여기에는 우리가 하는 공부, 독서, 논의, 대화, 토론 등의 모든 것이 포함된다. 이 책 속에 논의 된 모든 문제나 다섯 가지 존재의 다발(五蘊)이나 연기나 무아의 문제들을 심사숙고 해보는 것도 이 명상의 한 형태에 들어간다. 여기에는 특히 40가지의 명상의 주제들이 있는데 이러한 주제들은 연기법에서 모든 조건지어지고 속박된 것의 소멸로 이끌어 마침내 열반을 회향하는 것들인데 이미 여덟 가지 고귀한 길에서 상세히 언급했으므로 생략한다. 단지 여기서는 중요하다고 생각되는 일곱 가지 깨달음 고리와 네 가지 청정한 삶에 대하여 다시 설명해 본다.

① 새김의 깨달음 고리 : 앞에서 논의한 바와 같이 육체적, 정신적인 모든 행위와 움직임을 세밀히 관찰하는 것을 말한다.

② 탐구의 깨달음 고리 : 교리의 여러 가지 문제에 관하여 조사하고 연구하는 것을 말한다. 여기에는 종교적, 윤리적, 철학적 연구, 독서, 탐구, 논의, 대화를 비롯해서 교리문제에 관한 강연에 참

가하는 것까지 포함한다.

③ 정진의 깨달음 고리 : 끝까지 결의를 다지고 밀고 나아가는 것을 말한다.

④ 희열의 깨달음 고리 : 마음이 염세적이고 우울한 것과는 정 반대로 경이와 희열에 넘친 상태를 지향한다.

⑤ 안온의 깨달음 고리 : 육체와 정신이 휴식을 취하는 상태로 육체적 정신적인 괴로움의 소멸을 지향한다.

⑥ 집중의 깨달음 고리 : 정신집중이 되어 삼매에 든 상태를 지향한다.

⑦ 평정의 깨달음 고리 : 인생의 파란곡절에서 침착한 마음을 유지하는 것으로 근심이 없고 평온한 마음의 상태를 말한다.410)

이와 같은 능력을 계발하려면 제일 중요한 것은 진실한 염원, 의지, 취향 등이다. 이러한 깨달음의 요소를 계발하는데 필요한 물질적 정신적인 여건들은 경전에서 따로 설명하고 있다. 그리고 이미 여덟 가지 고귀한 길 가운데 올바른 새김에서 더욱 상세히 거론했지만 불교적인 명상에서 특히 중요한 네 가지 청정한 삶이란 다음과 같다.

① 자애의 삶 : 어머니가 외동아들을 사랑하는 것처럼, 어떤 차별도 없이 모든 중생을 사랑하는 보편적이며 무한한 사랑을 실천한다.

② 연민의 삶 : 근심과 번뇌로 괴로워하는 모든 중생에 대한 연민의 태도를 갖는다.

---

410) 七覺支 satta bhojjhaṅghā : 각각 ① 念 sati, ② 擇法 dhammavicaya, ③ 精進viriya, ④ 喜 pīti, ⑤ 輕安 passaddhi, ⑥ 定 samādhi, ⑦ 捨 upekkha를 말한다.

③ 기쁨의 삶 : 다른 사람의 성공, 복지, 행복을 축하하고 그것에 공감한다.

④ 평정의 삶 : 인생의 모든 파란과 곡절에서 침착과 평정을 유지한다.411)

411) 四梵住 cattāro brahmavihārā : 각각 ① 慈 mettā, ② 悲 karuṇā, ③ 喜 muditā, ④ 捨 upekkhā를 말한다.

제9장 오늘날의 실천

1. 생활 속의 불교

붓다의 가르침은 너무나 숭고하고 장엄한 세계를 체계화한 이론이라서 이 악착스런 현실사회를 사는 범인으로서는 실행할 수 없다든가, 진정한 불교도가 되기를 열망한다면 속세에서 물러나서 산사나 어떤 조용한 곳으로 가야 한다고 믿는 사람들이 있다. 유감스럽고도 그릇된 이러한 생각은 명백히 붓다의 가르침을 잘 이해하지 못한 데서 오는 것이다. 붓다의 가르침을 그 모든 측면에서 총체적으로 이해하지 못하고 부분적이고 일방적인 견해를 갖고 있는 어떤 사람이 불교에 관해서 저술한 것을 무심히 들었거나 읽은 결과 이와 같은 조급하고 그릇된 결론을 내리게 된다.

붓다의 가르침은 절에 사는 승려뿐만 아니라 집에서 가족과 함께 사는 속인에게도 의미심장한 것이다. 여덟 가지 고귀한 길이란 불교도의 생활방식인데 이것은 특정한 전문 수행자를 대상으로 삼는 것이 아니라 모든 뭇삶을 대상으로 하고 있다. 이 세상 사람들의 절대 다수가 승려가 되거나 동굴이나 숲 속으로 은거할 수가 없는 일이다. 불교가 아무리 숭고하고 지순하다고 할지라도 현대의 일상생활 속에서 그것을 추구할 수가 없다면 소용없게 될 것이다. 불교의 정신을 올바로 이해한다면 일상생활을 하면서 틀림없이 붓다의 가르침을 따르고 실천할 수 있다.

어떤 사람은 사회로부터 격리된 궁벽한 곳에서 산다면 불교를 이해하기가 더욱 쉬워지리라고 생각한다. 또 어떤 사람들은 정반대로 그러한 은거생활을 하면 모든 기관이 육체적, 정신적으로 무디게 되고 짓눌리게 되어 영적이나 지적인 생활을 유도하지 못한다고 생각한다. 진정한 속세와의 결별은 속세를 육체적으로 등지는 것을 뜻하지는 않는다. 붓다의 제일 제자인 싸리뿟따는 이렇게 말했다.

[싸리뿟따] "어떠한 수행승이라도 악하고 불건전한 욕망을 버리지 못한다면, 숲 속에 외딴 거처에 살면서 걸식자로 탁발하고 분소의를 입고 거친 옷을 걸치고 지내면서도, 그를 동료 수행자들이 존경하지 않고 존중하지 않고 예경하지 않는다. 어떠한 수행승이라도 악하고 불건전한 욕망을 버린다면, 마을 근처에 살고 식사를 청해서 먹고 가장의 옷을 입고 지내면서도, 그를 동료 수행자들이 존경하고 존중하고 예경한다."412)

싸리뿟따는 이들 중에 마을이나 도회지에서 살면서도 번뇌로 오염된 생활을 하지 않는 생활을 하는 사람이 숲 속에 사는 사람보다 훨씬 훌륭하다는 것이 틀림없다고 말했다.

붓다의 가르침을 따르기 위해서 자신이 지금 영위하고 있는 속

---

412) MN. I. 30~31 : evam eva kho āvuso yassa kassaci bhikkhuno ime pāpakā akusalā icchāvacarā appahīnā dissanti c'eva sūyanti ca, kiñcāpi so hoti āraññako pantasen-āsano, piṇḍapātiko sapadānacārī, paṃsukūliko lūkhacīvaradharo, atha kho naṃ sa-brahmacārī na sakkaronti na garukaronti na mānenti na pūjenti … yassa kassaci āv-uso bhikkhuno ime pāpakā akusalā icchāvacarā pahīnā dissanti c'eva sūyanti ca, kiñcāpi so hoti gāmantavihārī nemantaṇiko gahapaticīvaradharo atha kho naṃ sa-brahmacārī sakkaronti garukaronti mānenti pūjenti.

세의 생활에서 벗어나 은둔해야 한다는 일반적인 생각은 그릇된 것이다. 이러한 생각은 참으로 불교의 가르침을 실행하지 못하는 데서 오는 무의식적인 변명이다. 불경에는 일상적인 가정생활을 하면서 붓다의 가르침을 잘 실행하여 열반을 깨달은 사람들에 대한 많은 이야기들이 있다. 앞에서 무아와 연기라는 장에서 한번 등장한 밧차곳따라는 유행자가 한 번은 붓다에게 질문한 적이 있었다.

[밧차곳따] "가정생활을 하면서 붓다의 가르침을 따른 결과 높은 경지에 도달한 재가의 신도가 하나라도 있습니까?"413)

붓다는 이 물음에 대해 다음과 같이 대답했다.

[붓다] "일이백, 오백이 아니라 그 보다 훨씬 많은 사람들이 가정생활을 하면서 나의 가르침을 잘 따른 결과 지극히 높은 경지에 도달했다."414)

소란과 혼란에서 벗어나 조용한 곳에서 은둔생활을 하는 것도 좋지만, 동료를 도와주고 도움이 되면서 그들 가운데 살면서 붓다의 가르침을 실천하는 것이 더욱 용기있고 훌륭한 것이다. 그런데 어떤 사람이 나중에 다른 사람을 도와줄 만큼 강해지기 위한 도덕적, 정신적, 지적인 훈련의 준비로서, 마음의 품성을 닦기 위해 한

---

413) MN. I. 490 : atthi pana bhoto Gotamassa ekupāsiko pi sāvako gihī odātavasano br-ahmacārī pañcannaṃ orambhāgiyānaṃ saṃyojanānaṃ parikkhayā opapātiko tatthaparinibbāyī anāvattidhammo tasmā lokā ti. 글자그대로 解釋하면 '존자 고따마의 한 在家信徒인 弟子로서 흰 옷을 입은 자, 淸淨行者로서 다섯 가지 하부(欲界)의 障碍를 끊고 化生하여 그곳에서 涅槃에 들어 돌아오지 않는 자가 있습니까?'라는 말이다.

414) MN. I. 490 : na kho vaccha ekaṃ yeva sataṃ na dve satāni na tīṇi satāni na cattāri satāni na pañca satāni, atha kho bhiyyo va ye upāsakā mama sāvakā gihī odātava-sanā brahmacārino pañcannaṃ orambhāgiyānaṃ saṃyojanānaṃ parikkhayā opapā-tikā tatthaparinibbāyino anāvattidhammā tasmā lokā ti. 글자그대로 解釋하면 '밧차여, 나의 在家信徒인 弟子로서 흰 옷을 입은 자, 淸淨行者로서 다섯 가지 下部의 障碍를 끊고 化生하여 그곳에서 涅槃에 들어 돌아오지 않는 자가 백명, 이백명, 삼백명 사백명, 오백명이 아니라 그 보다 훨씬 더 많이 있다.'라는 말이다.

동안 은둔 생활을 하는 것도 때에 따라서는 유용할 것이다. 그러나 인간이 자기 동료에 대한 관심이 없이 자기만의 행복과 구제에 대해서만 생각하며 일생을 아주 고독하게 보낸다면, 이것은 분명히 타인에 대한 사랑, 연민, 봉사에 근거를 두고 있는 불교의 가르침과 부합되지 않는 것이다.

어떤 사람이 '인간은 평범한 속인 생활을 하면서 붓다의 가르침을 따를 수 있다면 왜 붓다는 승단을 만들었을까?'라고 질문할지도 모른다. 그것은 자신의 정신적, 지적인 발전뿐만 아니라 다른 사람에게 봉사하는 데까지 기꺼이 일생을 바치고자 하는 사람들에게 기회를 주기 위한 것이다. 다시 말해서 가족을 가진 재가신도들은 다른 사람들에게 봉사하는데 전 생애를 바칠 것을 기대할 수가 없고, 반면에 승려는 가족부양의무나 다른 세속적인 유대관계가 없기 때문에, 붓다의 가르침에 따라 많은 사람의 선과 행복을 위해서 그 일생을 바칠 수 있게 하기 위한 것이다.

2. 우리들은 어떻게 살 것인가?

「씨갈라경」[415]은 붓다가 생각하는 평신도 생활, 곧 가정생활과 사회와의 관계가 어떠한 것인가를 보여주고 있다. 씨갈라라는 한 청년은 죽은 아버지의 유언에 따라서 하늘의 여섯 가지 기본 방위인 동, 서, 남, 북, 상, 하를 숭배했다. 붓다는 이 청년에게 말했다.

[붓다] "장자의 아들이여, 고귀한 계율(聖律)[416]에서는 이와 같이 여섯 갈래 방향으로 예배를 드리는 것이 아니다."[417]

---

415) Sigālovādasutta : DN. III. 180 (no. 31)
416) DN. III. 181 : ariyassa vinaye

붓다의 이 고귀한 계율에 따르면 동은 부모, 남은 스승, 서는 아내와 자식, 북은 친구나 친척이나 이웃, 상은 종교인, 하는 하인이나 고용원을 나타낸다. 붓다는 말했다.

[붓다] "이러한 여섯 가지 방위를 예배해야 한다."418)

여기서 예배라는 말은 매우 의미심장한 말이다. 왜냐하면 사람들은 거룩한 것, 명예롭고 존경할 가치가 있는 것을 예배하고 숭배하기 때문이다.

불교에서는 위에서 말한 여섯 무리의 구성원들과 사회집단을 거룩하고 명예롭고 존경할 가치 있는 것으로 다룬다. 이들에게 어떤 방법으로 예배해야 할까? 인간은 이들에 대한 의무를 이행함으로서만 이들에게 예배할 수 있다고 붓다는 말했다. 붓다가 씨갈라에게 한 이야기에 이러한 의무가 잘 설명되어 있다.

① 부모와 자식의 관계이다. 부모는 신성하다. 붓다는 말했다.

[붓다] "부모는 하느님(梵天)이다."419)

하느님 즉, 범천은 인도 사상에서 우주의 창조신으로 나오는데 가장 높고도 신성한 개념 가운데 하나이다. 그래서 붓다가 이 개념에 부모를 포함시킨 것이다. 따라서 훌륭한 불제자의 가정에서는 자식들이 밤낮으로 매일 부모에게 예배를 드린다. 자식은 고귀한 계율에 따라서 그들의 부모에게 어떤 의무를 수행하는데 그것은 늙은 부모를 섬기는 일, 부모를 위한 일이면 무엇이든 하는 일, 가문의 명예를 유지하고 가풍을 진작시키는 일, 부모가 벌어들인 부를 수호하는 일, 부모가 돌아가셨을 때에 장례를 거행하는 일 등이다. 한편, 부모가 자식에게 대해 지니는 의무로서, 자식이 나

---

417) DN. III. 181 : na kho gahapatiputta ariyassa vinaye chaddisā namassitabbā ti.
418) DN. III. 192 : etā disā namasseyya
419) brahmā'ti mātāpitaro.

쁜 길로 들어서지 않도록 보호하고, 착하고 유익한 활동을 하게 하고, 훌륭한 교육을 시켜야 하며, 좋은 가문 출신과 결혼시켜야 하며, 적절한 절차를 밟아 자식에게 재산을 분배해야 한다.

② 스승과 제자와의 관계이다. 제자는 스승을 존경하고 순종해야 하며, 스승이 필요로 하는 것이 있으면 그것에 유의하고 열심히 공부해야 한다. 한편 스승은 제자에게 지녀야 하는 의무로서 제자를 잘 훈련시키고 훌륭히 만들어야 하고 잘 가르치고, 자신의 친구들에게 소개시키고, 교육이 끝난 후에는 제자가 안전한 일자리를 얻도록 힘써야 한다.

③ 남편과 아내와의 관계이다. 부부간의 사랑은 거의 경건하거나 신성한 것으로 여겨진다. 그것은 성스러운 가정생활, 곧 범행(梵行)이라고 불린다. 여기서 범 즉 브라흐마라는 말에 의미를 주목해야 한다. 곧 브라흐마라는 가장 경건하고 신성한 개념이 부부관계에도 주어진 것이다. 아내와 남편은 서로에게 성실, 존경, 희생의 관계에 있어야 하며 서로에 대하여 다음과 같은 의무를 지닌다. 남편은 아내를 언제나 존경하고 결코 경멸하지 말아야 한다. 남편은 아내를 사랑하고 아내에게 성실하고 아내로서의 위치와 안락을 보장해주고 옷과 보석을 선물하여 즐겁게 해주어야 한다. 붓다가 남편이 아내에게 지닌 의무로서 선물까지 잊지 않고 언급한 것은 붓다가 인간의 보편적인 인정에 부여하는 자비로운 감정이 얼마나 사려 깊고 공감적인가를 보여준다. 한편 아내는 가사를 관리하고 돌보며 손님, 방문객, 친구, 친척, 고용원들을 접대해야 한다. 또한 남편을 사랑하고 남편에게 성실하고 남편이 벌어들이는 부를 보호해야 하며, 모든 활동에서 현명하고 활기에 넘쳐야 한다.

④ 친구, 친척, 이웃과의 관계이다. 서로를 후대하고 서로에게

자비로워야 하며, 즐겁고 유쾌하게 이야기하고 서로에게 복지를 위해서 일하고 서로 대등한 사이어야 하고 다투지 말며, 궁핍할 때에 서로 도와주고 어려움에 처했을 때에 저버리지 말아야 한다.

⑤ 주인과 고용인의 관계이다. 주인과 고용주는 자기가 부리는 부하나 고용인에게 다음과 같은 의무를 지닌다. 능력과 재능에 따라 일을 할당하고, 그 능력에 알맞은 임금을 지불하고, 몸에 병이 났을 때에 치료해주고, 이따금 기부금이나 상여금을 지불해야 한다. 그리고 부하나 고용인은 부지런하고 게으름을 피우지 말고 정직해야 하며, 주인의 말을 잘 듣고 주인을 속이지 말고 열성적이어야 한다.

⑥ 승려와 재가신도와의 관계이다. 재가신도는 사랑과 존경심을 가지고 승려의 물질적인 궁핍을 보살펴주고, 승려는 사랑하는 마음을 가지고 자기의 지식과 배운 것을 재가신도에게 전하고, 재가신도를 악에서 떠나게 하여 좋은 길을 걷도록 인도해야 한다.

이와 같이 가정생활과 사회생활을 함께 하는 재가신도의 생활이 성스러운 계율 속에 포함되어 있으며, 붓다가 제시한 바대로 불교적 생활 방식의 체제 속에 있음을 살펴보았다.

3. 어떻게 불교도가 되는가

가장 오래된 경전인 『쌍윳따니까야』에서 모든 신들의 왕인 제석천 싹까는, 자기는 고결하고 신앙심이 깊은 생활을 하는 승려뿐만 아니라 칭찬할 만한 행동을 하고 덕이 있고 가족을 나무랄데 없이 부양하는 재가신도도 존경한다고 공언한 바가 있다.[420] 불교도가 되기를 원한다면, 꼭 가입식이나 수계식을 치를 필요가 없다. 물론 승단의 일원인 수행승이 되기 위해서는 당연히 오랜 수행과 교육을 받아야 한다.

만일 어떤 사람이 붓다의 가르침을 이해하고 그 가르침을 올바른 길이라고 확신하고 이를 따르려고 한다면, 그 사람이 곧 불교도이다. 불교국가에서 예로부터 전해오는 전통에 의하면 불법승에 귀의하고 다섯 가지 계행421)를 지킴으로서 불교신도가 되었다. 다섯 가지란 다음과 같다.

① 살아있는 생명을 죽이지 말 것,
② 주지 않은 것을 빼앗지 말 것,
③ 사랑을 나눔에 잘못을 저지르지 말 것,
④ 거짓말을 하지 말 것,
⑤ 곡주나 과일주 등 취기있는 것에 취하지 말 것422)

불교의식을 거행할 때에 대중들은 스님의 선창에 따라 이 계율을 암송한다. 그러나 원칙상 불교신도가 수행해야 할 형식상의 의례나 예식은 없다. 불교는 생활방식이며 중요한 것은 여덟 가지 고귀한 길을 따르는 것이다.

물론 모든 불교국가는 종교제전이 있을 때에 소박하고도 아름다운 의식을 행하기도 한다. 절에는 부처, 탑, 보리수 등의 성역이 있는데, 여기에 불교도들이 꽃을 바치고 촛불을 켜고 향을 피우며 예배를 드린다. 그러나 이러한 것들을 유일신교의 기도에 비유해서는 안 된다. 이것은 길을 가르쳐준 붓다에게 경의를 표하는 추

---

420) SN. I. 234 참조

421) 五戒 pañcasīla

422) 五戒 pañca sīla, 不殺生 pāṇātipātā veramaṇī, 不偸盜 adinnādānā veramaṇī 不邪淫 kām esu micchācārā veramaṇī 不妄語 musāvadā veramamī, 不飮酒 surāmerayamajja- pamā daṭṭhānā veramanī.

모의 방법의 하나에 불과하기 때문이다. 이러한 전통적인 의식들은 비록 그것이 비본질적이긴 하지만 지적으로나 정신적으로 덜 발달한 사람들의 종교적인 정서와 욕구를 충족시키고, 그들을 점점 진정한 길로 들어서게 하는 가치를 지니고 있다.

4. 붓다의 사회, 경제, 정치에 관한 가르침

불교가 숭고한 이상, 고결한 도덕과 철학적 사고에만 관심을 갖고 인간의 사회경제적인 복지는 소홀히 하고 있다고 생각한다면, 그것은 잘못된 생각이다. 붓다는 인간의 행복에 관심을 갖고 있었다. 그에게 행복이란 도덕적, 정신적인 원리에 바탕을 둔 고결한 생활을 하지 않고는 불가능한 것이었다. 그러나 그는 이러한 생활이란 물질적 사회적인 여건이 좋지 않은 가운데서는 어렵다는 것을 알고 있었다. 불교는 물질적인 행복을 그 자체의 궁극적인 목표로 삼지는 않았다. 곧 물질이란 보다 높고 숭고한 목표를 이루기 위한 수단에 지나지 않는 것이다. 그러나 인간의 행복을 위한 고결한 목표를 이루는 데 없어서는 안 될 수단인 것이다. 그래서 불교는 정신적 성취를 이루려면 최소한의 물질적인 여건이 필요하다는 것을 인식하고 있다. 어떤 외진 곳에서 명상하고 있는 한 승려가 정신적인 성취를 이룩하는 데조차도 최소한의 물질적인 여건이 필요한 것이다.[423)]

붓다는 인생을 사회 경제적인 관계에서만 볼 것이 아니라 그 사회, 경제, 정치 등의 모든 국면을 총괄적으로 보았다. 그의 윤리적,

---

423) Pps. I. 290 : 불교의 僧侶에게는 개인적인 財産을 갖지 않도록 권유되어 있지만 共有財産은 허용된다.

정신적, 철학적인 문제에 관한 가르침은 상당히 잘 알려져 있으나, 사회, 경제, 정치 등에 관한 가르침은 거의 알려져 있지 않다. 그러나 불경에는 그러한 문제를 다루고 있는 많은 이야기가 두루 산재해 있다. 몇 가지 예를 들어보자. 『디가니까야』 가운데 「전륜사자후경」[424]은 가난[425]이 도둑질, 거짓말, 폭력, 증오, 잔인 등과 같은 부도덕한 범죄의 원인이 된다고 분명히 밝히고 있다. 고대의 왕들은 오늘날의 정부처럼 형벌을 통해서 범죄를 억제하려고 애썼다. 같은 니까야 가운데 「꾸따단따경」[426]은 그러한 형벌을 통한 범죄의 근절이 얼마나 부질없는 것인가를 설하고 있다. 그러한 방법으로는 결코 실효를 거둘 수 없으며, 범죄를 근절시키려면 국민의 경제적인 여건을 개선시켜야 한다고 제시하고 있다. 농부와 경작자들에게는 곡식과 농사를 지을 설비가 공급되어야 하고, 무역업자나 사업을 하는 사람에게는 자본이 제공되어야 하고, 고용원이나 노동자들에게는 적절한 임금이 지불되어야 한다. 이렇게 충분한 소득을 벌어들일 기회가 부여되면, 국민들은 만족해하고 두려움이나 걱정이 없게 되고, 따라서 그 나라는 평화롭고 범죄가 없게 된다. 이러한 이유로 붓다는 재가의 신도들에게 경제적인 여건을 개선하는 것이 얼마나 중요한가를 그들에게 설명했다.

그렇지만 붓다는 탐욕과 애착을 가지고 부를 쌓아 올리는 것을 용인하지는 않았다. 또한 생계를 꾸려가는 모든 수단과 방법을 허용했던 것도 아니다. 그것은 붓다의 가르침과 근본적으로 다른 것이다. 앞에서 살펴본 바와 같이 붓다는 무기의 생산, 판매와 같은 장사를 그릇된 생계수단으로 보고 비난했다. 디가자누[427]라는 사

---

424) 轉輪獅子吼經 Cakkavattisīhanāda-sutta : DN. III. 58. (no. 26)

425) dāḷiddiya : 가난, 궁핍을 말한다.

426) Kūṭadantasutta : DN. I. 127. (no. 4)

427) Dīghajānu : AN. IV. 281에 登場한다. Kakkarapatta의 주민, 부처님을 찾아 이 세상과 저

람이 하루는 붓다를 찾아가서 질문했다.

[디가자누] "세존이시여, 우리는 아내와 자식을 데리고 가정을 꾸려나가는 평범한 속인입니다. 자희들에게 현세와 내세에서의 행복을 인도해줄 좋은 가르침을 베풀어주시겠습니까?"

붓다는 우선 현세에서 인간의 행복을 인도해 줄 네 가지가 있다고 대답했다.

① 자신이 종사하는 어떤 직업에서든 숙련되어야 하고 능력을 갖추고 있어야 하며, 근면하고 원기왕성해야 한다.

② 자신의 이마에 땀을 흘리며 정당하게 벌어들인 소득을 보존해야 한다.

③ 성실하고, 학식이 있으며, 덕망이 있고, 도량이 크고, 자신을 악에서 벗어나게 하여 바른 길로 인도해 줄 친구를 사귀어야 한다.

④ 너무 많게도 적게도 말게 자기의 소득에 맞게 합리적으로 소비해야 한다. 바꾸어 말하면 분수에 맞게 생활해야 한다."[428]

붓다는 계속해서 내세에서 재가신도의 행복을 이끌어줄 네 가지 성취(四具足)에 관하여 상세히 설명한다.

① 믿음의 성취이다. 도덕적, 정신적, 지적 가치를 믿고 신뢰한다.
② 계행의 성취이다. 살생하고 훔치고 속이고 거짓말하는 등의 파괴적이고 해로운 생활 태도를 취하지 않는다.
③ 베품의 성취이다. 부에 대한 애착과 같은 망상을 내지 말고

세상에서의 幸福을 가져오는 가르침에 대한 質問을 했다. 부처님은 아래와 같은 가르침을 베풀었다.

428) AN. IV. 281 : ① 努力具足 uṭṭhānasampadā : 努力을 기우리는 것, ② 守護具足 ārakkha-sampadā : 당시의 社會的 背景을 고려하면 도둑 등으로부터 財產을 保護하라는 말이다. 善友, ③ 善友 kalyāṇamittatā : 좋은 親舊와 사귀는 것, ④ 等命 samajivikatā : 儉素한 生活, 分數에 맞는 生活을 말한다.

자선을 하거나 관용을 베푼다.

④ 지혜의 성취이다. 번뇌를 없애고 열반의 경지로 이끌어주는 지혜를 닦는다.[429]"

붓다는 돈을 저축하고 쓰는 것에 이르기까지 상세히 말한 적도 있다. 이를테면 그가 씨갈라라는 청년에게 소득의 사분지 일을 생활비로 쓰고 이분의 일은 사업에 투자하고 나머지 사분의 일은 비상용으로 저축해두어야 한다고 말한 적이 있다.[430]

한 때에 붓다는 싸밧티 시의 제따바나[祇園精舍]를 지은 가장 헌신적인 붓다의 재가신도 가운데 한 사람인 아나타삔디까라는 장자에게 평범한 가정생활을 하는 재가신도에게는 네 가지 행복이 있다고 말한 적이 있다.

① 공정하고 정당한 방법으로 얻은 경제적인 안정이나 부를 향유하는 행복이 있다.

② 자신과 가족, 친구나 친척 또는 칭찬할 만한 행동을 하는 사람에게 자기의 벌어들인 부를 아낌없이 베푸는 행복이 있다.

③ 빚이나 채무가 없는 행복이 있다.

④ 신체적으로나 언어적으로나 정신적으로 악을 저지르지 않고 과오가 없는 청정한 생활을 하는 행복이 있다.[431]

여기서 이 네 가지 가운데 세 가지가 경제적인 측면이라는 사실에 유의해야 할 뿐만 아니라, 단지 경제적이고 물질적 행복은 과

---

429) AN. IV. 284 : 각각 ① 信具足 saddhāsampadā, ② 戒具足 sīlasampadā, ③ 捨具足 cāg-asampadā, ④ 慧具足 paññāsampadā.

430) DN. III. 180

431) AN. II. 69 : 각각 ① 利益樂 atthisukkha, ② 受用樂 bhogasukkha, ③ 無債樂 anaṇasu-kha, ④ 無過樂 anavajjasu-kkha를 말한다.

실 없는 청정한 생활로부터 오는 정신적 행복의 십육분의 일의 가치도 되지 못한다고 붓다가 장자에게 이야기했다는 사실에 주목해야 한다.

위에서 예로 든 몇 가지의 보기에서 알 수 있듯이, 붓다는 경제적인 복지를 인간의 행복을 위한 필요조건으로 보았지만, 그것이 단순히 정신적, 도덕적 기만이 없는 물질이라면 진실된 것이라고 보지 않았다. 붓다는 물질적인 개선을 장려하면서도, 정신적으로 평화롭고 행복한 사회를 만들기 위해서는 도덕적 정신적 품성의 계발이 더욱 긴요하다는 것을 언제나 강조했다.

5. 정당한 전쟁이란 없다

붓다는 전쟁과 평화에 대해서도 공정하게 평가를 했다. 불교에서 비폭력과 평화는 보편적인 진리로서 설해지는 만큼 폭력이나 살생은 어떠한 경우에도 용인되지 않는다. 불교에서 '정당한 전쟁'이란 개념은 있을 수 없다. '정당한 전쟁'이란 증오, 잔인, 폭력, 대학살을 정당화하고 변명하기 위해 만들어져 유포된 그릇된 용어에 불과하다. 도대체 무엇이 정당하고 무엇이 부당하단 말인가? 그것을 누가 결정하는가? 힘있는 자와 이긴 자는 정당하고 약한 자와 패한 자는 부당하다라든가, 우리의 전쟁은 언제나 정당하고 너희들의 전쟁은 언제나 부당하다라든가 하는 식의 자세를 불교는 취하지 않는다.

붓다는 비폭력이나 평화를 가르쳤을 뿐만 아니라, 로히니[432] 강

---

432) Jāt. V. 412 : Rohiṇī : Sākya국과 Koiya국을 나누는 작은 강이다. 이 강을 따라 댐을 막아서 兩國에서 물을 灌漑用水로 이용하고 있었다. Jeṭṭhamūla월에 가뭄이 들어 양국의 주민들

의 문제로 전쟁을 준비할 정도로 석가족과 꼴리야족 사이에 분쟁이 발생하였을 때, 전장에 직접 나아가서 개인적으로 중재하여 전쟁을 방지하였다. 그러한 중재를 통해 붓다는 아자따쌋뚜왕이 밧지국을 공격하지 못하도록 한 적이 있다.

붓다가 생존하던 시대에도 오늘날처럼 나라를 올바로 다스리지 못한 통치자들이 있었다. 그들은 국민을 억압하고, 착취하고, 고문하고, 박해하고, 과중한 세금을 부과하거나 잔인한 형벌을 가했다. 붓다는 이러한 비인간성에 관해 깊이 생각했다. 법구경론에서는 붓다가 훌륭한 정부라는 문제에 주의를 기울였다고 기록하고 있다. 붓다의 견해는 당시의 사회적, 경제적, 정치적인 배경에 비추어 올바르게 인식되어야 한다. 붓다는 정부의 우두머리, 곧 왕이나 장관, 행정관료들이 부패하고 올바르지 못하면 모든 국민이 부패하고 타락하여 불행하게 된다고 가르쳤다.

국민이 행복하려면 올바른 정부가 있어야 한다. 올바른 정부를 어떻게 실현할 것인가에 대해서는 본생경에 등장하는 '통치자의 열 가지 의무'[433]에 등장한다. 물론 여기서 옛날의 왕이라는 개념은 오늘날의 정부로 대체되어야 한다. 따라서 왕에 관한 열 가지 의무를 규정한 이 법은 오늘날의 국가수반, 각료, 정치지도자, 법률가, 행정가등과 같은 정부를 구성하는 모든 사람들에게 적용된다. 통치자의 열 가지 의무는 아래와 같다.

① 베풀어야 한다. 통치자는 관대함, 너그러움, 자비심을 가지

이 이 물을 이용하기 위해 分爭을 일으켰다. 붓다가 空中에 나타나 강 가운데에서 무슨 일이 일어나고 있는지 살펴보니 곧 戰爭이 臨迫했다는 것을 알고 그들에게 얼마 남지 않은 물을 가지고 서로 殺傷하는 것이 얼마나 어리석은 짓인가를 說得했다. 이 分爭을 훌륭하게 조정한 붓다에게 고마움을 표시하기 위해 Sākya국과 Koiya국은 각각 250여명의 젊은이들을 붓다의 弟子로 만들어 出家시켰다.

433) 十王法 : Jāt. I. 260, 399; II. 274, 320; III. 274. 320; V. 119. 378

고, 부와 재산에 대한 애착과 갈망을 버리고 그것을 분배하여 국민복지에 써야 한다.

② 도덕적이어야 한다. 고결한 도덕성을 가지고 살생하거나 부정하거나 훔치지 말고 다른 사람을 착취하지도 말고 간음, 거짓말, 음주 등을 하지 말아야 한다. 곧 통치자는 최소한 재가신도의 오계를 지켜야 한다.

③ 희생적이어야 한다. 국민들의 이익을 위해 모든 개인적인 안락, 명예, 명성, 생명까지도 버릴 준비가 되어 있어야 한다.

④ 정직해야 한다. 자기의 의무를 다하는데 두려움이나 편애가 없어야 하며, 자신의 의사를 신중히 표현하고 국민들을 속이지 말아야 한다.

⑤ 친절해야 한다. 친절하고 온순하며 우아한 성격을 지녀야 한다.

⑥ 검소해야 한다. 간소한 습관을 키우고 소박한 생활을 하고 사치스러운 생활에 빠지지 말아야 한다.

⑦ 분노해서는 안 된다. 누구에게도 원한을 품지 말며, 증오, 악의, 반목이 없어야 한다.

⑧ 해를 끼쳐서는 안 된다. 비폭력으로 누구에게도 해를 끼치지 말고 전쟁, 폭력을 포함하는 모든 것과 살아있는 생명을 죽이는 것을 피함으로서 평화를 증진시키도록 노력을 기울여야 한다.

⑨ 인욕을 닦아야 한다. 인내와 용기와 관용과 이해로 곤경, 어려움, 모욕 등을 침착하게 견디어 내야 한다.

⑩ 화합으로 다스려야 한다. 국민들의 의향을 거슬리지 말고 국민복지를 유도할 수 있는 방책이면 무엇이든지 해야 한다. 다시 말해서 국민화합으로 통치해야 한다.[434]

---

434) 각각 ① 布施 dāna, ② 持戒 sīla, ③ 永捨 pariccāga, ④ 正直 ajjava, ⑤ 柔和 maddava, ⑥ 苦行 tapa, ⑦ 無忿 akkodha, ⑧ 無害 avihiṃsā, ⑨ 忍辱 khanti, ⑩ 不相違 avirodha이

이러한 품성을 지닌 사람들이 나라를 통치한다면, 그 나라의 국민은 행복해질 것임에 틀림없을 것이다. 그렇다고 그것이 이상향을 이야기하는 것만은 아니다. 왜냐하면 역사상 인도의 아쇼카왕같이 그러한 사상에 근거를 두고 왕국을 세운 사람이 있었기 때문이다.

6. 비폭력, 평화, 사랑

오늘날 세계는 끊임없는 공포, 의심, 긴장 속에 놓여 있다. 또한 과학은 상상할 수도 없는 파괴력을 지닌 무기들을 생산하고 있다. 이 새로운 죽음의 무기를 휘두르면서 강대국들은 뻔뻔스럽게도 세계를 파괴와 불행으로 몰아넣을 수 있는 능력이 다른 나라보다 강대하다고 자랑하면서 서로 위협하고 도전하고 있다. 지금 강대국들은 그처럼 광란의 길을 걸어가고 있다. 한 발자국 더 앞으로 내디딘다면, 그 결과로 인간성의 완전한 파괴와 상호전멸을 초래할 것이다. 강대국들이 직접 만들어낸 이러한 상황을 두려워하는 인류는 그 탈출구를 찾기를 원하고 있으며 어떤 해결책을 얻으려고 발버둥치고 있다. 그러나 붓다가 제시한 길 밖에는 해결책이 없다. 다시 말해서 붓다의 가르침인 비폭력과 평화, 사랑과 자비, 존경과 신뢰를 통해서 이기심과 증오와 폭력으로부터 벗어나는 길이다.

붓다는 '증오는 절대로 증오로서 쉬어지지 않는다. 그것은 사랑

다. 특히 열 번째와 관련해서는 興味로운 것은 印度의 외교정책에서 五戒(pañcasīla)가 外交原理로서 사용된다는 사실이다. 기원전 3세기에 아쇼카왕이 政府의 政策으로 適用했던 것과 恰似하다. 五戒는 순수한 佛敎用語이다.

에 의해서만 쉬어진다. 이것은 영원한 진리이다.'[435]라고 말했다. 또한 붓다가 '인간은 자애로 분노를, 선함으로 사악함을, 보시로 이기심을, 진실로 거짓을 이겨내야 한다.'[436]고 말했다. 이웃을 정복하고 복속시키기를 열망하고 갈망하는 한, 인류에게 평화나 행복이 있을 수 없다. 붓다는 말했다.

[붓다] "승리자는 증오의 씨를 뿌리고 패배자는 비참하게 굴복한다. 승리와 패배를 여읜 사람은 행복하고 평화롭다."[437]

이처럼 행복과 평화를 가져올 수 있는 유일한 길은 자기정복이다.

[붓다] "전쟁에서 수백만을 정복할 수 있다. 그러나 자기 자신을 정복한 사람은 정복자 가운데 가장 위대한 자이다."[438]

많은 사람들은 이러한 가르침이 매우 아름답고 고귀하고 장엄하지만 비실용적이라고 할 것이다. 그렇다면 서로 증오하고 서로 죽이고, 밀림 속에서의 야생동물처럼 끝없는 두려움과 의심 속에서 사는 것이 더 실용적이고 편안한 것인가? 증오가 증오로서 달래진 적이 있던가? 악을 악으로 정복한 적이 있었던가? 그러나 증오를 사랑과 친절로서 달래고 악을 선으로 정복한 경우는 많다. 그것이 개인적인 경우에는 진실이며 실천 가능할는지 모르지만, 국가적인 또는 국제적인 경우에는 적용되지 않는다고 생각할지도 모른다. 사람들은 '국민적', '국제적', '국가적'이라는 선동적인 용어에 사로잡혀, 심리적으로 혼란되어 눈먼 봉사처럼 그 말에 기만당

---

435) Dhp. 5 : na hi verena verāni sammantīdha kudācanaṃ averena ca sammanti esa dhammo sanantano

436) Dhp. 223 : akkodhena jine kodhaṃ asādhuṃ sādhunā jine, jine kadariyaṃ dānena saccenālikavādinaṃ

437) Dhp. 201 : jayaṃ veraṃ pasavati dukkhaṃ seti parājito, upasanto sukhaṃ seti hitvā jayaparājayaṃ.

438) Dhp. 103 : yo sahassaṃ sahassena saṅgāme mānuse jine, ekaṃ ca jeyya-m-att-ānaṃ sa ve saṅgāma juttamo.

하고 있다. 국가라는 것도 개인의 방대한 집합이 아닌가? 국민이나 국가가 행동하지는 않는다. 행동하는 것은 개인이다. 개인이 생각하고 행동하는 것이 바로 국가가 생각하고 행동하는 것이다. 개인에게 적용될 수 있는 것은 국민이나 국가에도 적용될 수 있다. 증오가 개인적인 차원에서 사랑과 친절로 진정될 수 있다면 틀림없이 국민적·국제적 차원에서도 그렇게 될 수 있다. 한 개인에게 증오를 친절로 대하려면, 도덕적인 힘으로서의 굉장한 의지, 용기, 신념, 대담성을 필요로 한다. 하물며 국제적인 일에 대해서는 두말할 나위조차 없다. '실제적이 아니다.'라고 말하는 것은 '쉽지 않다'는 핑계일 뿐이다. 그러나 '쉽지 않다'는 말은 옳다. 절대로 그것은 쉽지 않은 것이다. 그렇지만 그렇게 되어야 한다. 그렇게 하는 것은 위험하다고 할지 모른다. 그러나 그것은 핵전쟁을 시도하는 것보다 덜 위험하다.

대내적 또는 대외적인 측면에서 비폭력, 평화, 사랑의 가르침을 광대한 제국을 통치하는 데 적용시킨, 용기와 신념 그리고 선견지명을 가진 아쇼카[439] 황제라는 통치자가 있었다. 그는 역사상 가

---

439) Asoka : Ppn. I. 217에 따르면, 마가다 국의 왕으로 Bindusāra왕의 아들이었다. Bindusā-ra왕은 16명의 부인을 거느렸고 101명의 왕자를 두었다. Dīpavaṃsa와 Mahāvaṃsa는 아들 가운데 오직 장남 Sumāna와 Asoka와 이복형제 Tissa만을 언급하고 있다. Asoka의 어머니는 正妃인 Dhammā였다. 그녀의 가족은 사명외도의 신봉자였다. Asoka는 젊었을 때에 Avanti지방의 총독이었다가 父王이 죽자 Pāṭaliputta에 와서 왕위를 계승했는데 이 과정에서 Mahavaṃsa에 따르면 그는 Tissa를 빼놓고는 모든 형제를 살해했다. 그 때문에 그는 Caṇḍasoka '흉악한 아쇼카'라고 불렸다. 그러나 아쇼카 비문에는 그 비문이 쓰여질 당시에 그의 많은 형제, 자매와 친척이 Pāṭaliputta와 다른 도시에 살고 있다고 기록하고 있어 兄弟殺害는 사실은 의심스러운 것이 되었다. 그의 형제 Tissa는 Mahavaṃsa에 따르면 上王이라고 불렸고 나중에 阿羅漢果를 얻었고 Theragātā의 주석서에 따르면 아쇼카왕의 다른 형제는 Vītāsoka도 阿羅漢果를 얻었다. Asoka는 몇몇 비를 두었는데 왕에 부임하기 전에 첫부인 Sākya족 출신의 Vedisa-Mahādevī였다. 그녀의 아들과 딸이 Mahinda와 Saṅgamitta였다. 아쇼카왕은 부왕의 관례대로 뿌자를 행했으나 실망하고 성자를 찾아 나섰는데 이 과정에서 조카인 沙彌僧 Nigrodha를 창문을 통해 우연히 보고는 그를 초대하였다. Nigrodha는 왕에게 不放逸品(Appamādavagga)를 설했는데 왕은 대단히 만족하여 불교도가 되고 僧團의 外護者가 되었다. 그리고 Moggalliputta-Tissa에게서 佛法을 배우고 Pāṭaliputta에 아쇼

장 잘 알려진 위대한 통치자인데 '신들의 축복을 받은 자'라고 불렸다. 처음에 그는 아버지 빈두싸라 왕과 할아버지 짠드라굽따 왕의 전례에 따라 인도 반도의 정복을 완수하려고 했다. 그래서 그는 까링가를 침공하여 정복했다. 이 전쟁에서 수십만이 죽고 부상당하고 고문당하고 투옥되었다. 그러나 불교도가 된 이후에 태도가 돌변하여 붓다의 가르침을 실천에 옮기기 시작했다. 바위에 새겨져 있는 유명한 칙령 — 현재 아쇼카비문 칙령 8호라고 불리는 — 에서 그가 까링가 지방의 정복에 대해 언급하면서, 그 대학살을 생각하면 고통스럽다고 공개적으로 참회한 것을 오늘날에도 확인할 수 있다. 아쇼카는 또한 대중 앞에서 다시는 정복하기 위해 칼을 뽑지 않겠다고 선언했을 뿐만 아니라, 모든 사람들이 비폭력, 자제, 평화와 화해를 실천할 것을 당부했다. 물론 '신들의 축복받는 자'에게 가장 중요한 정복은 '진리에 의한 승리[440]'이다.

아쇼카 황제는 스스로 전쟁을 그만두었을 뿐만 아니라 후손들이 새로운 정복을 가치 있는 것으로 생각하지 않기를 열망했다. 그는 후손들에게 법에 의한 정복만을 생각하도록 가르쳤다. 그것이야말로 이 세상이나 저 세상을 위해 유익한 것이다. 그 힘이 절정에 달해 영토를 정복할 수 있는 충분한 힘을 지니고 있음에도 전쟁, 폭력 따위와 인연을 끊고 평화와 비폭력으로 전환한 정복자

카 승원(Asokārāma)을 세웠고 Mahinda와 Saṅgamitta를 그의 밑에 출가시켰다. Moggalliputta-Tissa는 수행자답지 않은 승려와 이단적인 이론을 제거하기 위해 불전에 대한 第三結集을 수행했다. 그 과정에서 왕은 승단의 화합과 정화를 위해 관료를 동원했으나 대신들의 착오로 많은 훌륭한 승려들이 추방되자 왕의 형제인 Tissa에 의해서 僧侶의 淨化가 중단되었다. 그리고 Asoka왕은 재위17년 되는 해에 세계각국에 長老들을 파견하여 불법을 弘布하였다. Majjhantika를 Kasmīra와 Gandhāra에, Mahādeva를 Mahisamaṇḍala에, Rakkhita를 Vanavāsa에, Yona Dhammarakkhita를 Aparantaka에, Mahārakkhita를 Yona에, Majjhima를 Himalāya에, Soṇa와 Uttara를 Suvaṇṇabhūmi에, Mahinda를 Sri Laṅkā로 보냈다. 그 다음해에 Saṅghamittā에게 보리수 나무 가지를 스리랑카에 전하도록 했다. Asoka왕은 在位 37년간의 후반에 法王 Dhammarāja라고 불렸다.

440) 法勝 dhammavijaya

의 예는 인류 역사상에서 그 유래를 찾을 수 없다. 여기에 오늘의 세계를 위한 교훈이 있는 것이다. 제국의 통치자가 공공연하게 전쟁과 폭력에 등을 돌리고 평화와 비폭력의 가르침을 받아들였다. 그렇다고 이웃나라 왕이 아쇼카 왕의 신앙심을 이용하여 군사력으로 공격했다던가, 아쇼카 왕의 생존 당시에 제국 내에 반란이나 폭동이 있었는지를 보여주는 역사적인 자료는 하나도 없다. 반대로 그 제국의 밖에까지 평화가 전파되었고 그의 제국은 그의 자애로운 통치를 받아들였던 것이다.

세력균형을 통해서 또는 핵보복력의 위협을 통해서 평화를 유지하려는 것은 어리석은 짓이다. 무기가 공포를 조성할 수는 있어도 평화를 가져올 수는 없다. 공포를 통해서는 진정하고 지속적인 평화는 확보될 수가 없다. 공포를 통해서 증오, 악의, 적대감 등은 당분간 억압할 수 있을지 모르지만 언제라도 그것이 폭발하여 폭력을 초래하게 될지 모른다. 진정하고 참된 평화는 공포, 의혹, 위험이 없는 자비로운 분위기 속에서만 널리 행해질 수 있다.

불교는 권력을 위한 무자비한 투쟁이 없는 사회, 정복과 패배를 넘어서 평화와 안정이 널리 퍼져 있는 사회, 무고한 자에 대한 박해가 없는 사회. 스스로 이기는 자가 군사적, 경제적 힘으로 남을 정복하는 사람보다 더욱 존경받는 사회, 선이 악을 정복하는 사회, 원한, 질투, 악의, 탐욕이 사람의 마음을 물들이지 않는 사회, 자비가 행동의 추진력이 되는 사회, 가장 작은 생명을 포함해서 모든 생명이 공정, 이해, 사랑만으로 취급되는 사회, 평화롭고 조화로운 사회, 물질적으로 만족되는 생활을 추구하면서도 가장 고결한 목표인 궁극적인 진리인 열반의 깨달음으로 나아가는 사회를 창조하는 것을 목적으로 한다.

약 어 표

AN.	Aṅguttara Nikāya
Abhis.	Abhidharmasamucaya
Dhp.	Dhammapada
DhpA.	Dhammapada-Aṭṭhakathā
Dhs.	Dhammasaṅgaṇi
DN.	Dīgha Nikāya
DNA=Smv.	Dighanikāya-Aṭṭhakathā (Sumaṅgalavilāsinī)
ENOB.	Encyclopaedia of Buddhism
Ggs.	Die in Gruppen geordnete Sammlung
Ing.	Indische Grammatik
Itv.	Itivuttaka
Jāt.	Jātaka
JātA.	Jātaka-Aṭṭhakathā
JPTS.	Journal of Pali Text Society
Kathv.	Kathāvatthu
Krs.	The Book of the Kindred Sayings
KsI.	Kosmologie der Inder
Laṅk.	Laṅkāvatāra-sūtra
Mdhk.	Madhyamika-Kārikā
Mhv.	Mahāvaṁsa
Mhsa.	Mahāyāna-Sūtrālaṅkāra
Mil.	Milindapañhā
MN.	Majjhima Nikāya
Pps.	Majjhima-Aṭṭhakathā (Papañcasūdanī)
Mrp.	Manorathapūraṇī, Aṅguttara-aṭṭhakathā
Peb.	The Thought of Paṭiccasamuppāda in Early Buddhism 初期佛敎의 緣起性 硏究
Pkd.	The Pāli Korean Dictionary
Ppn.	Dictionary of Pāli Proper Names

PTS	Pali Text Society, London
Prmj.	Paramatthajotikā
SN.	Saṁyutta Nikāya
Snw.	Sanskrit Wörterbuch
Srp.=SNA.	Sāratthappakāsinī, Saṁyutta-Aṭṭhakathā
Stn.	Suttanipāta
StnA.	Suttanipāta-Aṭṭhakathā
Swb.	Sanskrit Wörterbuch
Thag.	Theragathā
ThagA.	Theragathā-Aṭṭhakathā
Thig.	Therīgātha
ThigA.	Therīgathā-Aṭṭhakathā
Ud.	Udāna
Vdm.	Vedic Mythology
Vibh.	Vibhaṅga
Vin.	Vinaya Piṭaka
Vism.	Visuddhimagga
雜阿含	雜阿含經
長阿含	長阿含經
中阿含	中阿含經
增一阿含	增一阿含經
相應	相應部經典
大正	大正新修大藏經

참 고 문 헌

● 원전류

『Dīgha Nikāya』 ed. by T. W. Rhys Davids & J. E. Carpenter, 3vols(London : PTS, 1890~1911) tr. by T. W. & C. A. F. Rhys Davids, 『Dialogues of the Buddha』 3vols(London : PTS, 1899~1921)

『Majjhima Nikāya』 ed. by V. Trenckner & R. Chalmers, 3vols(London : PTS, 1887~1901) tr. I. B. Homer, 『Middle Length Sayings』 3vols(London : PTS, 1954~1959)

『Saṁyutta Nikāya』 ed. by L. Feer, 6vols(London : PTS, 1884~1904) tr. by C. A. F. Rhys Davids & F. L. Woodward, 『The Book of the Kindered Say-ings』 5vols(London : PTS, 1917~1930)

『Aṅguttara Nikāya』 ed. by R. Moms & E. Hardy, 5vols(London : PTS, 1885~1900) tr. by F. L. Woodward & E. M. Hare, 『The Book of the Gradual Sayings』 5vols(London : PTS, 1932~1936)

『Vinaya Piṭakaṁ』 ed. by Oldenberg, H., 5vols(London : PTS, 1984) tr. by Horner, I. B., 『The Book of the Discipline』 5vols(London : PTS, 1986)

『Thera-Theri-Gathā』 tr. by A. F. Rhys Davids, 『Psalms of the Early Bud-dhists』 2vols(London : PTS, 1903~1913)

『Suttanipata』 ed. by Andersen, D. & Smith, H.(London : PTS, 1984)

『Udāna』 ed. by Steinthal, P.(London : PTS, 1982) tr. by Masefield, P.(London : PTS, 1994)

『Dhammapada』 ed. by S. Sumangala(London : PTS, 1914)

『Itivuttaka』 ed. by E. Windish(London : PTS, 1889)

『長阿含經』 22권 大正新修大藏經 一卷

『中阿含經』 60권 大正新修大藏經 一卷

『雜阿含經』 50권 大正新修大藏經 二卷

『增一阿含經』 51권 大正新修大藏經 二卷

『別譯雜阿含經』 16권 大正新修大藏經 二卷

『Visuddhimagga of Buddhaghosa』 ed. by Rhys Davids, C. A. F.(London : PTS, 1975)

『Sāratthappakāsinī : Saṁyuttanikāyaṭṭhakathā』 ed. by Woodward, F. L. (London : PTS, 1977)
『Manorathapūraṇī』 ed. by M. Walleser & H. Kopp, 5vols(London : PTS, 1924~1926)
『Milindapañha』 ed. by V Trenckner(London : PTS, 1928) tr. by I. B. Horner, 『Milinda's Questions』 2vols(London : PTS, 1963~1964)
『Papañcasūdanī』 ed. by J. H. Woods, D. Kosambi & I. B. Horner, 5 vols (London : PTS, 1922~1938)
『Sumaṅgalavilāsini』 ed. by T. W. Rhys Davids, J. E. Carpenter & W. Stede, 3vols(London : PTS, 1886~1932)
『Paramatthajotikā; Suttanipāta-aṭṭhakathā』 ed. by H. Smith, 2vols(London : PTS, 1916~1917)
『Upanisads』 ed. & tr. by S. Radhakrishnan, 『The Principal Upaniṣads』 2nd ed.(London : George Allen & Unwin, 1953) ; tr. by R. E. Hume, 『The Thirteen Principal Upaniṣads』 2nd ed.(London : Oxford University Press, 1934)
『Laṅkāvatārasūtra』 ed. Nanjio (Kyoto, 1923)
『Mādhymikakārikā of Nāgarjuna』 ed. by L. de La Vallée Poussin (Bib. Buddh IV)
『Mahāyānasūtrālaṅkāra of Asaṅga』 ed. by Sylvain Levi(Paris, 1922)

● 일반단행본(동서양서)

Bodhi Bhikkhu, 『The Noble Eightfold Path』(Kandy : Buddhist Publication Society, 1984)
Bodhi Bhikkhu, 『Transcendental Dependent Arising』(Kandy : Buddhist Publication Society, 1980)
Bunge, M., 『Causality and Modern Science』(New York : Dover Publications Inc., 1986)
Fahs, A., 『Grammatik des Pali』(Leipzig : Verlag Enzyklopädie, 1989)
Frauwallner, E., 『Die Philosophie des Buddhismus』(Berlin : Akademie Ver- lag, 1958)
Glasenapp, H. V., 『Pfad zur Erleuchtung(Das Kleine, das Grosse und das Diamant-Fahrzeug)』(Köln : Eugen Diederichs Verlag, 1956)
Goleman, D., 『The Buddha on Meditation and Higher States of Consciousn-ess』 『The Wheel』 Publication no.189/190(Kandy : Buddhist Publication So

ciety, 1980)
Hiriyanna, M., 『Outlines of Indian Philosophy』(London : George Allen & U-nwin, 1932)
Hoffman, F. J., 『Rationality and Mind in Early Buddhism』(Delhi : Motilal Banarsidass, 1987)
Htoon, U. C., 『Buddhism and the Age of Science』 『The Wheel』 Publication no.36/37(Kandy : Buddhist Publication Society, 1981)
Jayatilleke, K. N., 『Early Buddhist Theory of Knowledge』(Delhi : Motilal Banarsidass, 1963)
Jayatilleke, K. N. etc, 『Buddhism and Science』 『The Wheel』 Publication no.3 (Kandy : Buddhist Publication Society, 1980)
Johansson, R. E. A., 『The Dynamic Psychology of Early Buddhism』(London : Curzon Press Ltd., 1979)
Johansson, R. E. A., 『The Psychology of Nirvana』(London : George Allen & Unwin Ltd., 1969)
Kalupahana, D. J., 『Causality : The Central Philosophy of Buddhism』(Hono-lulu : The University Press of Hawai, 1975)
Kalupahana, D. J., 『Buddhist Philosophy, A Historical Analysis』(Honolulu : The University Press of Hawaii, 1976)
Karunaratne, W. S., 『The Theory of Causality in Early Buddhism』(Colom-bo : Indumati Karunaratne, 1988)
Keith, Arthur Berriedale., 『Buddhist Philosophy in India and Ceylon』(Oxf- ord : Clarendon 1923)
Kim, Jaegwon., 『Supervenience & Mind』(NewYork : Cambridge Press, 1933)
Kirfel, W., 『Die Kosmographie der Inder』(Bonn : Schroeder, 1920)
Knight, C. F. etc, 『Concept and Meaning』 『The Wheel』 Publication no.250 (Kandy : Buddhist Publication Society, 1977)
Malalasekera, G. P. & Jayatilleke, K. N., 『Buddhism and Race Question』 (Paris : UNESCO, 1958)
Macdonell, A. A., 『A Vedic Reader for Students』(Oxford : Oxford University Press, 1917)
Macy, J., 『Mutual Causality in Buddhism and General Systems Theory』(New York : State University of New York Press, 1992)
Murti, T. R. V., 『The Central Philosophy of Buddhism』(London : George Allen & Unwin Ltd., 1955)
Nyanoponika Thera, 『The Heart of Buddhist Meditation』(London : Rider, 1962)

Oldenberg, H., 『Buddha : sein Leben, seine Lehre, seine Gemeinde』(Stuttgart : Magnus Verlag, 1881)

Chakravarti, U., 『The Social Dimensions of Early Buddhism』(Oxford : Ox-ford University Press, 1987)

Nyanaponika, 『The Five Mental Hindrances and their Conquest』(Kandy : Buddhist Publication Society, 1989)

Ñāṇananda Bhikkhu, 『Concept and Reality in Early Buddhist Thought』(Kandy : Buddhist Publication Society, 1971)

Pande, G. C., 『Studies in the Origins of Buddhism』(Allahabad : University of Allahabad, 1957)

Piyananda, D., 『The Concept of Mind in Early Buddhism』(Catholic Univer-sity of America, 1974)

Rahula, W. S., 『What the Buddha Taught』(London & Bedford : Gardon Fraser, 1978)

Sayādaw, Mahāsi, 『The Great Discourse on the Wheel of Dhamma』 tr. by U Ko Lay(Rangoon : Buddhasāsana Nuggaha Organization, 1981)

Sayādaw, Mahāsī, 『Pāticcāsamuppāda(A Discourse)』 tr. by U Aye Maung (Rangoon : Buddasāsana Nuggaha Organization, 1982)

Stebbing, L. S., 『A Modern Introduction to Logic』(London : Metuen & Co, 1962)

Story, F., 『Dimensions of Buddhist Thought』 『The Wheel』 Publication no.212/213/214(Kandy : Buddhist Publication Society)

Varma, V. P., 『Early Buddhism and It's Origin』(Delhi : Munshiram Monoharlal, 1973)

Watanabe, F., 『Philosophy and Its Development in the Nikāyas and Abhidhamma』(Delhi : Motilal Banarsidass, 1983)

Wettimuny, R. G. de S., 『The Buddha's Teaching』(Colombo : M. D. Gunas-ena & Co. Ltd., 1977)

Wettimuny, R. G. de S., 『The Buddha's Teaching and the Ambiguity of Ex-istence』(Colombo : M. D. Gunasena & Co. Ltd., 1977)

Wijesekera, 『Knowledge & Conduct : Buddhist Contributions to Philosophy and Ethics』(Kandy : Buddhist Publication Society, 1977)

Wittgenstein, L., 『Philosophische Untersuchungen』 『Ludwig Wittgenstein Werkausgabe』 Band1(Frankfurt am Main, 1984)

Winternitz, M., 『History of Indian Literature』 vol.2(Dheli : Motilal Banarsi-dass, 1963)

● 사전류

Childers, R. C., 『A Dictionary of the Pali Language』(London : 1875)
Anderson, D., 『A Pāli Reader with Notes and Glossary』 2parts(London & Leipzig : Copenhagen, 1901~1907)
Rhys Davids, T. W. and Stede, W., 『Pali-English Dictionary』(London : PTS, 1921~1925)
Buddhadatta, A. P., 『Concise Pāli-English Dictionary』(Colombo : 1955)
Malalasekera, G. P., 『Dictionary of Pāli Proper Names』 vol. 1, 2(London : PTS, 1974)
雲井昭善, 『巴和小辭典』(京都 : 法藏館, 1961)
水野弘元, 『パーリ語辭典』(東京 : 春秋社, 1968, 二訂版 1981)
全在星, 『빠알리-한글사전』(서울 : 한국빠알리성전협회 2005)
Bothlingk, O. und Roth, R., 『Sanskrit-Wörterbuch』 7 Bände (St. Petersburg : Kaiserischen Akademie der Wissenschaften, 1872~1875)
Monier Williams, M., 『A Sanskrit-English Dictionary』(Oxford, 1899)
Uhlenbeck, C. C., 『Etymologisches Wörterbuch des Alt-Indischen Sprache』 (Osnabrück, 1973)
Edgerton, F., 『Buddhist Hybrid Sanskrit Grammar and Dictionary』 2vols(New Haven : Yale Univ., 1953)
V. S. Apte, 『The Practical Sanskrit-English Dictionary』(Poona : Prasad Pr-akshan, 1957)
鈴木學術財團, 『梵和大辭典』(東京 : 講談社, 1974, 增補改訂版 1979)
織田得能, 『佛敎大辭典』(東京 : 大藏出版株式會社, 1953)
耘虛龍夏, 『佛敎辭典』(서울 : 東國譯經院, 1961)
中村元, 『佛敎語大辭典』(東京 : 東京書籍, 1971)
弘法院 編輯部, 『佛敎學大辭典』(서울 : 弘法院, 1988)
Nyanatiloka, 『Buddhistisches Wörterbuch』(Konstanz : Christiani Konstanz, 1989)
『Encyclopaedia of Buddhism』 ed. by Malalasekera, G. P.(Ceylon : The Government of Sri Lanka, 1970~)
『Oxford Latin Dictionary』 ed. by Glare(Oxford : The Clarendon Press, 1983)
『Handbuch Philosophischer Grundbegriffe』 herausgegeben von Hermann Krings usw.(München : Kösel Verlag, 1973)

빠알리어 한글표기법

빠알리어는 구전되어 오다가 각 나라 문자로 정착되었으므로 고유한 문자가 없다. 그러므로 일반적으로 빠알리성전협회(Pali Text Society)의 표기에 따라 영어 알파벳을 보완하여 사용한다. 빠알리어의 알파벳은 41개이며, 33개의 자음과 8개의 모음으로 되어 있다.

자음(子音)	폐쇄음(閉鎖音)				비음(鼻音)
	무성음(無聲音)		유성음(有聲音)		
	무기음	대기음	무기음	대기음	무기음
① 후음(喉音)	ka 까	kha 카	ga 가	gha 가	ṅa 나
② 구개음(口蓋音)	ca 짜	cha 차	ja 자	jha 자	ña 냐
③ 권설음(捲舌音)	ṭa 따	ṭha 타	ḍa 다	ḍha 다	ṇa 나
④ 치음(齒音)	ta 따	tha 타	da 다	dha 다	na 나
⑤ 순음(脣音)	pa 빠	pha 파	ba 바	bha 바	ma 마
⑥ 반모음(半母音)	ya 야, 이야 va 바, 와				
⑦ 유활음(流滑音)	ra 라 la ㄹ라 ḷa ㄹ라				
⑧ 마찰음(摩擦音)	sa 싸				
⑨ 기식음(氣息音)	ha 하				
⑩ 억제음(抑制音)	ṁ -ㅇ, -ㅁ, -ㄴ				

모음에는 단모음과 장모음이 있다. a, ā, i, ī, u, ū, e, o 모음의 발음은 영어와 같다. 단 단음은 영어나 우리말의 발음보다 짧고, 장음은 영어나 우리말보다 약간 길다. 단음에는 a, i, u가 있고, 장

음에는 ā, ī, ū, e, o가 있다. 유의할 점은 e와 o는 장모음에 속하지만 종종 복자음 앞에서 짧게 발음된다 : metta, okkamati.

자음의 발음과 한글표기는 위의 도표와 같다.

ka는 '까'에 가깝게 발음되고, kha는 '카'에 가깝게 소리나므로 그대로 표기한다. ga, gha는 하나는 무기음이고 하나는 대기음이지만 우리말에는 구별이 없으므로 모두 '가'으로 표기한다. 발음에서 특히 유의해야 할 것은 aṅ은 '앙'으로, añ은 '얀'으로, aṇ은 '안, 언'으로, an은 '안'으로, aṁ은 그 다음에 오는 소리가 ①②③④⑤일 경우에는 각각 aṅ, añ, aṇ, an, am으로 소리나며, 모음일 경우에는 '암', 그 밖의 다른 소리일 경우에는 '앙'으로 소리난다. 그리고 y와 v일 경우에는 일반적으로 영어처럼 발음되지만 그 앞에 자음이 올 경우와 모음이 올 경우 각각 발음이 달라진다. 예를 들어 aya는 '아야'로 tya는 '띠야'로 ava는 '아바'로 tva는 '뜨와'로 소리난다. 또한 añña는 '안냐' 또는 '앙냐'로, yya는 '이야'로 소리난다. 폐모음 ②, ③, ④가 묵음화되어 받침이 될 경우에는 ㅅ, ①은 ㄱ, ⑤는 ㅂ으로 표기한다.

글자의 사전적 순서는 위의 모음과 자음의 왼쪽부터 오른쪽으로의 순서와 일치한다. 단지 ṁ은 항상 모음과 결합하여 비모음에 소속되므로 해당 모음의 뒤에 배치된다.

이 책에서는 빠알리어나 범어를 자주 써왔던 관례에 따라 표기했으며 정확한 발음은 이 음성론을 참고하기 바란다.

불교의 세계관

불교의 세계관은 단순히 신화적인 비합리성에 근거하는 것이 아니라 인간의 정신세계인 명상 수행의 차제에 대응하는 방식으로 합리적으로 조직되었다. 물론 고대 인도의 세계관을 반영하고 있는 것은 사실이지만 언어의 한계를 넘어선다면 보편적인 우주의 정신세계를 다루고 있다고 볼 수 있다.

여기서 세계의 존재(有 : bhavo)라고 하는 것은, 엄밀히 말하면 육도윤회하는 무상한 존재를 의미하며, 감각적 쾌락에 대한 욕망의 세계(欲界), 미세한 물질의 세계(色界), 비물질의 세계(無色界)라는 세 가지 세계의 존재가 언급되고 있다. 감각적 쾌락에 대한 욕망의 세계, 즉 감각적 쾌락에 사는 존재(欲有 : kāmabhava)는 지옥, 축생, 아귀, 수라, 인간과 하늘에 사는 거친 육체를 지닌 감각적 쾌락의 존재를 의미한다.

미세한 물질의 세계, 즉 색계에 사는 존재(色有 : rūpabhava)는 하느님세계의 하느님의 권속인 신들의 하늘(梵衆天)에서 궁극적인 미세한 물질로 이루어진 신들의 하늘(有頂天)에 이르기까지 첫 번째 선정에서 네 번째 선정에 이르기까지 명상의 깊이를 조건으로 화생되는 세계를 말한다. 따라서 이들 세계는 첫 번째 선정의 하느님세계의 신들(初禪天)에서부터 청정한 하느님세계의 신들(Suddhāvāsa : 淨居天은 '돌아오지 않는 이인 不還者가 화생하는 하느님세계)까지의 이름으로도 불린다. 초선천부터는 하느님세계에 소속된다.

가장 높은 단계의 세계인 비물질의 세계, 즉 무색계에 사는 존재(無色有 : arūpabhava)에는 '무한한 공간의 하느님세계의 신들'(空無邊處天), '무한한 의식의 하느님세계의 신들'(識無邊處天), '아무 것도 없는 하느님세계의 신들'(無所有處天), '지각하는 것도 아니고 지각하지 않는 것도 아닌 하느님세계의 신들'(非想非非想處天)이 있다. '무한한 공간의 세계'에서 '지각하는 것도 아니고 지각하지 않는 것도 아닌 세계'에 이르기까지는 첫 번째 비물질계의 선정에서 네 번째의 비물질계의 선정에 이르기까지의 명상의 깊이를 조건으로 화현하는 비물질의 세계이다.

이들 하늘나라나 하느님세계의 세계에 사는 존재들은 인간은 태생, 축생은 태생과 난생 등을 생성방식으로 택하고 있고 그 밖에는 마음에서 홀연히 생겨나는 화생(化生)이라는 생성방식을 택하고 있다. 그것들의 형성조건은 윤리적이고 명상적인 경지를 얼마만큼 성취했는지에 달려있다.

천상의 감각적 쾌락의 세계에 태어나려면 믿음과 보시와 지계와 같은 윤리적인 덕목을 지켜야 한다. 인간으로 태어나기 위해서는 오계에 대한 인식이 있어야 한다. 그리고 아수라는 분노에 의해서, 아귀는 인색함과 집착에 의해서, 축생은 어리석음과 탐욕에 의해서, 지옥은 잔인함과 살생을 저지르는 것에 의해서 태어난다.

미세한 물질의 세계에 속해 있는 존재들은 초선에서부터 사선에 이르기까지 명상의 깊이에 따라 차별적으로 하느님세계인 범천계에 태어난다. 미세한 물질의 세계에 태어나는 최상층의 존재들은 돌아오지 않는 자(不還者)의 경지를 조건으로 한다. 물질이 소멸한 빗물질의 세계의 존재들은 '무한공간의 세계'에서 '지각하는 것도 아니고 지각하지 않는 것도 아닌 세계'에 이르기까지 무형상의 세계의 선정의 깊이에 따라 차별적으로 각각의 세계에 태어난다.

불교에서 여섯 갈래의 길(六道)는 천상계, 인간, 아수라, 아귀, 축생, 지옥을 말하는데, 이 때 하늘나라(天上界)는 감각적 쾌락의 욕망이 있는 하늘 나라와 하느님세계(梵天界)로 나뉘며, 하느님세계는 다시 미세한 물질의 세계와 비물질의 세계로 나뉜다. 그리고 부처님은 이러한 육도윤회(六道輪廻)의 세계를 뛰어넘어 불생불멸하는 자이다. 여기 소개된 천상세계에 대하여 이 책에서는 다음과 같이 번역한다.

1) 감각적 쾌락의 세계의 여섯 하늘나라

① 네 위대한 왕들의 하늘 나라(cātummahārājikā devā : 四天王)
② 서른 셋 신들의 하늘 나라(tāvatiṃsā devā : 三十三天)
③ 축복 받는 신들의 하늘 나라(yāmā devā : 夜摩天)
④ 만족을 아는 신들의 하늘 나라(tusitā devā : 兜率天)
⑤ 창조하고 기뻐하는 신들의 하늘 나라(nimmānaratī devā : 化樂天)
⑥ 동료 신들이 창조한 것을 누리는 신들의 하늘 나라(paranimmitavasavattino devā : 他化自在天)

2) 첫 번째 선정의 세계의 세 하느님세계

⑦ 하느님 권속인 신들의 하나님 세계(brahmakāyikā devā : 梵衆天)
⑧ 하느님을 보좌하는 신들의 하나님 세계(brahmapurohitā devā : 梵輔天)
⑨ 위대한 신들의 하느님세계(mahābrahma devā : 大梵天)

3) 두 번째 선정의 세계의 세 하느님세계

⑩ 작게 빛나는 신들의 하느님세계(parittābhānā devā : 小光天)
⑪ 한량없이 빛나는 신들의 하느님세계(appamāṇābhānā devā : 無量光天)
⑫ 빛이 흐르는 신들의 하느님세계(ābhāssarānā devā : 極光天, 光音天)

4) 세 번째 선정의 세계의 세 하늘님세계

⑬ 작은 영광의 신들의 하느님세계(parittasubhānā devā : 小淨天)
⑭ 한량없는 영광의 신들의 하느님세계(appamāṇasubhānā devā : 無量淨天)
⑮ 영광으로 충만한 신들의 하느님세계(subhakiṇṇā devā : 遍淨天)

5) 네 번째 선정의 세계의 아홉 하느님세계

⑯ 번뇌의 구름이 없는 신들의 하느님세계(anabhaka : 無雲天「大乘」)
⑰ 공덕이 생겨나는 신들의 하느님세계(puññappasava : 福生天「大乘」)
⑱ 광대한 경지를 갖춘 신들의 하느님세계(vehapphalā devā : 廣果天)
⑲ 지각을 초월한 신들의 하느님세계(asaññasattā devā : 無想有情天)
= 승리하는 신들의 하느님세계(abhibhū : 勝者天)
⑳ 성공으로 타락하지 않는 신들의 하느님세계(avihā devā : 無煩天)
㉑ 괴로움이 없는 신들의 하느님세계(atappā devā : 無熱天)
㉒ 선정이 잘 이루어지는 신들의 하느님세계(sudassā devā : 善現天)
㉓ 관찰이 잘 이루어지는 신들의 하느님세계(sudassī devā : 善見天)
㉔ 궁극적인 미세한 물질로 이루어진 신들의 하느님세계
(skaniṭṭhā devā : 色究竟天)

6) 비물질적 세계에서의 네 하느님세계.

㉕ 무한공간의 신들의 하느님세계
(ākāsānañcāyatanūpagā devā : 空無邊處天)
㉖ 무한의식의 신들의 하느님세계
(viññāṇañcāyatanūpagā devā : 識無邊處天)
㉗ 아무 것도 없는 신들의 하느님세계
(ākiñcaññāyatanūpagā devā : 無所有處天)
㉘ 지각하는 것도 아니고 지각하지 않는 것도 아닌 신들의 하느님세계
(nevasaññānāsaññāyatanūpagā devā : 非想非非想處天)

형성조건	생성방식	명칭	분류			
無形象	化生	nevasaññanāsaññāyatana(非想非非想處天) akiñcaññāyatana(無所有處天) viññāṇañcāyatana(識無邊處天) ākāsānañcāyatana(空無邊處天)	梵天界	無色界	天上界	善業報界
형 상 의 소 멸			梵天界		天上界	善業報界
不還者의 清淨 (四禪)	化生	akaniṭṭha(有頂天) sudassin(善見天) sudassa(善現天) atappa(無熱天) aviha(無煩天)	梵天界	色界	天上界	善業報界
四禪	化生	asaññasatta(無想有情天)=abhibhū(勝者天) vehapphala(廣果天) puññappasava(福生天 : 大乘) anabhaka(無雲天 : 大乘)	梵天界	色界	天上界	善業報界
三禪	化生	appamāṇasubha(無量淨天) subhakiṇṇa(遍淨天) parittasubha(小淨天)	梵天界	色界	天上界	善業報界
二禪	化生	ābhassara(極光天) appamāṇābha(無量光天) parittābha(小光天)	梵天界	色界	天上界	善業報界
初禪	化生	mahābrahmā(大梵天) brahmapurohita(梵輔天) brahmapārisajja(梵衆天)	梵天界	色界	天上界	善業報界
다섯 가지 장애(五障)의 소멸					天上界	善業報界
信 布施 持戒	化生	paranimmitavasavattī(他化自在天) nimmāṇarati(化樂天) tusita(兜率天) yāma(耶麻天) tāvatiṁsa(三十三天) cātumāharājikā(四天王)	天上의欲界	欲界	天上界	善業報界
五戒	胎生	manussa(人間)		欲界	인간	善業報界
瞋恚	化生	asura(阿修羅)		欲界	수라	惡業報界
吝嗇 執著	化生	peta(餓鬼)		欲界	아귀	惡業報界
愚癡 貪欲	胎生 卵生	tiracchāna(畜生)		欲界	축생	惡業報界
殘忍 殺害	化生	niraya(地獄)		欲界	지옥	惡業報界

찾 아 보 기 색 인

(ㄱ)

가능성 …… 25
가명 …… 167
갈애 …… 67
감각적인 쾌락 …… 50
감각적 쾌락에 대한 갈애 …… 67
감촉의 자양 …… 69, 128
강도질 …… 106
강박관념 …… 87, 100
거룩한 이 …… 71, 85, 86
거짓말 …… 99
계행의 다발 …… 92
고귀한 계율 …… 201
고따마 …… 19, 20, 31
고통의 괴로움 …… 52
고행 …… 212
고행자 …… 46
고행주의 …… 90
공간이 무한한 경지 …… 81, 187
공간이 무한한 세계 …… 142
관용 …… 28
관찰 …… 136
괴로움의 거룩한 진리 …… 48
괴로움의 발생의 거룩한 진리47, 67
괴로움의 소멸에 이르는 거룩한 진리 …… 47
괴로움의 소멸의 거룩한 진리 …… 47
괴로움의 종식 …… 79
괴로움의 진리 …… 49
구나발다라 …… 163
구원자 …… 23
궁극적 진리 …… 167
근본삼매 …… 148
근접삼매 …… 148
까르마 …… 71
까빠띠까 …… 35
깔라마 …… 24
깔루빠하나 …… 158
깨달음 …… 84
꼐사뿟따 …… 24
꼐싸뿟따 …… 24
꼬쌀라 …… 24
꾸따단따경 …… 207
꾸씨나가라 …… 20

(ㄴ)

나란다 …… 27
낙관주의 …… 51
남편과 아내 …… 203
내부의 땅의 세계 …… 146
내부의 물의 세계 …… 146
내부의 바람의 세계 …… 146
내부의 불의 세계 …… 146
네 가지 거룩한 진리 …… 46, 87, 96, 135, 159
네 가지 계에 대한분별 …… 145
네 가지 무형상 …… 142
네 가지 새김의 토대 …… 121
네 가지 선정 …… 148
네 가지 거룩한 진리 …… 46
네 가지 청정한삶 …… 140, 195
네란자라 …… 20
네 번째 선정 …… 150
네 쌍으로 여덟이 되는 참사람 140
논리 …… 25
느낌에 대한 관찰 …… 128
느낌의 다발 …… 55
능가경 …… 76
니간따나타뿟따 …… 27

(ㄷ)

다르마 …… 170
다섯 가지 존재의 다발 …… 52
다섯 가지 계행 …… 205
다섯 가지 선정의고리 …… 147
다섯 가지 장애 …… 25, 111
다섯 가지 장애의 극복 …… 116
다섯 가지 장애의 법 …… 132
다섯 가지 존재의 다발 …… 73, 87, 162, 166, 195
다섯 가지 존재의 다발 …… 62
다섯 가지 존재의 취착다발의 법 …… 133
담마 …… 170
대념처경 …… 121
대반열반경 …… 23, 173
대승장엄경론 …… 167
대응인상 …… 148
대치법 …… 116
데카르트 …… 62
도덕률 …… 71
도둑질 …… 106
독묻은 화살의 비유 …… 44
독신생활 …… 107
동정 …… 196
두 가지 극단 …… 91
두 번째 선정 …… 149
둣카 …… 48
디가니까야 …… 207
디가자누 …… 207
뗏목 …… 39
뗏목의 비유 …… 39

(ㄹ)

라훌라 …… 19
랏따팔라 …… 69
러셀 …… 164
로히니강 …… 210

(ㅁ)

마룽까뿟따 …… 42, 180
마음 …… 53
마음에대한관찰 …… 129
마하비라 …… 27
맛지마니까야 …… 49, 115, 171, 172
멈춤 …… 136
멸진정 …… 148, 158
명상의근본적토대 …… 122
명상의장 …… 136
무기 …… 85
무분 …… 212
무아적인이욕 …… 96
무위 …… 76
무해 …… 212
물질의다발 …… 54
물질의자양 …… 69, 128
물질적자양 …… 143
믿음 …… 33

(ㅂ)

바바나 …… 186
밧지국 …… 211
밧차 …… 85
밧차곳따 …… 178, 179, 180, 181, 200
방지에 의한 노력 …… 112
방편적 진리 …… 167
버림에 의한 노력 …… 114
버림에 의한 정진 …… 114
버림의 노력 …… 114
범천 …… 201, 202
법 …… 170
법구경 …… 172, 173

법구경론 ……… 211
법에 의한 승리 ……… 216
베나레스 ……… 20, 177
벨루바나라 ……… 174
변화의 괴로움 ……… 52
병 ……… 185
보리수 ……… 20
보시 ……… 211
보편적인 사랑 ……… 141
본생경 ……… 211
부끄러움 ……… 116
부모와 자식 ……… 202
부부관계 ……… 107
분별론 ……… 141
분석적 지각 ……… 145
불건전한 상태 ……… 111
불교의 자본 윤리 ……… 108
불법적인 성적 관계 ……… 107
불상위 ……… 212
불환과 ……… 140
붓다가야 ……… 20
붓다고싸 ……… 146
브라흐만 ……… 151, 160
비존재에 대한 갈애 ……… 67
빈두싸라 ……… 216
빠리니붓또 ……… 85
뿌꾸싸띠 ……… 32
뿟꾸싸띠 ……… 32, 80
쁘레마씨리 ……… 151

(ㅅ)

사권 ……… 23
사기행위 ……… 106
사람(一來向)과 ……… 140
사람(不還向)과 ……… 140
사람(預流果), ……… 140
사랑 ……… 104
사랑과 비폭력 ……… 96
사물에 대한 관찰 ……… 131
사사무애 ……… 152
사유 ……… 147, 149
사음 ……… 107
살생 ……… 105
삼매 ……… 136
상대성 ……… 88
상벌 ……… 71
상적유대경 ……… 125, 146
상태에 대한 분석 ……… 25
상향풍 ……… 126
상호의존 ……… 165
새김의 깨달음 고리 ……… 195
새김의 토대경 ……… 128, 132
생명 ……… 104
선정과 지혜 ……… 159
성냄을 여읜 사유 ……… 97, 98, 141
성전의 권위 ……… 25
세력균형 ……… 217
세 번째 선정 ……… 150
소매치기 ……… 106
속임수 ……… 106
수렴적지각 ……… 143
수행에 의한 노력 ……… 117
수호에 의한 노력 ……… 118, 127
숙고 ……… 149
숙고는 ……… 147
숙명통 ……… 154
슛도다나왕 ……… 19
스승과제자 ……… 203
습득인상 ……… 148
승가제파 ……… 164
승려와 재가신도 ……… 204
승리와 패배 ……… 214
시각의식 ……… 59
신 ……… 161
신비로운 경지 ……… 187
신심 ……… 33
신족통 ……… 151
신체에 대한 관찰 ……… 122
심일경성 ……… 147, 149, 150, 187
십이연기 ……… 164
싸리뿟따 ……… 88, 199
싸밧티 ……… 31, 209
싸빗타 ……… 34
쌋다 ……… 33
쌍윳따니까야 ……… 204
쌍카라 ……… 170
쑤카 ……… 48
쓸데 없는 말 ……… 102
씨갈라경 ……… 201
씻다르타 ……… 19
씽싸빠 ……… 40

(ㅇ)

아나타빈디까 ……… 209
아난다 ……… 175
아로기야 ……… 80
아리스토텔레스 ……… 108
아무 것도 없는 경지 ……… 81
아무 것도 없는 세계 ……… 143
아쇼카 ……… 28, 213, 215
아쇼카비문 ……… 216
아쌍가 ……… 33, 184
아자따쌋뚜왕 ……… 211
아트만 ……… 151, 160, 160, 168, 172
안온 ……… 196
앙굿따라니까야 ……… 48
애착의 사유 ……… 142
야쇼다라 ……… 19
양심 ……… 116
업 ……… 71
업과 윤회 ……… 69
업보 ……… 71
여덟 가지 고귀한 길 ……… 91, 96, 136, 159, 198
여섯 가지 내외적 감역의 법 … 133
여섯 가지 요소 ……… 80
역류문 ……… 161
연기법 ……… 162
연기법에 대한 완전한 통찰 ……… 159
연기의 법칙 ……… 183
연민의 청정한 삶 ……… 141
열 가지 더러움 ……… 137
열 가지 따라새김 ……… 138
열 가지 지평 ……… 137
열반 ……… 75, 76, 79, 88, 91, 140, 159, 200
염세주의 ……… 51
영사 ……… 212
영원주의 ……… 62, 160, 178, 183
영혼 ……… 160
영혼설 ……… 172
예류향 ……… 140
예비삼매 ……… 147
예비현상 ……… 147
올바른 견해 ……… 94
올바른 견해의 완성 ……… 159
올바른 사유 ……… 96, 141
올바른 새김 ……… 120
올바른 언어 ……… 99
올바른 정진 ……… 110
옹기장이 움막 ……… 30
와서 보라 ……… 35
욕계 ……… 140
욕망을 여읜 사유 ……… 97, 98, 141
우루벨라 ……… 177
우빠니샤드 ……… 151
우빨리 ……… 27
우주적 자아 ……… 160
웃따라뿌라데슈 ……… 20
위주풍 ……… 126, 146
위험 ……… 50
유도물질 ……… 54
유혹 ……… 50

유화 ···· 212
육척 단신의 몸 ···· 87
윤회 ···· 72
응병여약 ···· 115
의도의 자양 ···· 69, 128, 143
의도의자양 ···· 144
의식 ···· 58
의식의 다발 ···· 56
의식의 자양 ···· 69, 128, 143
의식의 자양 ···· 145
의식의 작용 ···· 130
의식이 무한한 경지 ···· 81
의식이 무한한 세계 ···· 143
의혹 ···· 26, 34
이념적인 심취 ···· 25
이씨빠따나 ···· 20, 46
이웃과의 관계 ···· 203
이원성 ···· 88
이탐 ···· 76
인상 ···· 148
인욕 ···· 212
일곱가지깨달음고리 ···· 134, 195
일곱가지깨달음의고리 ···· 66, 117
일래과 ···· 140
일방적인 결론 ···· 36
입식풍 ···· 126, 146
입정 ···· 158

(ㅈ)

자기보존 ···· 161
자기보호 ···· 161
자기정복 ···· 214
자아 ···· 160
자아투영 ···· 88
자애 ···· 196
자애의청정한삶 ···· 141
자유의지 ···· 166
잡아함경 ···· 163
재생 ···· 72
적멸 ···· 76
전륜사자후경 ···· 207
전설 ···· 25
전통 ···· 25
절대적 자유 ···· 166
접촉의 자양 ···· 143, 144
정신 ···· 53
정신도착 ···· 186
정직 ···· 212
정진 ···· 196
제따바나 ···· 209
제삼의 눈 ···· 186
제석천 ···· 204
제일원인 ···· 165
존재에 대한 갈애 ···· 67
주인과 하인 ···· 204
중도 ···· 91
증상 ···· 100
지각과 느낌이 소멸한 세계 ···· 158
지각의 다발 ···· 55
지각하는 것도 아니고 지각하지 않는 것도 아닌 경지 ···· 81
지각하는 것도 지각하지 않는 것도 아닌 경지 ···· 187
지각하는 것도 지각하지 않는 것도 아닌 세계 ···· 143
지각하지도 않고 지각하지 않는 것도 아닌 세계 ···· 158
지계 ···· 212
지멸 ···· 76
지지수류풍 ···· 126, 146
지혜의 다발 ···· 92
직업 ···· 109
진리를 꿰뚫는 올바른 견해 ···· 96
진리에 따르는 올바른 견해 ···· 96
진리의 수호 ···· 37
집중 ···· 196
집중의 다발 ···· 92
짠드라굽따 ···· 216

(ㅊ)

창피함 ···· 116
천안통 ···· 155, 186
천이통 ···· 152, 186
첫 번째 선정 ···· 149
청정도론 ···· 137, 147, 148
청정행 ···· 107
초월지 ···· 151
초전법륜경 ···· 46
최고선 ···· 87
최종적 해탈 ···· 159
추론 ···· 25
출리 ···· 50
출식풍 ···· 126, 146
출정 ···· 158
취착다발 ···· 53

(ㅋ)

케마카 ···· 182
쾌락주의 ···· 90

(ㅌ)

타심통 ···· 153
탐구 ···· 195
테라가타 ···· 65
테리가타 ···· 65
통치자의 열 가지 의무 ···· 211

(ㅍ)

평정 ···· 196, 197
평정심 ···· 81
평정의 청정한 삶 ···· 142
평화 ···· 217
폭력를 여읜 사유 ···· 98
폭력을 여읜 사유 ···· 97, 141
풍문 ···· 25
플라톤 ···· 151

(ㅎ)

하느님 ···· 201, 202
하복주풍 ···· 126, 146
하향풍 ···· 126, 146
해탈 ···· 80, 140
핵보복력 ···· 217
행복 ···· 48, 49, 147
허무주의 ···· 179, 183
형성의 다발 ···· 56
형성의 괴로움 ···· 52
형성의 다발 ···· 70
형이상학 ···· 42, 161
호흡에 대한 새김 ···· 122
화해 ···· 28
확신 ···· 33
훔치는 것 ···· 106
희론 ···· 103
희열 ···· 147, 196, 197
희열의 청정한 삶 ···· 141

빠알리대장경 구성

빠알리삼장	주석서
Vinaya Piṭaka(律藏)	Samantapāsādikā(善見律毘婆沙疏) Kaṅkhāvitaraṇī(on Pātimokkha) (解疑疏:戒本에 대한 것)
Sutta Piṭaka(經藏);	
Digha Nikāya(長部阿含)	Sumaṅgalavilāsinī(妙吉祥讚)
Majjhima Nikāya(中部阿含)	Papañcasūdanī(滅戲論疏)
Saṁyutta Nikāya(相應阿含)	Sāratthappakāsinī(要義解疏)
Aṅguttara Nikāya(增部阿含)	Manorathapūraṇī(如意成就)
Khuddaka Nikāya(小部阿含);	
Khuddakapāṭha(小誦經)	Paramatthajotikā(I)(勝義明疏)
Dhammapada(法句經)	Dhamapadaṭṭhakathā(法句義釋)
Udāna(自說經)	Paramatthadīpanī(I)(勝義燈疏)
Itivuttaka(如是語經)	Paramatthadīpanī(II)(勝義燈疏)
Suttanipāta(經集)	Paramatthajotikā(II)(勝義明疏)
Vimānavatthu(天宮事)	Paramatthadīpanī(III)(勝義燈疏)
Petavatthu(餓鬼事)	Paramatthadīpanī(IV)(勝義燈疏)
Theragāthā(長老偈)	Paramatthadīpanī(V)(勝義燈疏)
Therīgāthā(長老尼偈)	Paramatthadīpanī(VI)(勝義燈疏)
Jātaka(本生經)	Jātakaṭṭhavaṇṇanā(本生經讚)
Niddesa(義釋)	Saddhammapajotikā(妙法解疏)
Paṭisambhidāmagga(無碍解道)	Saddhammappakāsinī(妙法明釋)
Apadāna(譬喩經)	Visuddhajanavilāsinī(淨人贊疏)
Buddhavaṁsa(佛種姓經)	Madhuratthavilāsinī(如蜜義讚)
Cariyāpiṭaka(所行藏)	Paramatthadīpanī(VII)(勝義燈疏)
Abhidhamma Piṭaka(論藏);	
Dhammasaṅgaṇi(法集論)	Aṭṭhasālinī(勝義論疏)
Vibhaṅga(分別論)	Sammohavinodani(除迷妄疏)
Dhātukathā(界論)	Pañcappakarañatthakathā(五論義疏)
Puggalapaññatti(人施設論)	Pañcappakarañatthakathā(五論義疏)
Kathavatthu(論事)	Pañcappakaraṇatthakathā(五論義疏)
Yamaka(雙論)	Pañcappakaraṇatthakathā(五論義疏)
Tika-paṭṭhāna(發趣論)	Pañcappakaraṇatthakathā(五論義疏)
Duka-paṭṭhāna(發趣論)	Pañcappakaraṇatthakathā(五論義疏)

한국빠알리성전협회
Korea Pali Text Society
Founded 1997 by Cheon, Jae Seong

한국빠알리성전협회는 빠알리성전협회의 한국대표인 전재성 박사가 빠알리성전, 즉 불교의 근본경전인 빠알리삼장의 대장경을 우리말로 옮겨 널리 알리기 위한 목적으로, 당시 빠알리성전협회 회장인 리챠드 곰브리지 박사의 승인을 맡아 1997년 설립하였습니다. 그 구체적 사업으로써 빠알리성전을 우리말로 옮기는 한편, 부처님께서 사용하신 빠알리어의 이해를 돕기 위하여, 사전, 문법서를 발간하였으며, 기타 연구서, 잡지, 팸플릿, 등을 출판하고 있습니다. 부처님의 가르침을 빠알리어에서 직접 우리말로 옮겨 보급함으로써 부처님의 가르침이 누구에게나 쉽게 다가가고, 명료하게 이해되도록 더욱 노력할 것입니다. 한국빠알리성전협회는 부처님의 가르침이 널리 퍼짐으로써, 이 세상이 지혜와 자비가 가득한 사회로 나아가게 되기를 바랍니다.

한국빠알리성전협회 120-090 서울 서대문구 홍제동 456 성원A. 102-102
TEL : 2631-1381, 678-3372 FAX : 2631-3707
홈페이지 www. kptsoc. org

빠알리성전협회
Pali Text Society

세계빠알리성전협회는 1881년 리스 데이비드 박사가 '빠알리성전의 연구를 촉진시키고 발전시키기 위해' 영국의 옥스퍼드에 만든 협회로 한 세기가 넘도록 동남아 각국에 보관되어 있는 빠알리 성전을 로마자로 표기하고, 교열 출판한 뒤에 영어로 옮기고 있습니다. 또한 사전, 색인, 문법서, 연구서, 잡지 등의 보조서적을 출판하여 부처님 말씀의 세계적인 전파에 불멸의 공헌을 하고 있습니다.

President: Dr. R. M. L. Gethinn, Pali Text Society
73 Lime Walk Headington Oxford Ox3 7AD, England

빠알리성전 간행에 힘을 보태 주십시오

"이 세상에 꽃비가 되어 흩날리는 모든 공덕의 근원은 역사적인 부처님께서 몸소 실천하신 자비의 한걸음 한걸음 속에 있습니다. 한국빠알리성전협회는 부처님의 가르침을 생생한 원음으로 만나고자 원하는 분들을 위하여 부처님말씀을 살아있는 오늘의 우리말로 번역 보급하고 있습니다. 불교를 알고자 하는 분이나 좀 더 깊은 수행을 원하는 분에게 우리말 빠알리대장경은 세상에 대한 앎과 봄의 지혜를 열어줄 것입니다. 한국빠알리성전협회에 내시는 후원금이나 회비 그리고 책판매수익금은 모두 빠알리성전의 우리말 번역과 출판, 보급을 위해 쓰입니다. 작은 물방울이 모여서 바다를 이루듯, 작은 정성이 모여 역경불사가 원만히 성취되도록 많은 격려와 성원을 부탁드립니다.

신한은행 110-005-106360	국민은행 752-21-0363-543	예금주 : 전재성
우리은행 1002-403-195868	농　협 023-02-417420	

이 『붓다의 가르침과 팔정도』는 빠알리대장경의 번역을 후원하기 위해 출간한 것입니다.

한국빠알리성전협회를 발족하여 1999년 첫 책 쌍윳따니까야 3권을 출간하기 시작한지 20년이 되었습니다. 그 동안 역사적인 부처님의 원음의 2/3 이상을 번역해내었습니다. 빠알리대장경의 번역을 위해 후원하신 많은 분들께 깊은 감사를 드립니다.

이 『붓다의 가르침과 팔정도』는 불교의 입문서이자 빠알리대장경의 입문서로 종교와 관련 없이 많은 사람을 부처님의 가르침에 눈뜨게 한 책입니다. 가르침의 홍포를 원하시는 분이 법보시로 널리 펼쳐주신다면, 그 공덕이 무량할 것입니다.